Neues Gartendesign
mit Stauden und Gräsern

Piet Oudolf mit Noël Kingsbury

Neues Gartendesign
mit Stauden und Gräsern

276 Farbfotos

Seite 1: Die Silhouette von *Chasmanthium latifolium*, Plattährengras, vor einem grünen Hintergrund.
Seite 2: Eine rosa Form von *Corydalis solida* subsp. *solida*, Lerchensporn, und eine dunkle Christrose blühen gemeinsam im Frühling.
Seite 3: Links: *Eryngium alpinum*, Alpenmannstreu, in voller Blüte. Mitte: Der Fruchtstand von *Helleborus croaticus*, Nieswurz.
Rechts: Der Blattaustrieb von *Veratrum nigrum*, Schwarzer Germer.
Diese Seite (von links nach rechts): Die zweijährige Pflanze *Eryngium giganteum*, Elfenbeindistel, bleibt den Winter über stehen. Der einjährige Kalifornische Mohn, *Eschscholzia californica*, hat kurzlebige Blüten, die jedoch über Monate hinweg immer wieder neu erscheinen, und er samt sich selbst aus. *Echinacea purpurea* 'Rubinstern', Sonnenhut, ist eine langlebige Staude und stellt einen Fixpunkt im Beet dar.

Inhalt

Einführung 6

Die Pflanzen-Palette 15
Grundsätzliches 16
Ähren und Trauben 18
Köpfchen und Quirle 20
Rispen 22
Dolden 24
Margeritenblumen 26
Netze und Gitter 28
Blattformen 30
Blatttextur 32
Warme Farben 34
Kalte Farben 36
Liebliche Farben 37
Dunkle Farben 38
Erdige Farben 39

Kompositionen 41
Grundsätzliches 42
Formen kombinieren 44
Farben kombinieren 49
Strukturpflanzen und
    Lückenfüller 52
Gräser 58
Doldenblütler 63
Wiederholung und Rhythmus 64
Pflanzungen planen 66
Naturnahe Bepflanzung 72
Staudenpflanzungen für
    alle Jahreszeiten 75
Neue Wege einschlagen 79
Entwicklung 80
Pflanzen als architektonisches Element 82

Stimmungen 93
Grundsätzliches 94
Licht 96
Bewegung 104
Harmonie 108
Monotonie 110
Erhabenheit 114
Mystik 118

**Die Pflanzung im
Jahreslauf** 123
Grundsätzliches 124
Geburt: Frühling 127
Spätfrühling 128
Leben: Frühsommer 130
Hochsommer 132
Spätsommer 135
Tod: Frühherbst 136
Herbst 138
Spätherbst 140
Winter 143

Pflanzen-Lexikon 144
Register 156
Bildquellen 160
Danksagungen 160

Die offene Rabatte in Ingolstadt zeigt in größerem Maßstab den neuartigen Stil der Staudenverwendung.

Traditionell angelegte Rabatten benötigen einen Hintergrund, zum Beispiel eine Mauer, deren feste Begrenzung der Gestaltung einen Rahmen gibt.

Einführung

Piet Oudolf hat sich weltweit einen Namen als einer der fortschrittlichsten und genialsten Gartengestalter gemacht. Dieses Buch soll in sein Werk einführen und seine Arbeitsweise einer breiten Öffentlichkeit zugänglich machen. Obwohl Piet und auch seine Frau Anja aus Holland stammen und seine Arbeit das niederländische Verhältnis zu Landschaft und Natur widerspiegelt, kann sein Gartenstil auf jeden Ort übertragen werden, der ähnliche klimatische Bedingungen aufweist. Selbst in anderen Klimaregionen lässt sich so manche seiner Arbeitsweisen umsetzen. Dieses Buch beschäftigt sich nicht nur mit der Pflanzennutzung, sondern es befasst sich auch mit der Art, wie wir Pflanzen betrachten.

Während ich Piet Oudolf und seine Arbeit kennen lernte, wurde ich ermutigt, Pflanzen aus einem anderen Blickwinkel heraus zu sehen, besonders dann, wenn sie ihre beste Zeit bereits hinter sich haben. Ich habe gelernt, Pflanzen wegen der Form ihrer Blütenstände zu schätzen – und nicht nur wegen ihrer Farbe – und auf die Ausgewogenheit dieser Formen inmitten der Muster und Strukturen zu achten, die von Blättern und Stängeln hervorgerufen werden. Auch veränderte sich meine Sichtweise hinsichtlich der Pflanzen im Winter. Nicht nur lernte ich auf die auffallenden Formen und Strukturen der Samenstände zu achten,

Strenge und Starrheit kennzeichnen den übertrieben gepflegten Garten. Es bleibt wenig Raum für Natur und Spontaneität.

Diese Spätsommerstauden zeigen, wie aus der intensiven Auseinandersetzung mit Pflanzen ein neuer eindrucksvoller Stil der Pflanzerverwendung erwächst.

sondern auch auf die feinen Unterschiede der Brauntöne abgestorbener Blätter, den Kontrast zwischen den dunklen Massen vermodernden Blattwerks und der strohartigen Helligkeit der umliegenden Stängel und die Wechselwirkung zwischen ihnen. Vieles in diesem Buch ist eine Neubewertung dessen, was wir im Garten als schön empfinden.

Piet Oudolfs Arbeit mit Pflanzen konzentriert sich mehr auf Stauden als auf Gehölze. Die meisten Stauden sterben im Winter ab, um im nächsten Frühjahr erneut zu erscheinen. Wenn er auch Gehölze bei seinen Gestaltungen verwendet, so sind es doch die Stauden, denen seine Leidenschaft gilt. Die Art ihrer Verwendung macht seinen Stil so unverwechselbar. Seiner Meinung nach stellt die Struktur den wichtigsten Aspekt in der Gestaltung mit Stauden dar, da diese Pflanzen eine bestimmte charakteristische Wuchsform besitzen, die im Verlauf ihrer Wachstumsphase einem steten Wandel unterliegt.

Dieses Buch untersucht zunächst die unterschiedlichen Formen, die bei Stauden zu finden sind, und zeigt dann, wie diese zu harmonischen Pflanzungen kombiniert werden. Die Staudenbeete wiederum gilt es in die Gesamtgestaltung eines Gartens zu integrieren. Danach werden wir auf die unterschiedlichen Stimmungen und Gefühle eingehen, die Staudenpflanzungen hervorrufen können, und wie Staudengruppen im Verlauf des Jahres wirken.

Ich traf Piet Oudolf zum ersten Mal im Sommer 1994. Ein Jahr, in dem ich viel Zeit damit verbrachte mehrere Länder zu bereisen, um mir dort Gartengestaltungen anzuschauen. Die USA, Brasilien, Deutschland und die Niederlande waren meine Ziele. Ich war gespannt darauf zu sehen, wie die Gestalter in anderen Ländern vorgehen, denn ich war der britischen Gartengestaltungsszene überdrüssig, die mir zu sehr von einer stark konservativen Geisteshaltung geprägt zu sein schien. Deutsche Parks mit ihren riesigen, romantisch anmutenden Staudenflächen kamen für mich einer Offenbarung gleich, ebenso die öffentlichen Grünanlagen in den Niederlanden, in denen extensiv gepflegte Pflanzenbänder mit Wildstauden die Natur in die städtische Umgebung brachten. Piet Oudolfs Arbeit und die Gärtnerei, die er mit seiner Frau Anja betreibt, sprachen meinen Sinn für Pflanzen an, während mich seine Gärten – ein Festival der Pflanzen, umgeben von streng geschnittenen Hecken und Formschnittgehölzen – mit einer nahezu perfekten Ausgewogenheit überraschten. Wie viele seiner Landsleute ist Piet Oudolf sehr groß gewachsen, er trägt die wettergegerbten Züge eines Mannes, der viel Zeit im Freien verbringt.

Es dauert eine ganze Weile, bis man richtig warm mit ihm wird, doch hat er erst einmal Vertrauen gefasst, begegnet er neuen Kollegen und Freunden mit größter Gastfreundschaft. Nach außen hin sehr ernsthaft scheinend, hat Piet ein ansteckendes Lachen sowie eine gute Portion Humor und er genießt die Gegenwart anderer Menschen. Er ist ungeheuer kreativ, doch grundsätzlich arbeitet er am liebsten allein. Ich habe das Gefühl, er betrachtet die Zusammenarbeit mit anderen eher als die Kreativität bremsend.

Er brauche keine Diskussion mit Leuten, sagt er. Er wisse, was er mag und wolle nichts davon rechtfertigen. In den beiden Jahren nach unserem Kennenlernen machte ich die Bekanntschaft mit einem ganzen

Wildblumen in den Rocky Mountains. Aus Nordamerika stammen viele bedeutende Gartenstauden.

Die Staudengruppe in Cowley Manor, Großbritannien, veranschaulicht die aktuelle dynamische und naturnahe Variante der Rabattengestaltung. Die Aufnahme entstand im Spätsommer.

Kreis nordeuropäischer Garten- und Landschaftsgestalter, denen es ein Anliegen ist, mehr Natur in das städtische Umfeld zu bringen, und die eine engere Beziehung zwischen Natur und Garten schaffen wollen. Den Tag, an dem ich Piet das erste Mal traf, verbrachten wir in Gesellschaft von Eva Gustavson, einer schwedischen Landschaftsgestalterin und Wissenschaftlerin, die zu diesem Zeitpunkt Studien über die Gestaltung mit Pflanzen betrieb. Gemeinsam mit Henk Gerritsen fuhren wir zu dem von ihm und seinem späteren Partner Anton Schleppers gestalteten, magisch-unterhaltsamen Priona Garden. Kurze Zeit später traf ich Bob Leopold, der gemeinsam mit seinem Kollegen Dick van der Burg seit Mitte der siebziger Jahre das Sortiment der einjährigen Sommerblumen bewertet, das, als Saatgut erfolgreich vermarktet, eine neue Qualität in Sommerblumenpflanzungen gebracht hatte. Später besuchte ich mehrere deutsche Gärten und ich traf Urs Walser, den damaligen Leiter des Sichtungsgartens Hermanshof in Weinheim an der Bergstraße, dem wahrscheinlich anspruchsvollsten der naturnahen öffentlichen Gärten in Deutschland.

Piet Oudolf schöpft viel Kraft aus dem Bewusstsein heraus, Teil einer zwanglosen Bewegung zu sein, die der Überzeugung ist, dass durch Gedankenaustausch mit Gleichgesinnten mehr zu erreichen ist als in totaler Isolation – eine typisch niederländische Einstellung, wie ich finde. So sagt er, er wolle zu einer späteren Zeit betrachtet werden. Schließlich könne man nur innerhalb einer Gruppe Geschichte machen … und: Er brauche Menschen, die die gleiche Philosophie wie er haben, sonst fühle er sich verloren. Ein Teil seines Erfolges als Gartengestalter ist die Schaffung eines neutralen Standpunkts. Seine Gärten und Parks beruhen auf formalen Grundmustern und sie drücken Tradition und Ordnung aus. Bei näherer Betrachtung zeigt sich jedoch eine lebendige Neuinterpretation klassischer Geometrien. Piets Beete enthalten genü-

Bevor die weißen Siedler kamen, bedeckte die nordamerikanische Prärie mit ihrer reichhaltigen Flora (hier mit *Echinacea angustifolia*) weite Flächen. Heute gibt es Anstrengungen, einzelne Überreste zu erhalten.

Küstenbereiche sind schwierige Standorte für Pflanzen, jedoch zeigen jene Arten, die hier überleben, eine eigentümliche Schönheit.

Traditionell angelegte Rabatten stützten sich hauptsächlich auf Staudengruppen, die nach Blütenfarben kombiniert wurden. Und doch gibt es auch hier unterschiedliche Strukturen. Gelb: *Achillea filipendulina,* orange: *Helenium*-Hybride.

gend Bekanntes, um die Sicherheit des Gewohnten zu vermitteln, und genügend Unbekanntes, um diejenigen anzulocken, die Neuheiten suchen. Oder wie Henk Gerritsen bemerkt: „Seine Pflanzen sehen wild aus, aber seine Gärten nicht."

Piet Oudolf entschied sich im Alter von 25 Jahren für eine Ausbildung zum Landschaftsgärtner, nachdem er es abgelehnt hatte, das Restaurant seiner Eltern zu übernehmen. Zwangsläufig wurde er von der allgegenwärtigen Mien Ruys beeinflusst. Sie war die einzige Gartengestalterin in den Niederlanden, die von Pflanzen und Pflanzungen sprach, während die anderen immer nur von Design redeten. Ihr Stil war unverkennbar architektonisch, trotzdem hatte sie ein großes Interesse an und für Pflanzen. Piet Oudolfs eigene Leidenschaft für Pflanzen steigerte sich, als er 1977 zum ersten Mal nach England reiste. Unter anderem besuchte er Hitcote Manor Gardens und Alan Blooms Dell Garden. „Ich liebte diese Atmosphäre", erinnert er sich. „Eine Art Traumland ... und Pflanzen, die ich nie zuvor gesehen hatte."

Zu Beginn seiner beruflichen Laufbahn arbeitete Piet in dem dicht besiedelten westlichen Teil der Niederlande in der Nähe von Haarlem. 1982 jedoch, zunehmend verärgert darüber, dass er Pflanzen, die er für seine Planungen verwenden wollte, nicht bekommen konnte, beschlossen er und seine Frau, in die weniger dicht besiedelte östliche Provinz Gelderland umzuziehen. Dort, nördlich von Arnheim, ganz in der Nähe der Ortschaft Hummelo, verbrachten sie mehrere Jahre damit, ein altes Bauernhaus umzubauen und eine Gärtnerei aufzubauen, die dazu dienen sollte, solche Pflanzen zu kultivieren, die sie für ihre Arbeit so dringend brauchten. Diese Jahre waren hart, aber lohnend. Das Paar reiste weit, um jene Pflanzen zu sammeln, die den Grundstock für die gärtnerische Zukunft bilden sollten.

In Großbritannien war Beth Chatto eine große Inspiration und wichtige Bezugsquelle. „Die Art, wie sie ihre Gärtnerei betrieb, inspirierte mich ... und brachte uns auf die Idee, die Gärtnerei hier aufzubauen", erklärt Piet. Von Beth Chatto und von vielen anderen britischen Gärtnereien kauften die Oudolfs Storchschnäbel, Christrosen, Buschmalven und viele andere Pflanzen. Auch manche deutsche Gärtnerei entpuppte sich als wertvoller Lieferant, besonders die in der flachen ostfriesischen Landschaft nahe der Grenze gelegene Gärtnerei von Ernst Pagels. Pagels war einst Schüler des legendären Pflanzenzüchters und Gar-

Gräser stellen eine wichtige Komponente bei der neuartigen Gartengestaltung dar.

tenbuchautors Karl Foerster, den Piet als „meinen Held, wegen seiner unkonventionellen Art Pflanzen zu betrachten", bezeichnet. Es waren Foerster und seine Liebe zu Gräsern und anderen nicht von der Züchtung beeinflussten Pflanzen, die als größte Triebfeder hinter der „nordeuropäischen Staudenbewegung" standen. Die Oudolfs sammelten auch auf dem Balkan – eine Region mit besonders reichhaltiger Flora. Einige ausgesprochen schöne Christrosen fanden sie in Bosnien-Herzegowina, kurz bevor dort der Krieg ausbrach.

1984 führten die Oudolfs ein Experiment durch, das zum Wendepunkt im niederländischen Gartenbau werden sollte. Sie veranstalteten einen Tag der offenen Tür, den sie in den Medien ankündigten, und luden gleichgesinnte Gärtnereien ein, ihre Pflanzen dort zu verkaufen. Nichts dergleichen hatte man in den Niederlanden zuvor gesehen; die Kunden strömten herbei, während sich die Gärtnereibesitzer dazu entschlossen, sich zusammenzuschließen.

Ein Teil des Erfolges von Piet und Anja Oudolf und ihrer Gärtnerei beruht auf der überaus sorgfältigen Pflanzenauslese. Von den gesammelten Arten haben sie Formen selektiert, die ihnen als besonders gartenwürdig erschienen. Einigen Pflanzengattungen widmete er besonders große Aufmerksamkeit, wie Astern, Sterndolden, Indianernessel und vor allem dem Wiesenknopf. Die Selektion und die Sichtung benötigte oft die besondere Art von Zusammenarbeit, auf der der Erfolg des niederländischen Gartenbaus gründet: Ein ortsansässiger Landwirt wird dafür bezahlt, dass er auf seinen Feldern Saatgut von Pflanzen aussät und sie dort in ackerbaulichem Umfang anzieht. Die besten werden für die Vermehrung ausgewählt und erhalten einen Namen, die übrigen werden untergepflügt.

Doch Piet zielt mit seiner Arbeit nicht auf die Züchtung farbenfroher Sorten ab. Sein eigentliches Interesse liegt, wie er erklärt, anderswo: Er wolle Pflanzen verwenden, die von den Gärtnern bislang weitgehend ignoriert wurden, beispielsweise Sterndolden, Gräser und Doldenblütler, um unter ihnen solche mit starken Strukturen auszuwählen. Jedem Garten liegt eine philosophische Aussage über das Verhältnis von Kunst und Kontrolle auf der einen und Natur und Wildnis auf der anderen Seite zu Grunde. Die erfolgreichsten Gärten in den einzelnen Stilepochen waren jene, die die Balance zwischen diesen beiden Seiten hielten und die dem Zeitgeist am nächsten kamen. Piets besondere Gabe liegt in seiner Fähigkeit, den aktuellen Zeitgeist einzufangen.

Piet sagt, seine größte Inspirationsquelle sei die Natur. Er wolle sie nicht kopieren, aber er wolle den Eindruck von Natürlichkeit hervorrufen, ein Bild der Natur schaffen. Nach der Pflege der Pflanzungen befragt, meint er, man müsse die Natur lenken, sonst gerate sie außer Kontrolle. Man müsse jedoch genau wissen, wann man einzugreifen habe. Das sei viel schwieriger, als einfach nur etwas abzuschneiden. Die sorgfältige und schonungslose Pflanzenselektion sieht er als unbedingt notwendigen und wesentlichen Teil der Pflege an. „Es ist wichtig, das Beste zu verwenden. Man muss sich durch eine ganze Menge Material hindurcharbeiten, um herauszufinden was man wirklich braucht. Heute stelle ich fest, dass ich eigentlich immer weniger benötige als früher." Der eigene Garten der Oudolfs dient als Versuchsfläche für die besten neuen Pflanzen und auch für neue Gestaltungsideen. Rob Leopold bemerkt, dass Piets Freunde gelegentlich entsetzt darüber sind, wie er ganze Teile seines Gartens komplett umgraben kann, um dann wieder von neuem zu beginnen. Auch ich habe den Eindruck, dass nichts für längere Zeit Bestand hat.

Ich bin überzeugt, dass einige von Piets kühnsten Gestaltungsexperimenten einfach die klassische Formensprache umsetzen. Er hat beispielsweise Buchs und Eibe zu sehr einfachen geometrischen Mustern verbunden und die Rahmenpflanzungen mit Hilfe gepflanzter Symmetrieachsen verflochten. Auf diese Weise hat er in seinem Garten eine Blickachse geschaffen, die bis zum anderen Ende des Grundstücks führt. Mit asymmetrisch geformten Beeten entlang der Hauptachse und Säuleneiben, die den Blick die Zickzacklinie entlang lenken, gelingt ihm eine viel reizvollere Variante, als es die klassische Achsenlösung darstellt. Denn seine Art der Blickführung verleitet den Besucher dazu, den Garten genauer zu betrachten. Sir Roy Strong bezeichnete dies, während er eine Gruppe britischer Besucher an einem Regentag hindurchführte, als „schräges Barock". Zur Vervollständigung fügte Piet ein weiteres unverwechselbares Element

der modernen Gartengestaltung hinzu: Stimmung und Emotionen. Eva Gustavson ist davon überzeugt, dass „sein starker Drang, eine schlichte gefühlsbetonte Dimension zu erzeugen, die nicht nur auf die Form, sondern auch auf die Erzeugung starker Gefühle abzielt, über die reine sichtbare Schönheit hinausgeht".

Der Garten der Oudolfs und ihre Gärtnerei sind ein Paradies für Pflanzenliebhaber. Hier wird einem nicht nur die einzigartige Gelegenheit geboten, viele unbekannte Stauden in einem Garten zu betrachten, sondern die Pflanzen auch käuflich zu erwerben. Anja Oudolf leitet die Gärtnerei. Von Natur aus sehr offen, ist sie in ihrem Element, wenn es darum geht, mit Kunden zu verhandeln oder Besuchergruppen zu empfangen. Sie überwacht nicht nur die täglichen Arbeitsabläufe in der Gärtnerei, sondern organisiert auch die Veranstaltungen. Sie ist die Seele des Oudolfschen Unternehmens. Die Gärtnerei selbst ist ein besonderes Erlebnis. Säulenförmig geschnittene *Pyrus salicifolia*, Weidenblättrige Birnen, gibt es ebenso zu sehen wie Verkaufsbeete mit Stauden, die einen wiesenartigen Eindruck geben. Einige Pflanzen wie *Digitalis ferruginea*, Rostfarbener Fingerhut, und die Elfenbeindistel, *Eryngium giganteum*, haben sich zwischen den Steinplatten selbst ausgesät, wo sie einen Wald aus eng stehenden, senkrechten Blütenständen bilden. Solche Ungezwungenheit ist wichtiger Bestandteil der hier herrschenden Atmosphäre.

Noël Kingsbury

Linke Seite und unten: Wildblumen sind das Vorbild vieler zeitgenössischer Gartengestalter. Die beiden Aufnahmen zeigen den Spätsommeraspekt von Blumenwiesen in der Slowakei. Sie verdeutlichen den Artenreichtum und die Vielfalt von Pflanzengemeinschaften. Eine erfolgreiche Gestaltung basiert auf dem Verständnis derartiger Vorgänge.

Die Pflanzen-Palette

Grundsätzliches

Ähnlich wie ein Maler mit einem Farbkasten voller Pigmente arbeitet, kann auch der Gartengestalter aus einer ganzen Palette von Pflanzen auswählen. Traditionell wurde die Farbe einer Pflanze als deren wichtigste Eigenschaft geschätzt. Hier werden die Pflanzen jedoch nach anderen Qualitäten bewertet: zunächst nach der Gestalt ihrer Blüten- und Fruchtstände, weiterhin nach der Form und Struktur ihrer Blätter und erst dann nach ihrer Farbe.

Die Struktur ist der wichtigste Aspekt für eine gelungene Pflanzung. Die Farbe ist zwar auch wichtig, sie hat jedoch nur untergeordnete Bedeutung. Wenn Form und Gestalt der Pflanzen in einem Beet gut zusammenpassen und man Sorten auswählt, die ihren Wildformen nahe stehen, kann man sich eine unharmonische Farbkombination kaum vorstellen. Einer der Gründe dafür ist das ausgewogene Größenverhältnis zwischen Blüten und Blättern bei den Wildpflanzen. Denn Gartenpflanzen besitzen häufig Blüten, die im Verhältnis zum Rest der Pflanze relativ groß und dominant wirken. Es fehlen ihnen die ausgewogenen Proportionen und genügend Grün, um die kräftigen Farben abzuschwächen. Das Wissen um das individuelle Wesen der verwendeten Materialien bildet die unentbehrliche Grundlage für jede Form künstlerischen Schaffens.

Dieses Kapitel widmet sich diesem Verständnis, indem es sich mit den unterschiedlichen Kategorien des Werkstoffes Pflanze befasst. Das nächste Kapitel zeigt, wie Pflanzen miteinander kombiniert werden können, ohne jedoch dafür detaillierte Anweisungen anbieten zu wollen. Dies würde eher zu einer unselbstständigen, fantasielosen Arbeitsweise führen. Statt dessen werden Grundprinzipien vorgestellt, die dazu ermutigen sollen, harmonische Pflanzenkombinationen selbst zusammen zu stellen.

Da die Gestaltungsweise auf der Struktur der Pflanzen basiert, wird deutlich gemacht, dass es wichtigere Dinge bei Pflanzen gibt als nur deren Farbe. Viele Pflanzen kommen in der Natur nur in einer einzigen Farbe vor. Dank der züchterischen Bearbeitung durch geschickte Gärtner und mit Hilfe geschäftstüchtiger Pflanzenproduzenten sind sie trotzdem in zahlreichen Nuancen in den Gärtnereien und Gartencentern erhältlich. Wenig bekannt ist, dass sich hochgezüchtete Hybriden immens von ihrer natürlichen Ausgangsart unterscheiden. Da das Wesen der Pflanzen weniger von der Farbe als von ihrer Form und Struktur bestimmt wird, sollten Gärtner dem mehr Beachtung schenken. Verglichen mit der Gestalt der Pflanze, die bei Stauden vom Frühling bis in den Winter hinein sichtbar bleibt, ist die Blüte selbst nur von kurzer Dauer. Wenn Sie natürlich wirkende Pflanzungen gestalten wollen, die über eine lange Zeit ihre Attraktivität behalten, sollten Sie sich darauf konzentrieren, die Pflanzenformen kennen zu lernen, und erst in zweiter Linie an Farbe als spannende Zugabe denken.

Blüten präsentieren sich in einer außerordentlichen Vielfalt von Farben, Formen und Größen. Die Blütenstände von *Astrantia*, *Achillea* und *Helenium* (zweite, vierte und fünfte von links) setzen sich aus Hunderten von Einzelblüten zusammen. Im Gegensatz dazu sind die Einzelblüten von *Epilobium angustifolium* 'Album' und *Perovskia atriplicifolia* (erste und dritte von links) leicht zu identifizieren, doch die eigentliche Wirkung geht vom Blütenstand aus.

Von ihrem ersten Austrieb im Frühling bis zu dem Zeitpunkt, wenn die von Regen und Frost gezeichneten Überbleibsel im Winter irgendwann ganz zusammenfallen, besitzt jede Staude eine ihr eigene Ausstrahlung. Der empfindsame Gärtner wird beobachten, dass es etliche Stadien im Leben einer Staude gibt, bei denen es sich lohnt genauer hinzuschauen. Nicht nur die Blüten gilt es zu würdigen, sondern auch die Knospen, die sich entfaltenden Blätter, die Fruchtstände, das Herbstlaub, die winterlichen Überbleibsel. Zurück bleiben die Blütenstände, herausragendes Charakteristikum der meisten Stauden und von den Botanikern Infloreszenz genannt.

Im Folgenden werden wir uns zunächst intensiv mit den typischen Formen dieser Blütenstände beschäftigen. Diese Formen sind häufig schon sichtbar, bevor sich die Blüten öffnen. Sie setzen auf vielfältige Weise starke plastische Akzente im Garten – auch dann, wenn die Pflanzen bereits verblüht sind und sich Samen entwickeln. Oft dehnt sich der Fruchtknoten einer Blüte aus und verdickt sich zur Frucht. Der Fruchtstand bewahrt die wesentliche Kontur der Blume bzw. des Blütenstandes und bleibt lange, nachdem die Blüte selbst verschwunden ist, als Erinnerung an sie bestehen. Blütenstände gibt es in vielen Formen, die von der Natur ihrem Zweck entsprechend gestaltet wurden: mit anziehender Wirkung auf Pollen sammelnde Insekten oder so, dass der Wind die Samen forttragen kann wie bei den Gräsern. Gerade diese Formen verleihen den Blütenpflanzen über die pure Blütenschönheit hinaus so viel Charakter. Pflanzungen, die auf diesen Formen basieren, sind wesentlich dauerhafter und ausgewogener als solche, die nur auf Farbaspekten aufbauen.

Botaniker benutzen verschiedene Bezeichnungen, um die unterschiedlichen Ausprägungen der Blütenstände zu kennzeichnen: Traube, Ähre, Rispe, Dolde, Kolben usw. Diese Namen sagen jedoch weder etwas über die Ästhetik einer Pflanze aus noch über ihren Gartenwert. Hier werden lediglich die verschiedenen Formen in grobe Kategorien unterteilt. Wichtig ist es zu wissen, dass Laien (und Gärtner) oft salopp von Blüten sprechen, obwohl es sich um eine Vielzahl von Blüten handelt, die gemeinsam einen Blütenstand bilden, wie dies etwa bei den Korbblütlern (z.B. Margeriten) der Fall ist. Das Blütenköpfchen, die sogenannte Blume, stellt eine Vermehrungseinheit dar. Sie passt sich besonders gut den Insekten an, die dadurch eine große Anzahl von Blüten besuchen können, ohne größere Entfernungen zurücklegen zu müssen.

Blattwerk hält sich länger als die Blüten. Es hat seine eigene Farbskala und weist besondere Strukturen und Texturen auf, die der Gärtner aufmerksam beobachten sollte. Gut aussehendes und schön arrangiertes Blattwerk bildet den Hintergrund für alle Darstellungen mit Blumen – es ist schlichtweg unentbehrlich.

FORM

Ähren und Trauben

Ähren- und traubenförmige Blütenstände lenken den Blick nach oben und verbinden so Himmel und Erde. Durch ihre von der Erde losgelösten Blütenlanzen geben sie dem Garten Höhe. Die Spitzen setzen einen starken Kontrast zu anderen Blütenständen und sorgen für Klarheit inmitten der weniger scharfen Umrisse anderer Blütenstände oder zwischen großen Blattmassen. Die Ähre wie die Traube stellen ein dominantes Element innerhalb einer Pflanzung dar. Ihre volle Wirkung entfalten sie jedoch nicht einzeln, sondern in der Gruppe. Bei einer Ähre sitzen die Blüten ohne Stiel, bei der Traube mit Stiel an der Hauptachse; je dichter die Blüten stehen, desto klarer erscheint die Form. Bei einer zusammengesetzten Ähre formen mehrere im gleichen Winkel von der Hauptachse aufstrebende kleinere Ähren die Gestalt. Bei der Zusammengesetzten Ähre steht an Stelle der Einzelblüte ein mehrblütiges Ährchen. Von einer Rispe spricht man, wenn die Blüten an einer verzweigten Traube angeordnet sind, sodass sich die einzelnen Blüten nicht berühren.

1 *Digitalis parviflora*, Kleinblütiger Fingerhut
In der Sommermitte erscheinen die hohen, dünnen eleganten Blütenähren in einer reizvollen Farbmischung aus Braun, Creme und Gelb.

2 *Verbena hastata*, Lanzen-Eisenkraut
Im Spätsommer strebt die ganze Pflanze himmelwärts.

3 *Salvia* 'Dear Anja', Salbei
Benannt nach Anja Oudolf, trägt diese neue Salbei-Sorte kräftige Blütenkerzen im Frühsommer.

4 *Veronicastrum virginicum* 'Rosea', Kandelaber-Ehrenpreis
Die Blütenstände mit ihren aufstrebenden Stängeln erscheinen im Frühsommer. Dadurch zählt diese Art zu den wertvollsten Stauden der neuen Generation.

5 *Epilobium angustifolium* 'Album', Weidenröschen
Obwohl verwandt mit dem berüchtigten Schmalblättrigen Weidenröschen, breitet sich diese weiße, im Hochsommer blühende Staude längst nicht so stark aus.

6 *Salvia pratensis* 'Lapis Lazuli', Wiesensalbei
Gedeiht auf kalkhaltigen Böden in voller Sonne. Die Sorte ist eine rosa blühende Form der bekannten europäischen Wildstaude.

7 *Baptisia leucantha*, Färberhülse
Weißgraue Blüten kontrastieren mit den dunklen Stängeln dieser eleganten amerikanischen Präriestaude.

8 *Calamagrostis × acutiflora* 'Karl Foerster', Reitgras
Die straff aufrecht stehenden Ährenrispen dieses Grases wiegen sich im Wind. Das Reitgras ist nahezu wetterfest.

9 *Lythrum salicaria* 'Stichflamme', Weiderich
Beeindruckend sind die im Hochsommer zu Büscheln zusammen stehenden Blütenkerzen.

10 *Thermopsis caroliniana*, Fuchsbohne
Lockere gelbe Blütenstände erscheinen im Frühsommer.

11 *Agastache foeniculum*, Duftnessel
Die Blüten stehen in Büscheln eng zusammen. Die Art blüht von Juli bis August und beeindruckt selbst auf kleineren Flächen durch ihre Form.

12 *Polygonum amplexicaule* 'Roseum', Knöterich
Die Pflanze selbst besitzt eine massige buschige Gestalt, aber die rattenschwanzartigen Scheinähren wirken recht leicht. Die Staude blüht im Spätsommer für längere Zeit.

13 *Cimicifuga ramosa* Atropurpurea-Gruppe, Silberkerze
Eine der wenigen spät blühenden Schattenstauden. Mit ihren eleganten schlanken Blütenähren eignen sich Silberkerzen für viele Plätze, die nicht zu trocken sein dürfen.

FORM

Köpfchen und Quirle

auf vereinzelten feinen Stängeln. Bei entsprechender Pflanzung lassen sich mit diesen Stauden eindrucksvolle Bilder gestalten. Große Ansammlungen solcher Blütenköpfchen wirken ähnlich transparent wie eng beieinander stehende Stängel.

1 *Sanguisorba officinalis* 'Asiatic Form', Wiesenknopf
Die festen dunkelroten Köpfchen dieser und anderer Wiesenknopf-Arten sind im Sommer ein unverwechselbares Merkmal für feuchte Stellen.

2 *Marrubium velutinum*, Andorn
Die Blüten dieser im Frühsommer blühenden Verwandten der Minze gruppieren sich in Quirlen um den Stängel. Man nimmt sie am ehesten im Winter wahr, wenn um sie herum alles zusammengefallen ist.

Köpfchen und Quirle sind klar definierte Gebilde konzentrierter, eng gepackter Haufen von Blüten. Deutlich heben sie sich von verschwommenen Umrissen ab, wie sie fedrige oder schleierartige Formen bilden. Im Sommer fallen sie häufig als Tupfen konzentrierter Farbe auf. Im Winter sind sie oft die einzigen festen und dunklen Punkte inmitten einer diffusen, allmählich sich zersetzenden Pflanzenmasse. Während der kalten Jahreszeit sind feste Formen wie „Köpfchen" vermehrt zu finden, da einige Blumen – speziell die Korbblütler – ihre Blüten bereits verloren haben und nur noch der runde Blütenboden übrig ist. Der Effekt, den diese Gebilde erzielen, hängt entscheidend davon ab, wie die Pflanze aufgebaut ist: Einige sehen aus wie Quirle an senkrechten Stängeln, manche sind in lockeren Dolden angeordnet, wieder andere stehen an der Spitze kräftiger Stiele oder

3 *Trifolium rubens*, Purpurklee
Längliche Blütenstände mit weichen Umrissen zeigt der im Frühsommer blühende Klee. Die dreigeteilten Kleeblätter sind vor und nach der Blüte interessant.

4 *Echinops ritro* 'Veitch's Blue', Kugeldistel
Die Kugeldistel zeigt im Hochsommer ihre perfekten runden Blütenstände, die bis zum Spätherbst zu Samenständen ausreifen.

5 *Salvia verticillata* 'Smouldering Torches', Salbei
Die quirlständigen Blüten formen kleine Kugeln.

6 *Phlomis tuberosa* 'Amazone', Brandkraut
Blüht im Frühsommer. Die spitz aufragenden Blütenstände sind übereinander aufgereihte Quirle.

7 *Knautia macedonica*, Witwenblume
Über das ganze Beet verstreut erscheinen die dunkelrosa Blüten den ganzen Sommer über.

8 *Monarda* 'Squaw', Indianernessel
Die vom Hoch- bis zum Spätsommer blühende Staude besitzt charakteristische Blütenquirle.

9 *Eryngium giganteum*, Elfenbeindistel
Die distelartigen Hüllblätter der Blütenstände dieser zweijährigen Pflanze färben sich im Herbst blass braun und betonen so den kegelförmigen Fruchtstand in der Mitte.

10 *Astrantia major* 'Roma', Sterndolde
Mit ihrer zarten Halskrause stellen die knopfartigen Blütenstände der Sterndolden von Früh- bis Hochsommer einen Blickfang in Sonne und Halbschatten dar.

11 *Centaurea glastifolia*, Flockenblume
Mit ihren messinggelben Blütenständen sorgt diese im Hochsommer blühende Flockenblume für Aufsehen.

12 *Allium hollandicum* 'Purple Sensation', Zierlauch
Die Blütenstände des Zierlauchs bilden außergewöhnliche Kugelformen, die noch einige Zeit als Samenstände stehen bleiben.

FORM

Rispen

wie man sie zum Beispiel von den Fruchtständen des Chinaschilfs, *Miscanthus sinensis*, kennt. Zu viele kühne oder scharf umrissene Formen in einem Beet können überladen, überreizt wirken. Die Leichtigkeit weniger klarer Formen ermöglicht es, dominante Pflanzen miteinander zu verbinden.

1 *Filipendula rubra* 'Venusta magnifica', Mädesüß
Die schöne Staude mit zart rosa Blüten in vielstrahligen Trugdolden verkörpert eine der harmonischsten Verbindungen von Blüte und Pflanzenkörper. Das Mädesüß blüht von Früh- bis Hochsommer auf hohen Stängeln und gedeiht gut in feuchtem Boden. Sie kommt aber auch mit jedem normalen Gartenboden zurecht.

2 *Solidago* 'Goldenmosa', Goldrute
Goldruten verbinden kräftiges Gelb mit ungewöhnlich geformten Blütenständen. Es gibt mittlerweile recht anständige Sorten dieser Gattung, die es unentschuldbar machen, diese Pflanze nicht in einer Spätsommerpflanzung zu verwenden. Die Arten haben überraschend unterschiedlich geformte Blütenstände. Viele strahlen jene Leichtigkeit aus, die einen willkommenen Kontrast zu den eher schwer wirkenden und sich aggressiv ausbreitenden älteren Formen bietet.

3 *Thalictrum lucidum*, Wiesenraute
Im Frühsommer erscheinen über dunkelgrünem Laub die relativ kleinen Büschel zart gelber Blüten.

4 *Aralia californica*, Staudenaralie
Kugelförmige Blütenbüschel entwickeln sich im Spätsommer über kräftigem und auffälligem Blattwerk. Diese Pflanze benötigt Platz, um sich gut entfalten zu können.

Die eher sanft geformten Rispen nehmen eine Zwischenstellung zwischen den Ähren bzw. Trauben und den Dolden ein. Auch sie setzen sich aus unzähligen kleinen Einzelblüten zusammen, die aber lockerer, flaumiger und transparenter angeordnet sind. Zwischen den Ähren- und Doldenformen innerhalb einer Pflanzung spielen Rispen eine Art Vermittlerrolle. Ihre unbestimmte, lockere Beschaffenheit wirkt besonders gut in der Masse und erinnert an die Blüte von Sumpfpflanzen wie Schilf und Mädesüß. Der lockere Aufbau einiger Rispen stellt ein besonderes Auswahlkriterium dar, da jeder Windhauch alle Federbüsche in gleichförmige Bewegungen versetzt. Eine Wirkung,

5 *Rodgersia henricii* 'Die Anmutige', Schaublatt
Bei dieser Blütenschönheit stehen die Blütenrispen aufrecht über den dekorativen Blättern. Sie blüht von Früh- bis zum Hochsommer im Halbschatten an feuchten Stellen.

6 *Thalictrum aquilegiifolium* 'Album', Amstelraute
Die weichen rundlichen Blütenstände im Frühsommer sind unverwechselbar. Als Frühblüher unter den Großstauden bildet sie einen schönen Kontrast zu weniger großen, zur selben Zeit blühenden Arten.

7 *Polygonum polymorphum*, Knöterich
Die weißen Blütenstände an den verzweigten Stängeln blühen den ganzen Sommer über an dieser massigen strauchartigen Staude. Es handelt sich um eine der besten Neueinführungen der letzten Jahre.

8 *Stipa brachytricha*, Diamantgras
Mit Federn in sanft malvenfarbenem Grau wird dieses Gras zum idealen Partner für klarer strukturierte Pflanzen, die später im Jahr blühen.

FORM

Dolden

Viele große Dolden setzen sich aus einer ganzen Anzahl kleinerer Döldchen zusammen. Man spricht dann von Zusammengesetzten Dolden. Die wichtigsten Pflanzen mit doldenförmigen Blütenständen sind jene aus der Familie der Doldenblütler (Umbelliferae). Sie spielen in vielen natürlichen Lebensräumen eine wichtige Rolle. Verwendet man sie im Garten, vermitteln sie mit den sanften Creme- und Weißtönen ihrer Blüten das Gefühl vornehmer Natürlichkeit.

1 *Foeniculum vulgare* 'Giant Bronze', Fenchel
Der Gewürzfenchel hat abgeflachte mattgelbe Dolden, die sich im Frühsommer zwischen fein gefiederten Blättern entfalten.

2 *Smyrnium perfoliatum*, Gelbdolde
Winzige zarte Dolden sitzen in einer Art Halskrause. Die Pflanze blüht, noch bevor die Blätter erscheinen, im Frühsommer an schattigen Stellen.

3 *Angelica gigas*, Engelwurz
Im Hochsommer ziehen die dunkelroten Blütenköpfe dieser Pflanze die Aufmerksamkeit auf sich.

4 *Phlox paniculata* 'Alba', Flammenblume
Das reine Weiß ihrer gerundeten Köpfe erhellt im Hochsommer sonnige oder leicht beschattete Gartenbereiche.

5 *Sedum spectabile* 'Stardust', Fetthenne
Die Sorte besitzt breite, flach gewölbte Trugdolden.

6 *Lychnis chalcedonica* 'Alba', Lichtnelke
Relativ große Blüten formen einen offenen Blütenstand im Frühsommer.

Dolden haben die Form eines umgedrehten Regenschirms. Man kennt sie von vielen Wildstauden und „Unkräutern" her. Es sind Pflanzen, die an natürlichen, unkultivierten Plätzen vorkommen und die man nicht ohne Weiteres im Garten vermuten würde. Doch wenn das Vorurteil, dass eine Pflanze farbig blühen muss, um im Garten erlaubt zu sein, erst einmal beiseite geräumt ist, können wir uns darauf einlassen, die Schönheit dieser Gewächse zu würdigen. Dolden sind gewissermaßen das Gegenteil der Ähren. Ihre sanft gerundeten Formen bilden ein Gegengewicht zu deren aufwärts strebenden Formen. Zusammengesetzt aus Hunderten oder gar Tausenden von Einzelblüten, sehen sie weich und freundlich aus.

7 *Phlox paniculata* 'Düsterlohe', Flammenblume
Eine violettrosa Phlox-Hybride.

8 *Angelica* 'Vicar's Mead', Engelwurz
Zusammengesetzte Dolden stehen über dem dunklen Laub dieser altbekannten Pflanze. Wie viele andere doldenblütige Stauden stirbt sie nach der Blüte ab, verstreut aber normalerweise ihre Samen.

9 *Sedum ruprechtii*, Fetthenne
Diese *Sedum*-Art zählt zu den wertvollsten Stauden mit doldigen Blütenständen. Ihre Trugdolden werden gerne von Schmetterlingen besucht.

10 *Eupatorium maculatum* 'Atropurpureum', Wasserdost
Die rosafarbenen Blütenbüschel dieser großen majestätischen, im Spätsommer blühenden Staude ziehen Scharen von Schmetterlingen an.

11 *Molospermum peloponnesiacum*
Eines der beeindruckendsten Doldengewächse, das auf Grund seiner Statur sehr dominant wirkt.

12 *Chaerophyllum hirsutum* 'Roseum', Berg-Kälberkropf
Diese Staude bringt im Spätfrühling oder Frühsommer flaumige Dolden hervor und erinnert damit an Hecken und Böschungen voller Wildblumen. Unentbehrlich ist diese Pflanze, wenn ein naturhafter Eindruck entstehen soll.

13 *Achillea* 'Terracotta', Schafgarbe
Die Blütenköpfchen der Trugdolden vieler Schafgarben verändern sehr schön ihre Farbe im Laufe des Jahres.

FORM

Margeritenblumen

1 *Echinacea purpurea* 'Green Edge', Sonnenhut
Echinaceen besitzen mit die größten und auffälligsten Blumen. Die äußeren Zungenblüten neigen sich weg von dem konisch hoch gewölbten Blütenboden. Zur Hauptblüte im Hochsommer sehen die Pflanzen am schönsten aus. Diese Schönheit hält sich bis zum Zeitpunkt des Verblühens.

2 *Echinacea purpurea* 'Rubinstern', Sonnenhut
Eine in Vergleich zur Sorte 'Green Edge' herkömmlicher gefärbte Sonnenhut-Züchtung.

3 *Rudbeckia fulgida* 'Goldsturm', Sonnenhut
Mit ihrer langen Blütezeit von Hochsommer bis zum Frühherbst vermittelt diese gelbe Rudbeckie mit schwarzer Mitte ein Gefühl von Sommer, ganz gleich wie das Wetter auch sein mag. Anders als viele der spät blühenden Stauden bleibt ihr Wuchs kompakt, was sie sehr vielseitig verwendbar macht.

4 *Aster* 'Herfstweelde', Aster
Diese Sorte blüht bis weit in den Herbst hinein und ist eine der vielen Astern, die ihn zu einer so farbenfrohen Zeit machen.

5 *Aster* 'Oktober', Aster
Mit kleineren Blumen als 'Herfstweelde' blüht auch diese Sorte sehr spät im Jahr. Dieser Umstand macht sie zu einer äußerst brauchbaren Sorte für die Zeit, wenn erste Fröste sowie Wind und Regen bereits einen großen Teil der Einjährigen und spät blühenden Stauden niedergestreckt haben. Wie die meisten Astern bevorzugt sie normale bis feuchte Böden in praller Sonne.

Die Strahlenform der Margeritenblumen erinnern uns an die Sonne – nicht nur wegen ihres Aussehens, sondern auch weil sie meist an sonnigen Standorten wie Wiesen, Feldern und Grassteppen vorkommen. Die charakteristischen Blütenköpfchen mit einen Kranz aus randständigen Zungenblüten erscheinen ab Sommermitte, weshalb man sie gerne mit Sonne und Hitze in Verbindung bringt. Sie haben unbestritten etwas Optimistisches an sich. Die radiärsymmetrischen Blumen stellen stark konzentrierte Formen von Dolden dar: Massen von kleinen Blütchen stehen so eng zusammen gedrängt, dass sie wie eine große Blume aussehen. Die inneren Scheibenblüten und die äußeren Zungenblüten sind oft unterschiedlich gefärbt, was die Pflanze besonders auffällig erscheinen lässt. Nach der Blüte fallen die äußeren Zungenblüten normalerweise ab und hinterlassen einen knopfartigen Fruchtstand, der oft noch lange stehen bleibt.

6 *Inula magnifica* 'Sonnenstrahl', Riesenalant
Alle Alant-Arten zeichnen sich durch ausgesprochen feine Staubblätter aus. Bei dieser im Hochsommer blühenden Staude sind sie jedoch so lang, dass sie heraus hängen.

7 *Helenium* 'Rubinzwerg', Sonnenbraut
Helenium-Sorten spiegeln in ihren Blumen die rostroten Farben des Herbstes wider. Obwohl die Zungenblüten den optischen Reiz ausmachen, sollte man ebenso die kontrastierende Farbe der Blumenmitte beachten.

8 *Aster amellus* 'Sonora', Bergaster
Eine bestechend schöne dunkelviolette Sorte einer Asternart, die trockenere Böden verträgt. Richtig wohl fühlt sie sich auf durchlässigen, eher kalkhaltigen Böden in der Sonne. Sie reagiert empfindlich auf zu feuchte Böden im Winter.

9 *Silphium perfoliatum*, Harzkraut
Die gelben Blumen dieser Pflanze stehen im Spätsommer auf bis zu drei Meter hohen Stängeln. Die großen, lederartigen Blätter sind ebenfalls beeindruckend.

FORM

Netze und Gitter

1 *Stipa gigantea*, Riesenfedergras
Dieses Gras mit seinen dem Hafer ähnlichen Blüten- und Fruchtständen (Ährchen) an weit verzweigten Rispen ist das Musterbeispiel einer transparenten Pflanze. Groß und unantastbar steht sie vom Frühsommer bis zum Winter als eine markante Gestalt im Garten.

2 *Thalictrum polygamum*, Wiesenraute
Die fedrigen, reichblütigen Trugdolden dieser bereits im Frühsommer blühenden transparenten Staude stehen an einzelnen hohen, dünnen Stängeln. Nach der Blüte bleibt ihre interessante Statur noch für lange Zeit erhalten.

3 *Miscanthus sinensis* 'Graziella', Chinaschilf
Die schmalen Blüten- und Samenstände dieser Sorte sind dünn genug, um sich unaufdringlich unter die benachbarten Stauden zu mischen. Das Chinaschilf und die nebenstehende Sonnenbraut, *Helenium*, blühen vom Spätsommer bis zum Frühherbst.

4 *Molinia caerulea* 'Transparent', Pfeifengras
Das 2 m hohe, im Spätsommer blühende Gras entwickelt erstaunlich leichte Blütenstände, die wie ein unwirklicher Schleier aussehen, dazu bestimmt, den Herbsttau aufzufangen.

Nicht immer haben Pflanzen klare Umrisse. Einige bilden ein Gitternetz aus Stängeln, Blättern und Blüten, durch das man hindurch schauen kann. Sehr schmale Blütenstände können durchscheinend wirken, besonders wenn sie in Massen verwendet werden. Dies gilt auch für die verzweigten Stängel der Doldenblütler. Gewöhnliche Pflanzungen mit ihren massiven Pflanzenbändern lassen diese spezielle Eigenheit vermissen. Transparenz kann jedoch in einer Pflanzung auch übertrieben werden: Wenn zu viele dieser Pflanzen Verwendung finden, verwischen sich die Muster, was wiederum vom eigentlichen Pflanzkonzept ablenkt. Der Trick des Könners besteht darin, überall den Eindruck von Transparenz zu erzeugen, auch da, wo es sie gar nicht gibt. Wie Netze und Gespinnste wirken jene Pflanzen, die ahnen lassen, was sich dahinter oder davor verbirgt. So entstehen effektvolle Farbkombinationen und romantische Stimmung.

5 *Sanguisorba tenuifolia* 'Alba', Wiesenknopf
Die schmalen herabhängenden Ähren dieser Wiesenknopf-Art fangen das Licht ein und erzeugen speziell vor dunklen Hintergründen einen Schleiereffekt.

6 *Thalictrum delavayi*, Wiesenraute
Aus nächster Nähe wirken die Trugdolden der Wiesenraute recht ungewohnt. Der Eindruck von luftiger Leichtigkeit bleibt jedoch bestehen.

7 *Sanguisorba officinalis*, Großer Wiesenknopf
Die knopfartigen Blütenstände sind so weitläufig an einem Netzwerk aus Stängeln verteilt, dass man durch die Pflanze hindurch schauen kann. Das ermöglicht unglaublich schöne Kombinationen mit dieser Staude, die eigentlich eine Sumpfpflanze ist, jedoch in jedem Gartenboden zurechtkommt, der im Sommer nicht zu trocken und nicht zu sonnig ist.

8 *Foeniculum vulgare* 'Bronze Giant', Fenchel
Die fein gefiederten Blätter und die lichten Dolden einer jungen Fenchelpflanze erzeugen einen Gittereffekt mit Blick auf den Hintergrund. Ältere bedeutend buschigere Pflanzen wirken viel weniger lichtdurchlässig.

Netze und Gitter 29

BLÄTTER

Blattformen

oder geteilten bzw. zusammengesetzten, gefiederten Blättern. Erstere werden zu Ruhepunkten für das über die Pflanzung streifende Auge, während Letztere optisch eher in die Pflanzung hineinziehen. Gewässer oder feuchte Stellen sind besonders reich an großen und auffälligen Blattschönheiten. Werden jedoch nur solch eindrucksvolle Gewächse verwendet, kann die Situation schnell überladen wirken.

Kleinblättrige Pflanzen wirken aus der Ferne nicht, doch je näher man kommt, umso mehr Aufmerksamkeit ziehen sie auf sich – vorausgesetzt, die Pflanze hat ausgeprägte Eigenschaften. Lineares Blattwerk wie das von Gräsern oder Iris stellt einen Kontrast zum Laub der meisten anderen Stauden dar, das schafft Abwechslung und erzeugt Interesse. Jede sich abhebende Blattform kann wiederholt werden, um einen gewissen Rhythmus in eine Pflanzung zu bringen.

1 *Asarum canadense*, Haselwurz
Wie viele andere den Boden bedeckende Waldschattenstauden hat die Haselwurz sehr schönes dunkles und glänzendes Laub als Ergänzung für die zarten Blüten dieser langsam wachsenden Pflanze. Es gibt viele Sorten mit einer großen Bandbreite silber und grau gesprenkelten, herzförmigen Laubes. Ideal für kleinräumige Pflanzungen an kühlen Plätzen.

2 *Euphorbia nicaeensis*, Wolfsmilch
Die frischen Blätter dieser *Euphorbia*-Art können wunderschön blaugrün schimmern. Diese Sorte beginnt zusammen mit vielen anderen ihrer Art sehr früh im Jahr mit dem Wachstum und ist mit ihren sich langsam entfaltenden Blättern ein Vorbote der neu erwachenden Natur.

3 *Epimedium grandiflorum*, Großblumige Elfenblume
Unverzichtbar als Bodenbedeckung für schattige Bereiche, bilden Elfenblumen dicht gedrängte Gruppen mit herzförmigen Blättern, die im Frühjahr häufig rosa oder braun gezeichnet sind.

Die äußere Form spielt bei der Art, wie wir die Dinge betrachten, eine wesentliche Rolle. Auf den Garten übertragen heißt das: Blattformen wirken auf den Betrachter besonders stark, speziell bei kurzer oder mittlerer Entfernung. Dieser Effekt kann durch schön abgestufte Farben oder Blattstrukturen noch verstärkt werden. Gemessen daran, dass die Blüten einer Pflanze eine zeitlich sehr begrenzte Attraktion darstellen, lohnt es sich dem Blattwerk mehr Beachtung zu schenken. Pflanzen mit großen oder auffälligen Blättern haben eine andere Wirkung als solche mit kleinen

4 *Stachys byzantinus* 'Big Ears', Wollziest
Die wohl geformten, zarten und wolligen Blätter dieser langsam wachsenden, immergrünen Staude wirken interessant auf Grund ihrer Textur, Farbe und Form.

5 *Hosta* 'Halcyon', Funkie
Die massiven Blätter dieser wertvollen Funkiensorte vermitteln den Eindruck vornehmer Majestät. Ihre relativ einfachen Blattformen dienen dem Auge als Ruhepol.

6 *Cynara cardunculus*, Artischocke
Verwandt mit der Gemüse-Artischocke, setzt das Wachstum dieser großen Staude bereits früh im Jahr ein. Sie braucht viel Platz und volle Sonne.

7 *Pulmonaria longifolia*, Lungenkraut
Nahezu immergrün, sind die Lungenkräuter sehr leistungsfähige Pflanzen, die es wert sind, Verwendung zu finden – sowohl wegen ihres silbrig gesprenkelten Laubes, aber auch wegen ihrer rosa und blauen Blüten im zeitigen Frühjahr. Als Bodenbedeckung im Halbschatten wirken sie den ganzen Sommer über noch interessant – lange, nachdem die meisten Waldstauden bereits aufgehört haben zu blühen.

BLÄTTER

Blatttextur

Die Blatttextur ist ein oft unterschätzter Aspekt bei Pflanzen. Allein das Betrachten ist häufig ein Genuss, besonders wenn man im Frühling beobachten kann, wie sich die jungen Blätter entfalten. Manches Blatt zeigt zu diesem Zeitpunkt seine charakteristischen Merkmale wie Maserung und Aufbau am besten. Obwohl es Strukturen gibt, die sich in jeder Umgebung durchsetzen können – vor allem wenn sie glänzen und das Licht reflektieren –, ist es doch von grundlegender Bedeutung, aus welcher Entfernung man das Blattwerk betrachten kann. Pflanzen mit feinen Strukturen werden am ehesten beachtet, wenn sie im Vordergrund eines Beetes oder in einer kleinräumigen Situation angeordnet werden. Hier dienen sie als gute Ergänzung für andere Pflanzen, die mehr Aufmerksamkeit brauchen. Weiches oder indirektes Licht ist besonders wichtig, um die Oberflächenstruktur genügend zur Geltung zu bringen. Zudem weisen Pflanzen von feuchten und schattigen Standorten eher Blätter mit interessanten Strukturen auf. Ein gutes Beispiel dafür sind die Farne.

1 *Potentilla peduncularis*, Fingerkraut
Es ist bemerkenswert, wie die genaue Beobachtung von Pflanzen eine bisher nicht wahrgenommene Schönheit offenbart. Dies trifft besonders auf frisches Blattwerk zu. Die behaarten Blätter einiger Fingerkräuter wirken im Austrieb ausgesprochen reizvoll.

2 *Hosta* 'Blue Angel', Funkie
Farbe und Textur der *Hosta*-Blätter variieren je nach Sorte sehr stark. Die gefälteten Blätter von 'Blue Angel' wirken besonders hübsch, die Blattnerven verleihen ihr eine eigene, nahezu vornehme Qualität. Eng zusammengerollte *Hosta*-Blätter öffnen sich in Falten und entwickeln sich schließlich zur breiten, wie wattiert wirkenden Herzform. Funkien brauchen einen kühlen und feuchten Standort und werden gerne von Nacktschnecken gefressen.

3 *Helianthus grosseserratus*, Staudensonnenblume
Viele Stauden haben so sehr ausgeprägte Blätter, dass sich die Arten auch dann voneinander unterscheiden lassen, wenn sie gerade nicht blühen. Wie die meisten der staudigen Sonnenblumen hat auch diese große gelbe Blüten und liebt die pralle Sonne.

4 *Miscanthus sinensis* 'Pünktchen', Chinaschilf
Jede Pflanze mit linearen Blättern bildet einen Kontrast zu den umliegenden Stauden. Dieses ornamentale Gras zeigt eine ungewöhnliche Bänderung auf seinen Blättern, und sogar von weitem lässt sich die beeindruckende Struktur erkennen. Volle Sonne ist für die erfolgreiche Ansiedlung von *Miscanthus* wichtig, ansonsten ist die Pflanze unproblematisch.

5 *Heuchera micrantha* var. *diversifolia* 'Palace Purple', Purpurglöckchen
Bei einigen Purpurglöckchen verstärkt die Farbe der Blätter deren Textur. Nützlich sind die dunkellaubigen Purpurglöckchen auch wegen ihres gedrungenen Wuchses. Punktuell zwischen anderen Pflanzen eingestreut sorgen sie für Kontinuität in der Pflanzung. Für sonnige bis halbschattige Plätze.

6 *Veratrum nigrum*, Schwarzer Germer
Diese Pflanze stellt eines der am extravagantesten gefältelten Blätter zur Schau. Hier sprießt der Schwarze Germer gerade aus der Frühlingserde. Er benötigt zwar feuchte, aber gut dränierte Böden.

7 *Rodgersia* 'Saarbrücken', Schaublatt
Mit tiefen Ritzen und Furchen, verstärkt durch Farbe und Größe, zählen sie zu den strukturreichsten Blättern aller Gartengewächse. Ihren vollen Glanz entwickeln Rodgersien nur an feuchten Standorten. Sie brauchen Halbschatten und benötigen viel Platz.

FARBEN

Warme Farben

Die warmen Farben des Farbkreises wirken dynamischer und auffälliger als kalte Farben. Deshalb sind sie mit Vorsicht zu verwenden, beispielsweise als Blickfang zwischen Farbharmonien. Manche Gärtner haben eine große Freude daran, „rote" Beete anzulegen, indem sie Gelbtöne mit rötlichem oder bronzefarbenem Laub mischen, obwohl dafür nur eine begrenzte Auswahl an Pflanzen zur Verfügung steht. Da Rot die Farbe ist, die in der Dämmerung zuerst verschwindet, können rot bepflanzte Beete zu dieser Tageszeit einen bedrückenden und düsteren Anblick bieten. Dunkle Rottöne gelten als weniger starke Signalfarben als helleres Rot und Orange. Sie erwecken eine etwas mystische Atmosphäre, was sie zur geeigneten Ergänzung von Pflanzen mit ungewöhnlichen und geheimnisvollen Farben macht.

1 *Tulipa sprengeri*, Tulpe
Zwiebelblumen wie diese tragen mit ihren leuchtenden Farbtupfern dazu bei, dass der Frühling zu einem farbenfrohen Erlebnis wird. Ein heißer, sonniger Platz ohne Konkurrenz ist wichtig, damit die Tulpen jedes Jahr wieder blühen.

2 *Papaver orientale* 'Lauffeuer', Mohn
Normalerweise sind die zarten Mohnblüten nur sehr kurzlebig und haben kräftige Farben. Diese Sorte ist langlebig und samt sich selbst aus.

3 *Clematis viticella*, Italienische Waldrebe
Diese Waldrebe mit blutroten Blüten im Hochsommer eignet sich gut dazu, Mauern zu verzieren oder in früh blühende Sträucher hineinzuwachsen.

4 *Paeonia*, Pfingstrose
Päonien blühen nur für kurze Zeit, doch die Größe der Blüten und deren herrliche Farben entschädigen großzügig für diesen Nachteil.

5 *Imperata cylindrica* 'Red Baron', Japanisches Blutgras
Nicht nur Form, Größe und Proportion, auch die ungewöhnliche Farbe machen den Reiz dieses Grases aus – besonders im Gegenlicht. Das anspruchsvolle Gras braucht volle Sonne und Feuchtigkeit, verträgt jedoch keine Staunässe und bevorzugt sauren Boden. Die scharlachrote Farbe steigert sich bis zum Herbst.

6 *Lilium × dalhansonii*, Lilie
Die wie umgestülpt wirkenden Blüten dieser Türkenbundlilie sind so ungewöhnlich wie farbenfroh und zeigen sich elegant an aufrechten Stängeln. Sonne und nährstoffreicher Boden gewährleisten eine lange Lebensdauer über viele Jahre.

7 *Lobelia* 'Fan Red', Lobelie
Lobelien bringen einige der intensivsten Farben in die Zeit des Hoch- bis Spätsommers. Von Natur aus Solitärpflanzen, sind sie dazu geeignet, einzelne Farbtupfer in das Beet zu bringen. Besonders gut wirken sie in der späten Saison, wenn die anderen Pflanzen bereits etwas lädiert aussehen.

8 *Dicentra* 'Bacchanal', Herzblume
Mit ihrer langen Blütezeit bietet diese eher kleine und zarte *Dicentra* eine kräftige Blütenfarbe für lauschige Gartensituationen. Sie benötigt Halbschatten und verträgt keine Trockenheit. Sagt der Standort zu, können große Gruppen entstehen.

Warme Farben

FARBEN

Kalte Farben

Die „kalte" Farbe Blau kommt am besten im frühen Morgen- oder Abendlicht zur Geltung. Blau wirkt außerdem rezessiv, das bedeutet, dass blaue Blüten und Objekte weiter entfernt wirken als sie es wirklich sind. Diese sehr nützliche Eigenart macht es möglich, in einer Beetbepflanzung ein Gefühl von Tiefe zu erzeugen. Rein blaue Blumen sind ziemlich selten. Die meisten blühen eher im Frühling als im Sommer. Tatsächlich verfügen viele der blau blühenden Pflanzen über einen gewissen Rotanteil, weshalb sie gut mit Rotviolett und Violett harmonieren. Im Gegensatz dazu sind Blautöne mit hohem Grauanteil oder metallischem Schimmer eher ungewöhnlich und bedürfen einer vorsichtigen Platzierung.

1 *Aconitum carmichaelii* var. *wilsonii*, Eisenhut
Einer von vielen blauen Eisenhüten, die im Hochsommer blühen und am besten aussehen, wenn sie in Gruppen gepflanzt werden.

2 *Campanula latifolia* 'Gloaming', Wald-Glockenblume
Diese Glockenblume zeigt ein ungewöhnliches Blaulila, was sie zu einer der wertvollsten Farbträger unter den Bläulich-Rosafarbenen macht.

3 *Amsonia tabernaemontana* var. *salicifolia*, Amsonie
Die im Sommer blühende Staude erträgt Trockenheit. Ihre Blüten weisen eine ungewöhnliche stahlblaue Schattierung auf.

4 *Clematis integrifolia*, Waldrebe
Die staudige Clematis sieht durch ihre weichen Samenstände später im Jahr noch interessant aus. Die straff aufrecht wachsende Pflanze hat tief geteilte Blätter – ein bemerkenswertes Merkmal – bevor sie im Hoch- bis Spätsommer mit der Blüte beginnt.

Liebliche Farben   FARBEN

Rosa ist eine der beliebtesten Blütenfarben, besonders im Frühsommer. Sie ist leicht zu verwenden und gleichzeitig dazu geeignet, zwischen anderen, stärkeren Farbtönen zu vermitteln. Rosa wirkt besonders in Klimaregionen gut, in denen der Himmel oft grau und bewölkt ist und meist ein weiches Licht herrscht. Eine gewisse Gefahr besteht darin, dass zu viel Rosa verwendet wird und ein „süßlicher" Gesamteindruck ohne Charakter und Substanz entsteht. Es gibt eine ganze Reihe von Rosatönen, je nachdem, in welchem Ausmaß andere Farbträger beteiligt sind. Manchmal sind Spuren von Blau enthalten, dann wirken die Blüten weich und harmonisch, während starkes Magenta eine der aggressivsten Farben sein kann.

1 *Sanguisorba canadensis*, Wiesenknopf
Die Zartheit der cremeweißen Blüten im Hochsommer wird durch den duftigen Eindruck noch verstärkt.

2 *Papaver orientale* 'Kleine Tänzerin', Türkischer Mohn
Im Gegensatz zu den kräftigen Farben der meisten Mohnpflanzen blüht diese Sorte in zartestem Rosa mit dunklem verlockendem Auge.

3 *Salvia pratensis* 'Lapis Lazuli', Wiesensalbei
Dieser rosa Salbei passt gut zu den anderen Vertretern der Gattung mit blauen und rosalila Blüten. Alle Salvien blühen im Sommer und vertragen Trockenheit.

4 *Lavatera cachemiriana*, Buschmalve
Die den ganzen Sommer über erscheinen die zarten rosa Blüten. Dadurch erweist sich die Buschmalve als nützliche Beetpflanze, die gut zwischen Gewächsen mit kräftigeren Farben vermittelt.

Kalte Farben   37

FARBEN

Dunkle Farben

Gemeint sind hier ungewöhnliche Farben – dunklere Versionen bekannterer Farbtöne. Sie finden nicht wegen ihrer Natürlichkeit Beachtung, sondern wegen ihres auffälligen Aussehens – ein Effekt, der durch die Kombination mit anderen Farben noch verstärkt werden kann. Dunkle Farben haben Tiefe und etwas Geheimnisvolles. Werden sie mit blasseren Farben kombiniert, kommen erstaunliche und raffinierte Ergebnisse heraus. Nur wenige Pflanzen haben von Natur aus sehr dunkle Blüten, doch bei vielen treten sie zufällig auf. Gleiches trifft für dunkles Blattwerk zu. Nur Menschen mit ausgesprochen mystischen Wesenszügen würden wohl eine ganze Sammlung solcher dunkelblättriger und dunkelblütiger Pflanzen nebeneinander anordnen wollen. Die Mehrheit aber wird sie nur als gelegentlichen Höhepunkt einsetzen, um Neugierde zu wecken. Für einen Überraschungseffekt sind sie von unschätzbarem Wert.

1 *Astrantia major* 'Claret', Sterndolde
Die Blüten der Sterndolden bieten eine Farbenvielfalt von dunklen bis zu zarten Tönen. Die vielseitigen Pflanzen blühen in der Sommermitte.

2 *Cimicifuga ramosa* Atropurpurea-Gruppe, September-Silberkerze
Wenn sie auch erst relativ spät blüht, so sind die dunklen Blätter dieser Silberkerze doch schon vom Frühjahr an wertvoll.

3 *Hemerocallis* 'Little Grapette', Taglilie
Taglilien zeigen eine enorme Bandbreite ungewöhnlicher Blütenfarben, einige sehr dunkle Töne mit eingeschlossen.

4 *Cirsium rivulare* 'Atropurpureum', Bachdistel
Diese große Distel blüht mit Unterbrechungen über lange Zeit in einem schönen, seltenen Rotton.

Erdige Farben   FARBEN

Braun ist, wie auch Grün, überall im Garten gegenwärtig, und es besteht leicht die Gefahr, diese Farben zu übersehen. Es gibt nur wenige braune Blüten: Derartige Schattierungen findet man eher bei Gräsern oder totem Blattwerk. Die beste Zeit für Braun ist gegen Ende des Jahres, und das weiche Licht holt das Beste aus den Farbnuancen heraus. Achten Sie auf die rosigen Brauntöne der Samenstände einiger Gräserarten oder auf die gelblichen Farbtöne toter Blätter und Stängel – nicht zu vergessen die wirklich dunklen Brauntöne, die manche Blätter nach einem strengen Frost annehmen. Bedenken Sie auch, dass die Erde selbst braun ist. Zu den Brauntönen kommen noch Rot, Gelb und Schwarz. Flächen mit nackter Erde wirken im Garten unnatürlich und sind nicht erwünscht. Besser bedeckt man den Boden mit den erdigen Farbtönen der Blätter.

1 *Miscanthus sinensis* 'Malepartus', Chinaschilf
Viele *Miscanthus*-Arten besitzen erdige Farbtöne, doch es genügt schräg einfallendes Sonnenlicht, um sie aufzuhellen.

2 *Echinacea purpurea*, Sonnenhut
Nach der Blüte bilden sich Samenstände, die die Farben der Erde widerspiegeln.

3 *Eupatorium maculatum* 'Atropurpureum', Wasserdost
Nachdem die einstmals rosa Blüten verblasst sind, nehmen sie schwere erdige Farbtöne an. Die Blätter zeigen nach dem ersten Frost die Farbe dunklen Erdbodens.

4 *Veratrum nigrum*, Schwarzer Germer
Die elegante Form der Pflanze verstärkt die faszinierende Wirkung der dunklen Blüten.

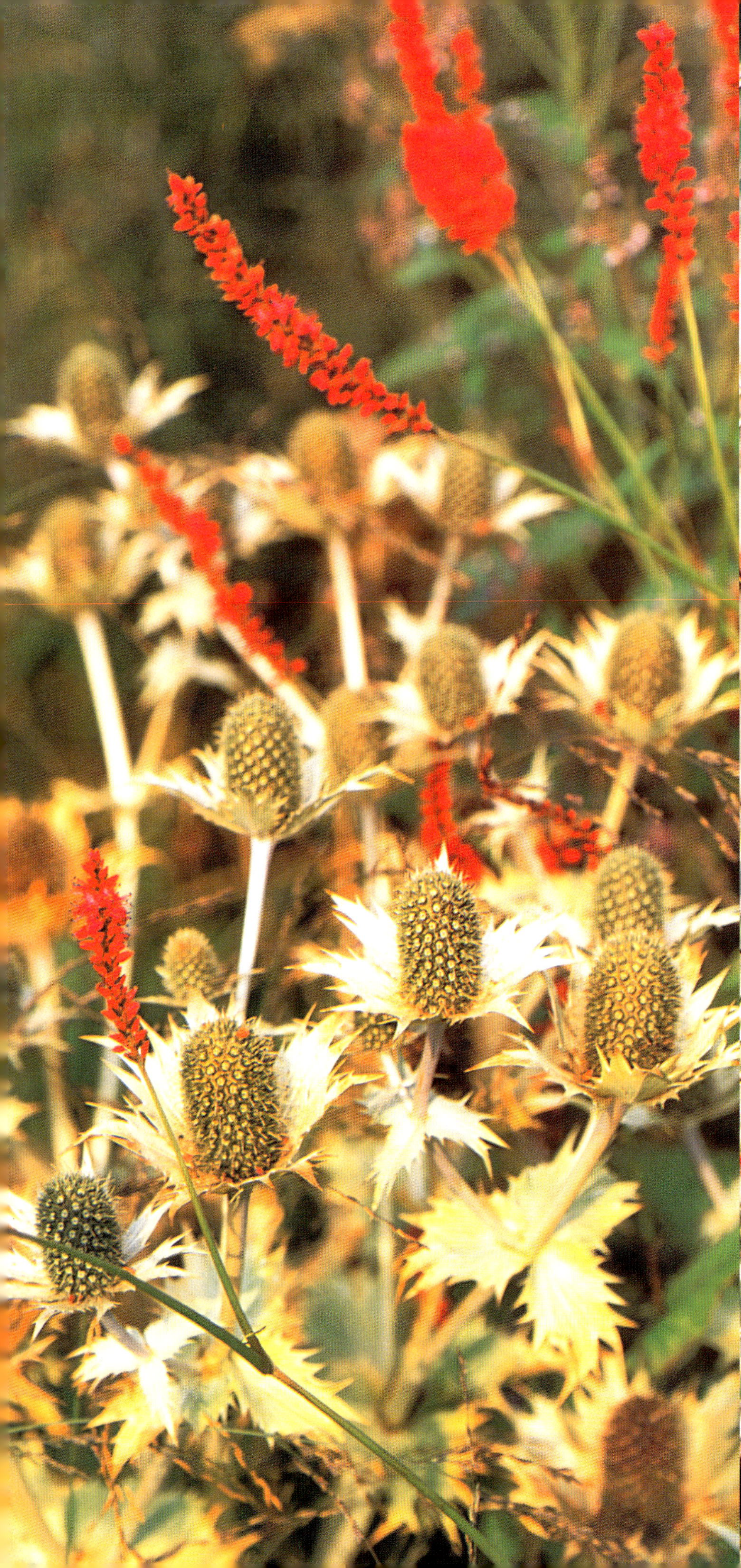

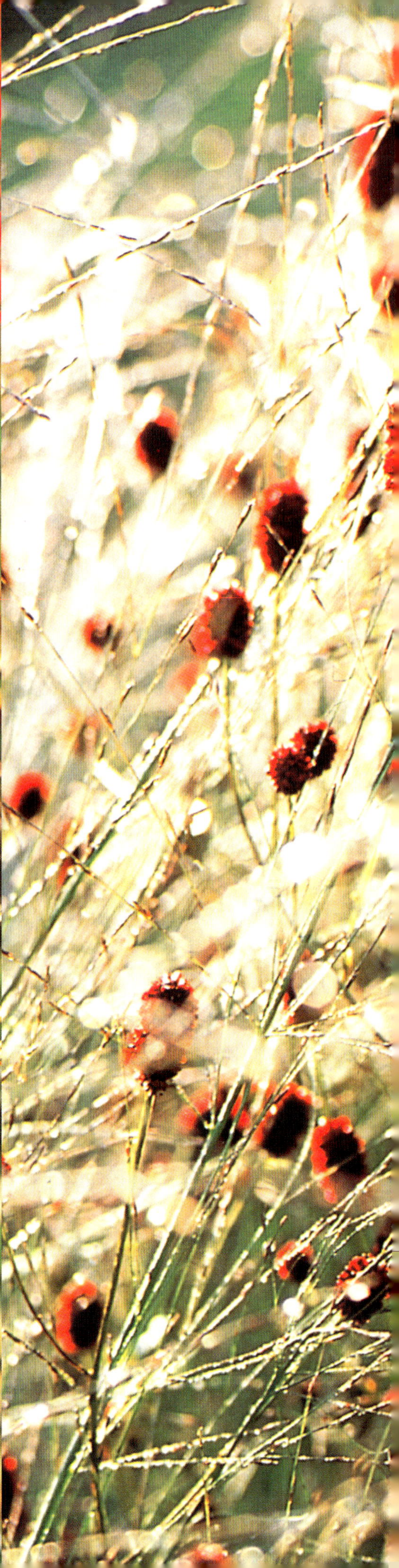

Kompositionen

Grundsätzliches

Der Erfolg einer Pflanzenkomposition beruht in erster Linie auf der Struktur: auf den Formen von Blüten oder Blütenständen von Arten, die einander ergänzen, wenn sie gemeinsam blühen, oder auf Blumen, Fruchtständen und Pflanzengestalten, die gut zusammenpassen.

Blattformen und ihre Texturen spielen ebenso eine Rolle bei der Kombination von Pflanzen wie deren Farbe (die Piet Oudolf ohnehin nur als Dreingabe betrachtet). Eine gute Pflanzung sollte genügend Variationen von Wuchsformen aufweisen, um auf einer Schwarzweiß-Fotografie interessant zu wirken. In Farbe zeigt dasselbe Bild eine weitere, eben nicht ganz so wichtige Dimension, denn Farbe hat mehr mit der allgemeinen Stimmung einer Pflanzung zu tun. Und schließlich gilt es auch zu bedenken, dass Stauden und Gräser auf Grund ihrer Wachstumsdynamik ihre Formen im Laufe des Jahres stark wandeln. Im Gegensatz zu vielen Sträuchern, die ihre Kontur das ganze Jahr über nahezu unverändert beibehalten und sich oft sehr ähnlich sind, hat jede Staude, während sie wächst, blüht und möglicherweise abstirbt, ihr eigenes, laufend anders wirkendes Aussehen.

Die unterschiedlichen Aspekte einer Pflanze können im Jahresverlauf in einer Pflanzenkombination die Schlüsselrolle spielen. Zum Beispiel sehen die eleganten und unverkennbar zusammen gesetzten Blätter des Wiesenknopfes vom Frühling bis zur Blüte im Hochsommer attraktiv aus. Dann aber stellen die schmalen rundlichen Blütenstände das auffällige Element dar. Selbst nachdem die Blumen abgestorben sind, übernehmen die Samenstände ihren Part. Im Herbst bilden sie klar definierte Punkte in der welkenden und vergehenden Vegetation. So übernimmt jede Pflanze sowohl in der Wachstums- als auch in der Absterbephase ihre schmückende Rolle innerhalb der Rabatte.

Verwendet man unsere Pflanzenpalette als Anhaltspunkt, ist es möglich, Pflanzen verschiedener Formen zusammenzubringen. Das Ziel ist, eine Komposition zusammenzustellen, die das Gefühl von Gleichgewicht und Harmonie vermittelt. Die Komposition unterschiedlicher Formen und Strukturen erzeugt eine kreative Spannung, die sowohl das Auge als auch die Vorstellungskraft anregt. Trotzdem ist es manchmal möglich, mehrere Pflanzen der gleichen Form zu kombinieren. Beispielsweise könnte man die Blütentrauben von blauem Rittersporn und die des reinweißen Weidenröschens *Epilobium angustifolium* 'Album' kombinieren. Auf diese Weise wird der Betrachter dazu angeregt, die Ähnlichkeiten und Unterschiede zwischen beiden Pflanzen wahrzunehmen.

Pflanzenkompositionen zu kreieren ist ein sehr individueller Vorgang, da es keine festen Regeln dafür gibt, wie die einzelnen Formen der zur Verfügung stehenden Gewächse zusammenzustellen sind. Derartige Normen würden den Garten schablonenhaft und leblos wirken lassen. Es ist wichtig, dass Sie hier aufgelistete Pflanzen als Anregung verstehen und nicht als Anweisung. Und außerdem: Stellen Sie Kombinationen zusammen, die Ihnen gut gefallen.

Erfahrene Gärtner nehmen häufig Veränderungen in ihrem Garten vor, indem sie einige Pflanzen ausgraben, um

Pflanzungen gestalten bedeutet sämtliche Eigenschaften der Pflanzen in die Komposition mit einzubeziehen: Blütenfarbe und -form, die Färbung der Blätter und deren Textur, die Wuchsform der Pflanze und ihre Gestalt in abgestorbenem Zustand. Jede Pflanze hat ihre eigene Beschaffenheit, die der Gärtner kennen muss, um sie wirksam einsetzen zu können. Manche Pflanzen entwickeln ihre Besonderheit am besten in der Masse, andere wiederum wirken gut als Einzelpflanze in Verbindung mit anderen Arten. Stauden besitzen eine eigene, artspezifische Form, während einige Gehölze besser wirken, wenn sie streng und regelmäßig in Form geschnitten werden.

sie an anderer Stelle wieder einzusetzen. Für weniger engagierte oder erfahrene Gärtner mag dies überraschend sein, doch all das ist Teil des gärtnerischen Schaffens. Häufig werden Pflanzen deshalb versetzt, weil der Gärtner mit einer bestimmten Kombination unzufrieden ist und er eine bessere Lösung gefunden hat, oder weil die Pflanze an dieser Stelle nicht richtig gedeiht. In jedem der Fälle ist es am besten, sich über den Sommer hinweg Notizen zu machen, um dann während der Vegetationsruhe im Winter die gewünschten Veränderungen vorzunehmen – zu einer Zeit, in der dies den Pflanzen nicht schadet. Als eine der vielen bestechenden Eigenschaften lassen sich die meisten Stauden leicht verpflanzen – obwohl man es nicht jedes Jahr tun sollte.

Das ständige Neugruppieren von Pflanzen ist ein Teil des Lernprozesses über Pflanzenkombinationen. Jedes weitere Jahr bringt neue Einsichten und Inspirationen, die man, wenn man mag, im Garten umsetzen kann. Zu beobachten, wie Pflanzen in anderen privaten oder öffentlichen Gärten zusammenpassen, ist ebenfalls eine gute Möglichkeit, um etwas über Pflanzenkompositionen zu lernen. Auch die Natur selbst dient als wertvolle Inspirationsquelle. Selbst wenn wir eine bestimmte Wildpflanze nicht in unserem Garten haben wollen, so können wir doch etwas von deren Verbindung zu anderen Pflanzen lernen. Und dies kann auf die eigenen Verhältnisse im Garten bezogen durchaus nützlich sein.

Das Verhältnis zwischen Farbe und Form

1 Verwandte Formen und verwandte Farben
Die Summe eines Ganzen kann größer sein als die Summe seiner Teile (1 und 1 ergibt dann 3). Das feine Zusammenspiel zwischen zwei sehr ähnlichen Formen und Farben kann einen starken Eindruck hervorrufen.

2 Unterschiedliche Formen und verwandte Farben
„Farbengärtner" wie Nori und Sandra Pope von Hadspen House in der englischen Grafschaft Somerset gestalten Beete mit Pflanzenfarben als Leitmotiv. Dazu werden Pflanzen mit unterschiedlichen Blütenformen und sehr ähnlichen Farben zusammengebracht.

3 Verwandte Formen und unterschiedliche Farben
Eine sehr erfolgversprechende Variante, wobei es eine Sache des persönlichen Geschmacks bleibt, wieviel Kontrast als harmonisch empfunden wird.

4 Unterschiedliche Formen und unterschiedliche Farben
Hier besteht die Gefahr, dass zu starke Kontraste das Auge überreizen, da es zu wenig Gemeinsamkeiten gibt. Das ist allerdings nur ein Hinweis, vorsichtig damit umzugehen, denn auch „unmögliche" Kontraste können unter Umständen funktionieren.

Formen kombinieren

Oben: Die Blütenköpfe von *Knautia macedonica*, Witwenblume, und *Allium sphaerocephalon*, Kugellauch, brauchen vom Frühsommer bis zur Sommermitte etwa gleich viel Platz, sie sehen jedoch recht unterschiedlich aus: die einen schmal und gedrungen, die anderen mit weicheren Konturen.

Rechts: *Lavandula × intermedia* 'Grosso', Lavendel, und *Sanguisorba officinalis*, Wiesenknopf, besitzen in etwa die gleiche Form. Die klare Gestalt der einen Pflanze bildet einen Kontrast zu den weichen Umrissen der anderen.

Eine Pflanzenauswahl, die vor allem auf der Gestalt und den Eigenarten der Blütenstände und Stängel basiert, bildet die Grundlage für eine harmonische Pflanzung. Welche Pflanzen im Einzelnen verwendet werden, entscheidet jeder selbst. Folgende Empfehlungen können lediglich als Richtschnur dienen.

Betrachten wir zunächst den Effekt, der entsteht, wenn in einer Pflanzung alle Blüten dieselbe Form haben: entweder nur Ähren bzw. Trauben oder ausschließlich Quirle oder Köpfchen. Wie attraktiv die Farben auch sein mögen, eine solche Anordnung würde immer monoton wirken. Das Gleiche gilt für Pflanzenkombinationen mit nur zwei Formen. Man erinnere sich an die Schönheit von Wildblumenwiesen. Ein Grund dafür ist die Vielgestaltigkeit der Blütenformen, die sie hervorbringen: die Mischung von Disteln und Margeriten, die Blütendolden vieler bekannter Wildblumen, die Köpfchen von Skabiosen, die runden Blüten des Hahnenfußes, die lang gezogenen Blütenstände von Königskerze und Fingerhut.

Ähren bzw. Trauben und die Dolden gelten als absolut gegensätzlich. Die einen streben vertikal dem Himmel entgegen, die anderen wölben sich horizontal und erinnern an die Form der Erde selbst. Das zentrale Element der schönsten Wildblumenwiesen und überzeugendsten Staudenpflanzungen ist oft die Kombination dieser beiden Formen.

Zwischen den Ähren bzw. den Trauben und den Dolden nehmen die Rispen ihren Platz ein. Sie dienen als Füllelement in der obersten Schicht der Blütenstände und als Vermittler zwischen den beiden gegensätzlichen Formen. Rispen können genauso symmetrisch wie asymmetrisch gebaut sein. Die asymmetrischen Formen wirken besonders ästhetisch, wenn sie sich vom Wind bewegt alle in dieselbe Richtung neigen, wie es beispielsweise bei den Blüten- und Samenständen von Schilf der Fall ist. Die rund-

Auf den ersten Blick ist es schwer zu erkennen, dass es sich hier um zwei verschiedene Pflanzen handelt – so sehr ähneln sie sich in der Farbe. Diese Kombination gedeiht im Hochsommer in voller Sonne.
1 *Echinacea purpurea* 'Green Edge', Sonnenhut, beim Öffnen ihrer Blumen. Die Zungenblüten sind leicht zurückgebogen.
2 Die Blütenköpfe von *Eryngium giganteum*, Elfenbeindistel, mit ihren stacheligen bizarren Hüllblättern. Mit dem Ende der Blütezeit fallen bei der *Echinacea* die Zungenblüten ab, und der kegelförmige Blütenkopf entwickelt sich zum Fruchtstand. Die Elfenbeindistel ändert lediglich ihre Farbe in ein Strohgelb, das den Winter über noch lange anhält.

1 Die kugelförmigen Blütenköpfe von *Echinops sphaerocephalum*, Kugeldistel, spielen zwischen den weniger klaren Formen die Hauptrolle.
2 *Phlomis tuberosa*, Brandkraut, besitzt unverwechselbare Blütenstände aus quirlig angeordneten Blüten. Sie wiederholen die Blumenform von *Echinops* und sind winterfest.
3 *Verbena hastata*, Lanzen-Eisenkraut, hat winzige Blüten, die sich zu kleinen rutenförmigen Ähren zusammenfügen. Sie bilden einen wirkungsvollen Kontrast zu den klaren Formen der Kugeldistel.
4 Die filigrangen Dolden von *Selinum wallichianum*, Silge, wirken als ein Puffer zwischen den unterschiedlichen stärkeren und schärfer umrissenen Formen.
5 *Veronicastrum virginicum* 'Fascination', Kandelaber-Ehrenpreis, zeichnet sich durch eine ausgeprägte vertikale und lineare Formgebung aus, die den Blick nach oben führt. Die quirlartig angeordneten Blätter halten die Pflanze im Gleichgewicht. Diese Pflanzenkombination für den Hochsommer gedeiht in voller Sonne.

1 *Sanguisorba officinalis*, der Große Wiesenknopf, trägt Blütenköpfe in einem ungewöhnlich dunklen Rotton, mehr als ein Ausgleich für die bescheidene Größe. Sie bilden einen eindrucksvollen Kontrast zur benachbarten *Echinacea*.
2 Die Blumen von *Echinacea purpurea*, Sonnenhut, besitzen eine eher gewöhnliche Farbe, aber sie präsentieren sich in auffallender Form und Größe. Die Kombination dieser beiden Pflanzen funktioniert in zweifacher Hinsicht gut. Optisch verbindet beide Pflanzen die Formen ihrer Blütenköpfe: Die Mitte der *Echinacea*-Blume spiegelt das kugelige Köpfchen des Wiesenknopfes wider. Zweitens blühen beide in verwandten Farben. Diese Kombination sieht vom Hoch- bis Spätsommer gut aus und gedeiht an sonniger Stelle in normalem, etwas frischem Gartenboden.

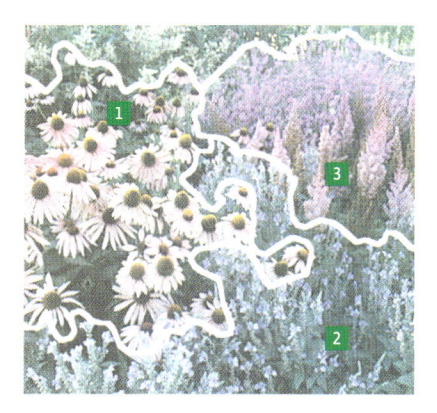

1 Die kräftigen Blumen von *Echinacea purpurea* 'Augustkönigin', Sonnenhut, beherrschen diese Pflanzung.
2 *Scutellaria incana*, Helmkraut, dient als Füllpflanze. Ihre weniger klar definierten Blütenköpfe dämpfen den starken Kontrast zwischen *Astilbe* und *Echinacea*. Alle drei bilden eine harmonische Kontrast- und Farbkombination, die ihre Hauptzeit von Früh- bis Hochsommer hat. *Echinacea* bevorzugt einen Platz in voller Sonne und normalen bis frischen Boden. *Astilbe* und *Scutellaria* tolerieren auch etwas Schatten.
3 In Bezug auf die Textur bilden die Blütenrispen von *Astilbe chinensis* var. *tacquetii* 'Purpurlanze' einen sanften Kontrast zu den Blumen von *Echinacea purpurea*. In der Form bildet die senkrechte Astilbenrispe jedoch einen starken Gegensatz zu dem breiten Blütenkopf.

1 Das Gras *Molinia caerulea* subsp. *arundinacea*, Kleines Pfeifengras, entwickelt unzählige kleine Blüten- und Fruchtstände, die das Licht und den Tau einfangen und von weitem wie Nebel oder Reif behangene Spinnennetze aussehen. Zwar steht es normalerweise aufrecht, aber es fällt bei Nässe um wie hier auf diesem Bild.
2 *Polygonum amplexicaule* 'Roseum', Knöterich, bildet einen runden Horst, aus dem die zahlreichen spitzen Scheinähren hervorstechen. Sie stehen in deutlichem Kontrast zu dem duftigen Gras. Die Kombination erzielt vom Sommer bis zum Spätherbst ihre Wirkung. Sie gedeiht in normalem bis feuchtem Boden.

lichen oder scheibenförmigen Körbchen formen klar erkennbare Punkte zwischen den größeren Ähren, Dolden und Rispen. Man findet sie im Allgemeinen eher bei etwas niedriger wachsenden Pflanzen. Manchmal erscheinen sie als einzelne, fest umrissene Punkte. Die großblumigen Typen bilden jedoch bisweilen komplette Formationen, die sich vor dem Blattwerk im Hintergrund abheben. Die größeren Blumen der Compositen stehen verstreut, wobei die sie verbindenden Stiele kaum zu erkennen sind. Im Kontrast dazu bringen die scharf gezeichneten runden Köpfchen eine klare Aussage in eine Pflanzung und dienen dem Auge als Ruhepol.

Die Transparenz der gitter- und schleierbildenden Pflanzen ist für die Gestaltung wichtig, weil man die Pflanze betrachten und gleichzeitig durch sie hindurch schauen und andere Blüten und Blattumrisse wahrnehmen kann. Dadurch entstehen verschiedene Pflanzebenen. Man kann durch sie hindurch auf Gruppen von Blütenähren oder -trauben blicken. Doch diese bilden wiederum keine feste Wand, sondern man erkennt dahinter noch weitere Blüten und Blattformen.

Den Gegensatz dazu bildet die kompakte Pflanzengruppe, die den Durchblick verwehrt. Jene Dichte verankert und strukturiert die gesamte Pflanzung und veranlasst den Betrachter innezuhalten. Manchmal wird auch die Sicht auf andere Pflanzen verstellt, was dazu auffordert herum zu gehen und nachzuschauen, was sich dahinter verbirgt. In der Weise wie wir uns in Bewegung setzen, erwacht unser Interesse an der Pflanzung.

Markantes Blattwerk setzt Akzente und dient als Anhaltspunkt für das Auge. Es hilft somit, einen Rhythmus zu finden. Eine Pflanzung ohne kräftiges Blattwerk verschwimmt optisch und lässt jede Struktur vermissen. Lineale Blätter wie die von Gräsern, *Iris* und *Hemerocallis* in Verbindung mit anderen geradlinigen Formen wie den aufrechten Stängeln von *Veronicastrum virginicum* tragen dazu bei, dem Pflanzmuster Struktur zu geben und es zugleich zu variieren. Unterschiedliche Blattoberflächen geben der Pflanzung eine weitere Dimension. Glänzende, matte, gefältelte oder behaarte Blätter bewirken eine ständige Veränderung.

Formen kombinieren

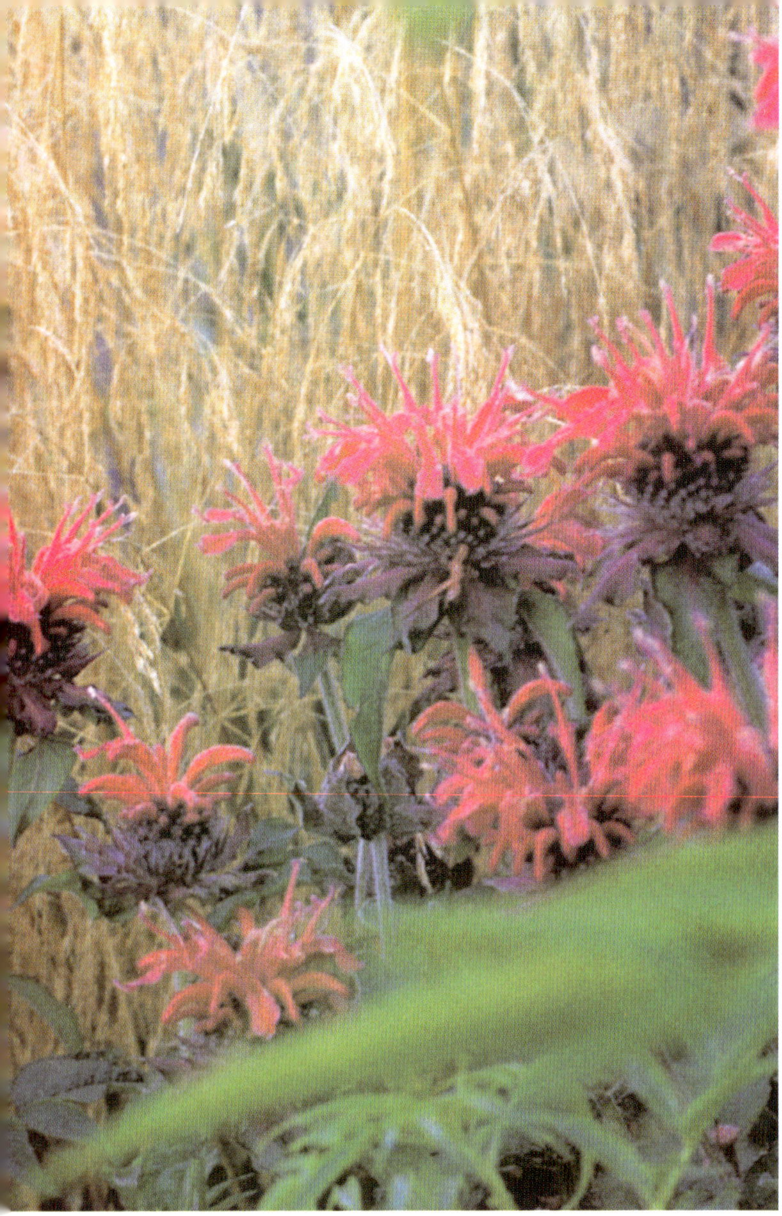

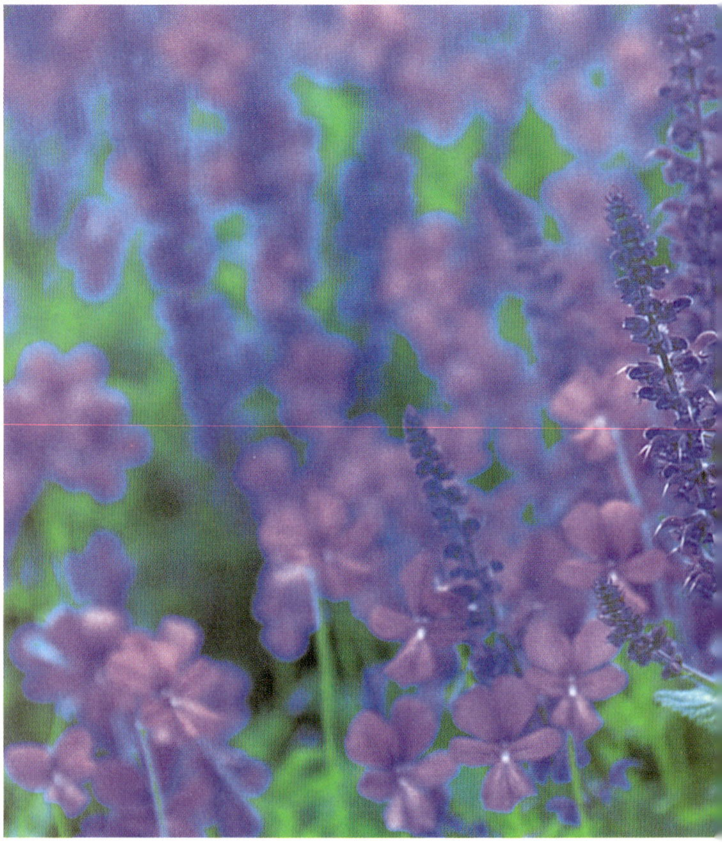

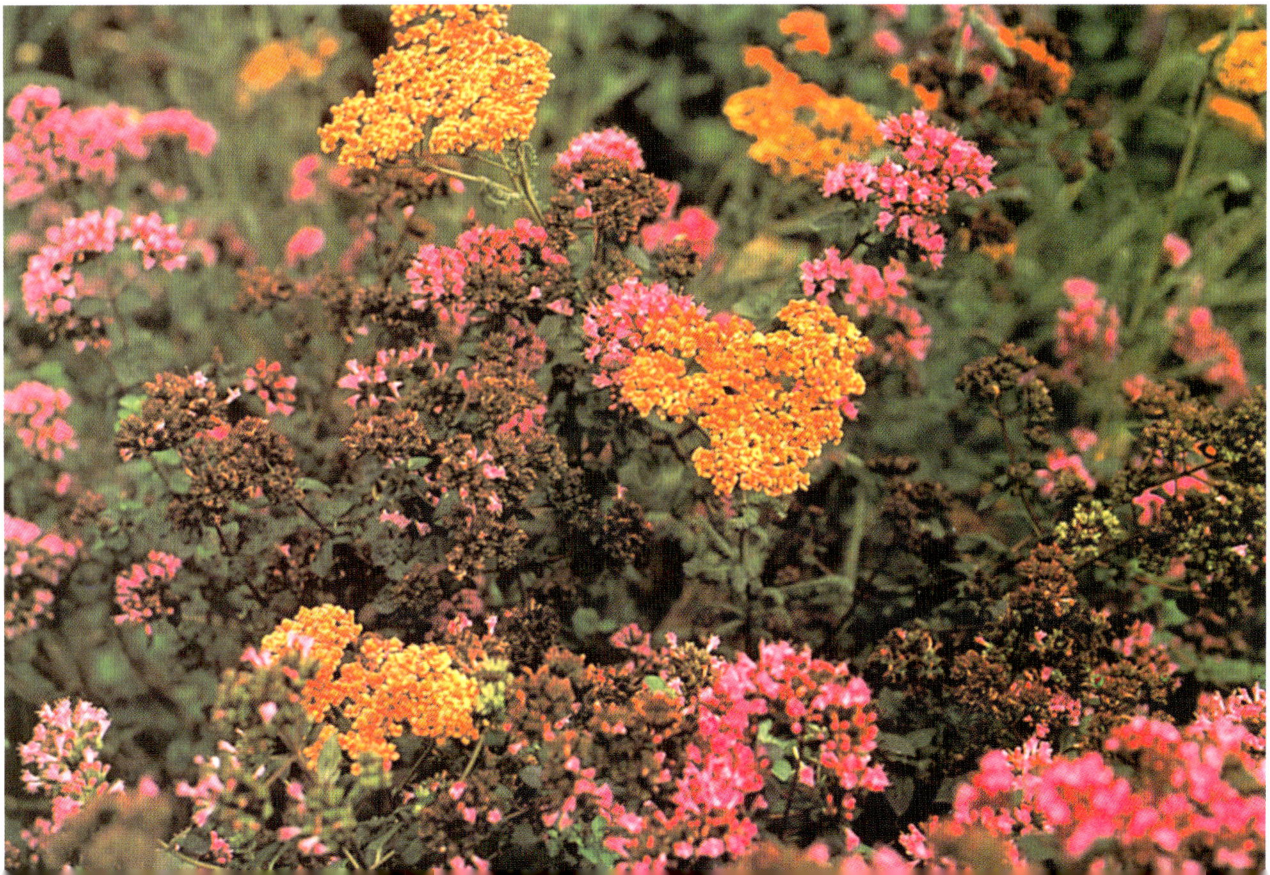

Farben kombinieren

Farbe spielt eine maßgebliche Rolle, wenn es darum geht, eine bestimmte Stimmung im Garten zu erzeugen. Die meisten Menschen sind bei der Verwendung von Farbe nicht sehr risikofreudig, weil sie glauben, dass es richtige und falsche Wege der Farbverwendung gibt. Eine Farbe kann für sich genommen nicht falsch sein, es kommt nur darauf an, wie man sie einsetzt. In der Tat gibt es keine Kombinationen, die wirklich falsch sind – höchstens unmodern. Farbthemen sind besonders wirksam, wenn sie kleinflächig in einem größeren Umfeld zum Einsatz kommen, so dass sie nur ein Thema von mehreren bedeuten. So könnte man eine begrenzte Anzahl rosalila Blüten zusammen gruppieren. Doch sollte man sie so auswählen, dass alle deutlich unterschiedliche Blütenstände zeigen. Dadurch nimmt der Betrachter eher auch die kontrastierenden Formen wahr, ebenso wie die Farbe selbst. Die Kombination nahe verwandter Farben oder von Farbharmonien verwandter Farben (wie Schattierungen von Rosa, Rot, Weiß, Creme oder Lavendel, Malve, Blau) setzt diese Idee fort. Einen weiteren Schritt bedeutet der Einsatz von Komplementärfarben. Starke Kontraste werden aufgebaut zwischen im Farbkreis direkt gegenüber liegenden Farben, wie zum Beispiel Gelb und Violett. Dieser extreme Kontrast ist stärker als der von Blättern, Textur und Pflanzengestalt, so dass dem Ergebnis bisweilen die Harmonie fehlt.

Manchmal jedoch erlauben es die genauen Kenntnisse um Formen und Texturen, Dinge zu verwirklichen, die traditionellen Farbkombinationen nicht entsprechen. Beispielsweise sind die meisten Menschen davon überzeugt, dass Rosa und Gelb nicht zusammenpassen. Dies mag sogar stimmen. Wenn man jedoch zwei Pflanzen mit der gleichen Form nebeneinander pflanzt – wie *Echinacea purpurea* und Hybriden von *Helenium*, die beide Margeritenblumen besitzen –, dann macht die Tatsache, dass die eine pink und die andere gelb oder orange blüht, den besonderen Reiz dieser Kombination aus. Ein Grund, warum die Farbe für viele Gärtner ein Problem darstellt, ist die große Anzahl der erhältlichen Pflanzen. Es gibt unendlich viele Hybriden mit bombastischen Blüten, bei denen die Proportion im Verhältnis zum Pflanzenaufbau nicht stimmt. Dies ist besonders bei den einjährigen und zweijährigen Sommerblumen der Fall. Will man Gärten gestalten, denen die Natur als Vorbild dient, verringert sich das Problem, weil Wildpflanzen oder solche, die ihren wilden Vorfahren noch recht ähnlich sind, proportional stimmige Blüten, Blätter und Stängel aufweisen. Zudem besteht bei diesen Pflanzen ein ausgewogeneres Verhältnis zwischen Blattmasse und Blume als bei den hochgezüchteten Gartenhybriden.

Grün wirkt als „Pufferfarbe", die den Effekt kräftiger Farben trennen und abmildern kann. Wenn man mit Pflanzen arbeitet, die ihren natürlichen Charme noch weitgehend bewahrt haben, kann es kaum zu unharmonischen Pflanzenkombinationen kommen.

Linke Seite oben: *Monarda* 'Talud', Indianernessel, im Vordergrund der strohfarbenen *Deschampsia cespitosa* 'Goldschleier', Waldschmiele.
Linke Seite Mitte: *Salvia nemorosa* 'Mainacht', Salbei, und *Viola cornuta*, Hornveilchen, weisen ähnliche Farben, aber kontrastierende Formen auf. Deshalb ist diese Kombination so wirkungsvoll.
Linke Seite unten: Die Verbindung von Pink und Orange wirkt nicht immer geglückt, doch der zarte Orangeton von *Achillea* 'Terracotta', Schafgarbe, und der rotviolette Dost *Origanum laevigatum* 'Herrenhausen' harmonieren gut zusammen.

Rechte Seite oben: *Lobelia* 'Eulalia Berridge' mit rosa Blüten passt gut zur dunkel purpurfarbenen *Angelica gigas*, Engelwurz, zu rotem *Helenium* 'Rubinzwerg', zu Sonnenhut, und grauer *Molinia caerulea* 'Transparent', Pfeifengras.

Rechte Seite unten rechts: Weiß und das seltenere Schwarz von *Iris chrysographes* sowie grundsätzlich Grün sind wertvolle Verbindungsfarben.

Rechte Seite unten links: Lobelien und Wasserdost, *Eupatorium maculatum*.

Unten: Rosa gibt es in vielen Variationen, hier vertreten durch die fleischfarben blühende Flammenblume, *Phlox paniculata*, bis hin zu den hellrosa Tönen der Wiesenraute, *Thalictrum delavayi* 'Hewitt's Double'.

Verbindende und dominante Farben

Meistens ist es nützlich, Farben in zwei Gruppen einzuteilen: in kräftige wie die Rot- und Gelbtöne und in die subtileren Farben wie Rosa-, Violett- und Blautöne. Die erste Farbgruppe kann in einer Pflanzung schnell dominieren, wenn nicht sorgfältig ein harmonisches Gleichgewicht geplant wird. Rot sollte nur gelegentlich in einer Pflanzung eingesetzt werden, um ihr einen gewissen Rhythmus zu verleihen. Bei sparsamer Verwendung und vertreten durch Einzelpflanzen oder Pflanzengruppen wirken die roten Farbkleckse wie Ausrufezeichen zwischen den Flächen mit sanfteren, unspezifischeren Farben. Rot vermittelt zugleich ein Gefühl von Dynamik und Energie. Dunkle Rottöne eignen sich besonders dazu, einen Rhythmus entstehen zu lassen, und teilweise passen sie besser zu anderen Farben als Purpur oder Scharlach, weil sie nicht so stark hervortreten. Ist eine Farbe, die der Rhythmisierung dienen soll, zu kräftig, zieht sie zuviel Aufmerksamkeit auf sich. Andere Aspekte wie Form und Textur gehen dann leicht unter.

Viele Gelbtöne treten sehr stark hervor, wie etwa jene der Blumen von *Helianthus* und *Rudbeckia* aus der Familie der Korbblütler. Tatsächlich kann in bestimmten Zeiten die Menge dieser Gelbtöne so überwältigend sein, dass die Gegenwart blasserer Nuancen wie jene des Korbblütlers *Verbesina alternifolia* sehr willkommen sind. Trotzdem kann man diese Farben innerhalb eines Beetes recht raffiniert einbringen, indem man Pflanzen auswählt, deren Blütenform sich während der Farbentwicklung verändert. Dies ist zum Beispiel bei den verschiedenen *Helenium*-Sorten der Fall, wo die vielfältigen, eher gedämpften Farben der Blütenmitte die starke Wirkung der gelben Zungenblüten abmildern.

Einfacher ist es, größere Mengen sanfter Farben wie Rosa und Lavendel oder kühles Blau zu verwenden. Besonders Rosa ist sehr nützlich, da es sich sehr gut mit anderen Farben verbindet und als Vermittler dienen kann wie beispielsweise zwischen Weiß und Blau, Blau und Violett oder Rot und Weiß. Glücklicherweise sind unzählige rosafarbene Blumen erhältlich, vor allem im Frühsommer.

Blau ist eine zurückhaltende Farbe, die den Eindruck von räumlicher Tiefe vermitteln kann, wenn sie an der Rückseite oder dem Ende eines Beetes eingesetzt wird. Sie wirkt

50 Kompositionen

damit entgegengesetzt zu kräftigen Farben wie Magenta, welches in der Ferne verwendet die Distanz kürzer erscheinen lässt. Blau lässt sich gut kombinieren, und man kann aus einer umfangreichen Palette mit unzähligen Farbabstufungen wählen, um ein Farbthema vielfältig zu variieren. Beispielsweise indem man verschiedene Sorten von *Salvia nemorosa* mischt. Eine wichtige Rolle spielt Blau in dunklen Farbkombinationen. Blaue Töne wirken hier als Aufheller und bewirken Tiefe, wie es zum Beispiel bei der Kombination von *Salvia, Nepeta* oder blauem *Phlox* mit violetten Blüten der Fall ist.

Geheimnisvolle Farben

Hierbei ist an Purpurrot, Dunkelrot und Violett gedacht. Purpur kann in Kombination mit kräftigen Farben wie Rot und Gelb diese etwas abmildern. Dadurch gelingt es, solche Farben in einer Pflanzung gemeinsam zu verwenden. Bei den traditionellen Pflanzschemata jedoch fehlen diese vermittelnden Farben fast ganz, was grelle Kontraste mit harter Wirkung zur Folge hat.

Man wird feststellen, dass dunkle Farben wie Violett in Kombinationen besser wirken als man anfänglich vermutet hätte. Als Beispiel sei *Cimicifuga ramosa* 'Atropurpurea', kombiniert mit *Astrantia major* 'Claret', erwähnt. Die dunklen rotbraunen Blätter und das tiefe Rot erzeugen eine schwermütige Stimmung, die auf diese Weise viel intensiver wirkt, als wenn jede Pflanze für sich allein stehen würde. Dunkle Farben wie tiefes Blutrot und Violett ziehen den Betrachter in ihren Bann und erzeugen eine schwer zu ergründende, geheimnisvolle Stimmung.

Strukturpflanzen und Lückenfüller

Die hier vorgestellte Pflanzenauswahl berücksicht Form und Struktur, Umriss und Textur. Manche Pflanzen sind ausgesprochene Persönlichkeiten. Ihre Form lässt sie gegenüber anderen Pflanzen hervortreten, und sie sind es, die eine Pflanzung optisch beherrschen. Vergleicht man den gelbbraunen Fingerhut *Digitalis parviflora* mit einem Storchschnabel, dann fällt auf, dass *Digitalis* durch seine schmalen Blütenkerzen mehr Aufmerksamkeit auf sich zieht als der unförmige, dichtbuschige Storchschnabel.

Manche Pflanzen haben klar definierte, kräftige Strukturen. Hierzu gehören viele der größeren Gräser mit ihren langen Stängeln und ausgeprägten Blütenständen, ebenso wie *Echinops*, die Kugeldistel, mit großen, geteilten Blättern und kugeligen Blütenköpfen oder die Blattrosetten der *Hosta*. Andere Gewächse, die keine so klare Form haben, besitzen Blüten oder andere Charakteristika, durch die sie auffallen: den Fingerkräutern, *Potentilla*-Arten, oder dem bekannten graublättrigen Wollziest, *Stachys byzantina*, fehlt zwar jede klare Form, aber sie neigen dazu, zwischen anderen Pflanzen umherzukriechen. Damit füllen sie die Lücken zwischen Pflanzen mit weniger flexiblem Wuchsverhalten.

Man unterscheidet zwischen Strukturpflanzen und Füllpflanzen. Letztere sind unentbehrlich, weil viele Strukturpflanzen nicht gut nebeneinander passen und zu viele davon innerhalb einer Pflanzung überreizt wirken können. Als Anhaltspunkt gilt: Das Verhältnis von Struktur- zu Füllpflanzen sollte drei zu eins betragen. Füllpflanzen sind besonders im Vordergrund eines Beetes nützlich. Die meisten werden wegen ihrer Blüten gepflanzt, andere wegen ihrer Blätter. Wieder andere wählt man wegen ihrer Fähigkeit, schnell den Boden zu bedecken, aus. Einige der Formen, die zuvor vorgestellt wurden, Ähren, Trauben und Dolden beispielsweise, sind so kräftig, dass sie automatisch als Strukturbildner gelten. Abhängig von ihrer Blütenform können auch Stauden mit Köpfchen zu den Füllpflanzen gezählt werden.

Wenn im Herbst die Farben auf dem Beet verblassen, dann werden die starken Formen der Strukturbildner immer wichtiger. Das Chinaschilf *Miscanthus sinensis* 'Roland' beherrscht den Hintergrund, davor stehen die violetten Blütenstände von *Vernonia crinita* 'Mammuth'. Links im Bild: *Helenium* 'Flammendes Käthchen', Sonnenbraut. Den Vordergrund beherrscht der Knöterich *Polygonum amplexicaule* 'Roseum'. Er wächst sehr kräftig, fällt aber beim ersten stärkeren Frost zusammen und bedeckt dann den Boden. Links davon steht *Stipa brachytricha*, Diamantgras.

Es mag hilfreich sein, sich die Struktur- und Füllpflanzen als die Vertreter zweier Enden eines Spektrums vorzustellen, wobei die meisten Pflanzen irgendwo zwischen den beiden Extremen liegen. Der Knöterich, *Polygonum*, beispielsweise wäre in der Mitte angesiedelt. Die auffälligen Blätter sind groß genug, um die Pflanze klar in Erscheinung treten zu lassen und die Blütenspitzen fallen ebenfalls ins Auge. Allerdings ist die Gesamtgestalt der Pflanze nicht besonders aufregend. In Einzelstellung formt sie sich zum runden Polster, und zwischen anderen Pflanzen mit ähnlicher Größe verhält sie sich als zähe Masse, die um die Nachbarn herum fließt.

Während Strukturpflanzen ordentlich oder zumindest unverkennbar bleiben, nachdem sie verblüht sind, neigen Füllpflanzen dazu, ungepflegt auszusehen, weil sie ihre typische Form verlieren. Wie schnell etwa verwandeln sich die hübschen Polster der winterharten *Geranium*-Arten nach der Blüte in eine Masse dahingerffter Stängel! Ein Lavendel oder eine *Salvia nemorosa* hingegen behalten ihre charakteristische Form noch lange bei, wenn die Blütezeit längst vorüber ist. Die Kugeldistel hat beispielsweise Blätter, die bereits früh im Herbst absterben. Ihre kugeligen Blütenköpfe samen bald aus und fallen auseinander. Trotzdem sieht sie für die meiste Zeit gut aus, da ihre auffälligen Blätter schon Monate vor der Blüte einen beeindruckenden Anblick bieten. Zuverlässigkeit ist ein außerordentlich wichtiges Kriterium bei der Auswahl strukturbildender Pflanzen. Sie müssen absolut winterhart sein und sie dürfen nicht so leicht Opfer von Schädlingen

Füllpflanzen für das späte Frühjahr

Aconitum napellus

Amsonia

Geranium-Arten, vor allem *Geranium phaeum*, *G. endressii*, *G.* × *oxonianum*, *G. pratense*, *G. psilostemon*, *G. traversii*, *G.* 'Brookside' und 'Patricia'

Geum rivale

Lamium orvala

Lunaria rediviva

Papaver orientale

Nepeta-Arten, vor allem *Nepeta* × *faassenii*, *N. racemosa* mit 'Walker's Low'

1 *Monarda* 'Squaw', Indianernessel, besitzt klar umrissene, lange beständige Blütenquirle.
2 *Helenium* 'Flammendes Käthchen', Sonnenbraut, wirkt nicht ganz so lange strukturbildend. Rechts daneben: *Veronicastrum virginicum* 'Inspiration'.
3 *Echinops sphaerocephalum*, Kugeldistel.
4 *Polygonum amplexicaule* 'Rosea', Knöterich, eine massige Füllpflanze.
5 *Achillea filipendulina* 'Feuerland': Füllt auf der unteren Ebene den Platz mit lang ausdauernden Blütenköpfen aus.
6 *Lobelia* × *gerardii* 'Vedrariensis' zeigt nur während der Blüte eine klare Struktur. *Sanguisorba canadensis*, Wiesenknopf, zeigt eine ausdrucksstarke Form.
7 *Hemerocallis* 'Gentle Shepherd', eine nützliche Füllpflanze.
8 *Dianthus amurensis*, Amurnelke, niedrige Füllpflanze für den Vordergrund.
9 *Stachys byzantina*, 'Big Ears', Wollziest, für lange Zeit ein hübscher Füller.
10 *Nepeta racemosa* 'Walker's Low', Katzenminze, Füllpflanze für die untere Ebene.

werden. Ebenso müssen sie plötzlichen Wetterumschwüngen gewachsen sein. Andernfalls tun sich mitten in der Saison große Lücken auf. Man sollte auch der Versuchung widerstehen, einige dieser exotisch aussehenden, aber nicht zuverlässig winterharten Arten zu pflanzen, die man immer häufiger sieht. – Es sei denn, man nimmt den zusätzlichen Aufwand auf sich, den ein Fehlschlag mit sich bringen kann.

In schattigen Bereichen, wo häufig nur wenige strukturbildende Pflanzen wachsen, sorgt das Gerüst der Sträucher oder Bäume für die notwendige Struktur, und als Zwischenpflanzung setzt man Pflanzen in dichten Gruppen.

1 *Stipa calamagrostis*, Alpenraugras, wirkt licht und flaumig. Trotz ihres fragilen Aussehens halten sich die Samenstände den ganzen Winter über gut. Der leichte und dennoch elegante Wuchs verleiht der Pflanze gleichzeitig den Charakter eines Strukturbildners und einer Füllpflanze.
2 *Monarda* 'Purple Ann', Indianernessel, wiederholt die Blütenfarbe des Wasserdosts, *Eupatorium*, in etwas intensiverem Ton. Ihre dauerhalfen Blütenstände aus übereinander angeordneten Quirlen bilden ein starkes strukturbildenden Element.
3 *Stipa brachytricha* verbindet eine klare Form mit reizvollem Wirrwarr, und dies vom späten Spätsommer bis in den Winter.
4 *Artemisia lactiflora* (Guizhou-Gruppe) trägt fedrige Blütenstände über dunklem Laub. Während der Blütezeit bewährt sie sich als gute Strukturpflanze, aber danach bleibt nicht mehr viel an Wirkung übrig.
5 Die majestätische Gestalt des Wasserdosts, *Eupatorium maculatum* 'Artropurpureum', beherrscht die Pflanzengruppe. Sie wirkt relativ unauffällig, bevor die Blütendolden (wahre Schmetterlingsmagneten) im Hoch- bis Spätsommer erscheinen. Danach bleibt die Pflanze eine wichtiges strukturbildendes Element bis in den Winter.
Diese Pflanzung erreicht im Spätsommer ihren Höhepunkt. Sie braucht volle Sonne und mittlere bis frische Bodenverhältnisse.

Diese Pflanzen behalten ihre kräftige Struktur noch lange nach der Blüte, oft sogar den ganzen Winter hindurch. Dazu gehören das hoch und locker wachsende Riesenfedergras *Stipa gigantea* und die in Dolden stehenden Blütenköpfe von *Sedum* 'Matrona'.

Die Rangfolge zwischen Strukturbildnern und Füllpflanzen

Sehr wenig bis stark strukturbildende Stauden. Die strukturbildende Eigenschaft verändert sich je nach Jahreszeit.

Füllpflanzen
↑

Von der Gestalt her sehr amorphe, niedrige Pflanzen, die sich ganz besonders für die Zwischenpflanzung eignen und die nach der Blüte noch stärker Konturen verlieren:
Geranium × *oxonianum* 'Rose Clair'
Campanula poscharskyana
Saponaria × *lempergii* 'Max Frei'
Viola cornuta

Von der Gestalt her weniger amorphe, höher wachsende Pflanzen, die allerdings nach der Blüte ihre Form verlieren und sich für die Zwischenpflanzung eignen:
Centranthus ruber
Knautia macedonica
Euphorbia dulcis 'Chameleon'

Pflanzen, die eine Mittelstellung einnehmen und meist nach der Blüte ausgesprochen strukturbildend wirken:
Eryngium giganteum
Thalictrum aquilegiifolium
Phlomis russeliana
Salvia nemorosa
Sedum telephium

Pflanzen, die eine Mittelstellung einnehmen, während der Blütezeit hoch wachsen und strukturbildend wirken, aber nach der Blüte deutlich an Struktur verlieren:
Hemerocallis-Hybriden
Macleaya cordata
Molinia caerulea
Phlox paniculata
Polygonum amplexicaule

Die kräftigsten Formen, also höher wachsende, stark strukturbildende Pflanzen, die ihre Gestalt sogar den Winter über behalten:
Cimicifuga ramosa
Filipendula rubra
Eupatorium purpureum
Miscanthus sinensis
Monarda-Hybriden
Veronicastrum virginicum

↓

Strukturbildende Pflanzen

Auswahl und Verwendung von Füllpflanzen

Die Bewunderung, die wir für einige Pflanzen mit skulpturalen Eigenschaften oder für die Pracht der großen Stauden empfinden, sollte nicht dazu verführen, den Pflanzen, die man zur Zwischenpflanzung einsetzt – den so genannten Füllpflanzen – eine Nebenrolle zuzuweisen. Ohne ihre Mitwirkung würden die Staudenbeete zu opulent und es gäbe zu viel Konkurrenz zwischen den starken Pflanzenpersönlichkeiten. Die für die Zwischenpflanzung verwendeten Gewächse können eine lang andauernde, attraktive Blüte haben, sie dürfen auch zu einer anderen Jahreszeit als die strukturbildenden Pflanzen blühen oder gut aussehen. Zusätzlich erfüllen sie auch eine praktische Funktion, weil sie mithelfen das sichtbare Erdreich zu bedecken und damit verhindern, dass sich Unkraut breit macht.

Man sollte für die Zwischenpflanzung kräftig wachsende und zuverlässige Pflanzen wählen, die allerdings nicht alles überwuchern dürfen. Bei der Auswahl muss man sich darüber im Klaren sein, wie weit und wie schnell sie sich ausbreiten. Die meisten tun dies ohnehin nur begrenzt, und nach dem dritten Jahr lässt auch diese Tendenz deutlich nach. Jedoch können einige *Lamium*- oder *Geranium*-Arten und -Sorten ziemlich wuchern.

Die Frühblüher unter den Füllpflanzen – wie zum Beispiel die winterharten Storchschnäbel – bieten gern gesehene Farbe, bevor die größeren und später blühenden Arten des Staudenbeetes mit ihrem Schauspiel beginnen. Andere kommen erst später im Jahr zum Einsatz und füllen die Lücken zwischen den Pflanzen, die im Frühjahr blühen. Dies ist besonders in den schattigen Bereichen nützlich: Die staudige *Clematis* × *jouiniana* 'Praecox' zum Beispiel kann größere Flächen bedecken.

Oben: *Centranthus ruber*, die Spornblume, blüht vom Früh- bis zum Hochsommer und bewährt sich an jedem sonnigen Standort als gute Zwischenpflanzung. Hier wächst sie über den Beetrand hinaus und breitet sich auf dem Weg aus. Die Stängel von *Stipa gigantea*, dem Riesenfedergras dahinter, bilden eine transparente Masse. Es behält seine Wirkung vom Hochsommer bis tief in den Winter bei. Links im Bild *Thalictrum polygamum*.
Links: *Stachys byzantina* 'Big Ears' eignet sich als niedrig wachsende Zwischenpflanzung in einem Staudenbeet, wo sie mit ihren silbrigen Blättern gut die Lücken zwischen den höher wachsenden Stauden ausfüllt. Ebenso wirkungsvoll ist sie als Massenpflanzung zu verwenden wie hier zusammen mit der *Hemerocallis*-Hybride 'Pardon Me'.

Buschig wachsende Füllpflanzen

Blütezeit spätes Frühjahr und Frühsommer

Aconitum napellus

Geranium-Arten, vor allem *G. phaeum, G. endressii, G.* × *oxonianum, G. pratense, G. psilostemon, G. traversii, G.* 'Patricia' *G.*

Geum rivale

Lamium orvala

Lunaria rediviva

Nepeta-Arten, vor allem *N.* × *faassenii, N. racemosa, N. racemosa* 'Walkers Low'

Paeonia-Arten

Papaver orientale

Blütezeit Hochsommer bis Spätsommer

Aster lateriflorus

Ceratostigma-Arten

Diascia-Arten

Geranium-Arten, insbesondere: *Geranium wlassovianum, G. procurrens, G.* 'Dilys'

Gypsophila paniculata

Polygonum amplexicaule

Saponaria × *lempergii* 'Max Frei'

Füllpflanzen mit Betonung auf dem Blattwerk

Hakonechloa macra

Hemerocallis-Arten und -Sorten

Heuchera-Arten

Hosta-Arten und -Sorten

Größere, buschig wachsende Füllpflanzen

Caryopteris-Arten

Indigofera-Arten

Lespedeza-Arten

Blattform und -textur

Die Blätter vieler Strukturbildner und Füllpflanzen sind zumindest während einiger Monate wegen ihrer Form, ihrer Farbe oder ihrer stofflichen bzw. optischen Textur von Interesse. Diese Eigenschaften sind in schattigen Bereichen besonders wichtig, wo nach dem Frühsommer nur noch wenige Pflanzen zum Blühen kommen, deshalb sind hier Purpurglöckchen, *Heuchera*, die auffälligen, handförmig gelappten Blätter der Christrosen oder die glänzenden Horste von Elfenblumen, *Epimedium*, und der Haselwurz, *Asarum*, ganz besonders willkommen.

Ein immer beliebteres Thema ist die Blattfarbe, und mehr und mehr Sorten werden wegen ihres panaschierten oder roten bzw. gelben Blattwerks ausgewählt. Gelegentliche Zwischenpflanzungen mit rotlaubigen Gewächsen wie zum Beispiel *Euphorbia dulcis* 'Chameleon' oder *Anthriscus sylvestris* 'Ravenswing' eignen sich hervorragend, um Kontraste zu unterstreichen. Besonders wirkungsvoll treten sie im Frühjahr zwischen den später blühenden Stauden in Erscheinung. Die gelbblättrigen Arten sehen oft krank aus, man sollte sie daher nur sparsam verwenden und sie nie zu dicht nebeneinander setzen. Natürlich sind die Geschmäcker verschieden, jedoch wirken manche Blattfarben oft sehr künstlich. Silbriges Blattwerk mutet natürlicher an; dies hängt damit zusammen, dass Pflanzen, die sich an ein trockenes Klima angepasst haben, häufig silbriges Blattwerk besitzen.

Die Textur der Blätter bekommt aus der Nähe besehen eine besondere Bedeutung: zum Beispiel die wunderbar gefälteten Blätter von *Veratrum nigrum* oder die raue Textur zahlreicher Salbei-Arten. Pflanzen mit interessanten Texturen sollten so angeordnet werden, dass sie ins Auge fallen, um diejenigen zu aufmerksamer Betrachtung zu verleiten, die normalerweise nicht so genau hinschauen.

Gräser

Die Verwendung von Gräsern im Garten veranschaulicht, wie sich der Mensch von der Natur inspirieren lässt. Lange Zeit von den Gärtnern recht stiefmütterlich behandelt, rücken Gräser zusehends ins Rampenlicht, wenn es um die Erstellung von Pflanzplänen geht. Damit finden mehr und mehr ihre herausragenden Qualitäten Anerkennung – insbesondere ihre Zuverlässigkeit, ihre lang andauernde Attraktivität und ihre Toleranz gegenüber wechselnden und oft schwierigen Standortbedingungen.

Gräser verfügen über besondere Eigenschaften, die nicht immer mit der konventionellen Auffassung vom Garten übereinstimmen. Wenn man sie berührt, vermitteln sie Leichtigkeit und Subtilität, aber diese Art von Eleganz passt einfach nicht zu Rosenzüchtungen, gefüllten Blüten und Sommerblumen – die ja traditionsgemäß in „ordentlichen" Gärten zu Hause sind. Gräser ergeben jedoch passende Begleiter für die Stauden, die den modernen, zeitgenössischen Garten ausmachen.

Da sie in der Gartengestaltung noch relativ neu sind, ist es nicht verwunderlich, dass viele Gärtner nicht so recht wissen, was sie mit Gräsern anfangen können und erst einmal etwas schüchtern mit den kleinen, andersfarbigen Arten beginnen. Genauer gesagt handelt es sich meistens um Seggen (ein Beispiel ist *Carex testacea* mit seinen goldbronzefarbenen Blättern), also um Sauergräser und nicht um ein typisches Rispengras. Um das kreative Potential der Pflanzen wirklich ausschöpfen zu können, muss man kühner an die Sache herangehen. Man muss Eigenschaften schätzen lernen, die vorher nicht von Bedeutung waren.

Dazu gehört auch zu wissen, in welchem Maße die Anwesenheit von Gräsern im Garten Naturnähe ausdrückt. Auf unberührten Freiflächen dominieren meist die Gräser. Sie sind die Grundlage für viele Gemeinschaften von Wildpflanzen, deren Blüten wir uns meist zuerst zuwenden, wenn wir uns mit natürlicher Vegetation befassen. Allein die Tatsache, Gräser im Garten zu haben, vermittelt ein Gefühl von ursprünglicher Vegetation. Wenn es sich um einen Garten auf dem Land handelt, stellen die Gräser das Bindeglied zur Umgebung dar, und in einem Garten in der Stadt erinnern sie an unberührte Natur.

Diesen Eindruck von Naturnähe kann man besonders gut mit mittelgroßen und großen Gräsern hervorrufen. Aus der großen Palette der Chinaschilf-Arten ist *Miscanthus sinensis* besonders gut geeignet. Es hat das für Schilfgras charakteristische asymmetrische Aussehen und besitzt mit seinen hübschen großen Ährenrispen, die zu Samenständen reifen, während des ganzen Winters ein prägnantes Erscheinungsbild. Vielleicht ist es im Winter die wichtigste Pflanze im Staudenbeet, denn sie verbindet Masse mit Zartheit. Die Samenstände sind selbst im Morgennebel oder an feuchten Tagen im Sprühregen deutlich umrissen und klar zu erkennen. Die Arten von *Molinia* (Pfeifengras), *Calamagrostis* (Reitgras) und *Deschampsia* (Waldschmiele) bleiben kleiner als die meisten *Miscanthus*-Arten (Chinaschilf), aber auch sie erinnern an die unberührte Pflanzenwelt. Schließlich kann man diese Gräser beim Spaziergang am Waldrand und auf Wanderungen durch Moorgebiete oder über Bergwiesen finden.

Die Fähigkeit der Gräser, auf Licht zu reagieren, macht sie besonders im Winter sehr wertvoll. Ihre zarten Braun- und Gelbtöne leuchten in der niedrig stehenden Wintersonne. Die weiche Textur und die ruhigen zurückhaltenden Farben vieler Gräser sowie die Tatsache, dass sie keine bunten Blüten treiben, machen sie zum wertvollen Bestandteil einer jeden Pflanzung. Sie geben dem Auge einen Ruhepunkt und bieten die Gelegenheit, sich auch auf andere

Gräser, deren Blüten- und Fruchtstände sich beim leisesten Windhauch bewegen

Molinia caerulea subsp. *arundinacea* in Sorten

Panicum virgatum

Stipa calamagrostis

Stipa gigantea

Stipa pennata

Stipa pulcherrima

Oben rechts: Eine ungewöhnliche Kombination aus einer Edeldistel, *Eryngium planum* 'Blaukappe', und dem Federgras *Stipa barbata*.
Rechts: *Stipa pulcherrima*, Federgras, gehört zu den eindrucksvollsten Gräsern mit 30 cm langen Grannen, die sich im leichtesten Windhauch wiegen. Seine Saison ist nur kurz, und es erweist sich im Vergleich zu den meisten anderen Gräsern als weniger problemlos, weil es trockene Böden braucht und keine Konkurrenz verträgt. Man kombiniert es am besten mit anderen trockenheitsunempfindlichen Pflanzen, bevorzugt mit niedrig wachsenden Pflanzengestalten zum Beispiel in einem Schotterbeet.

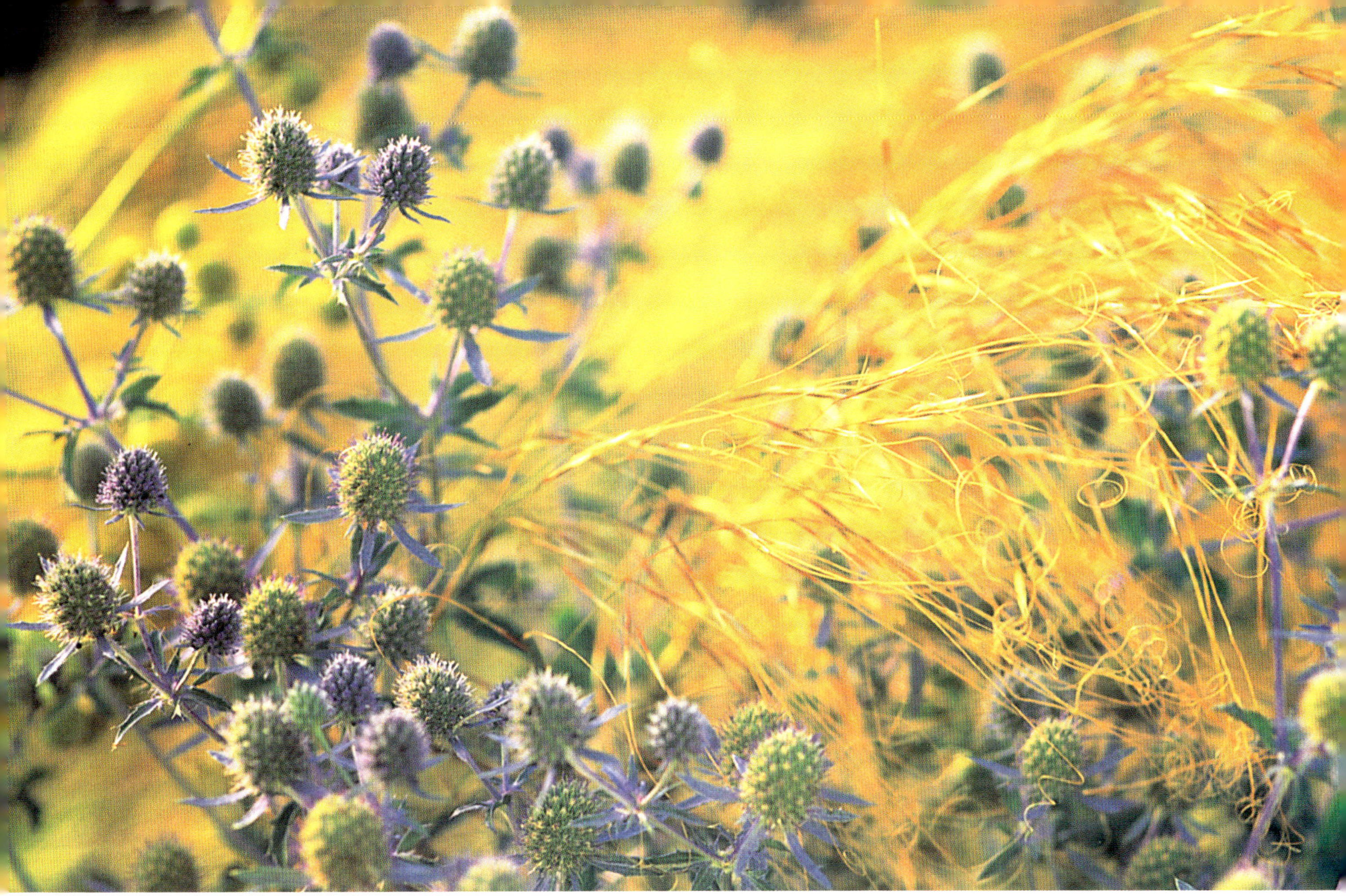

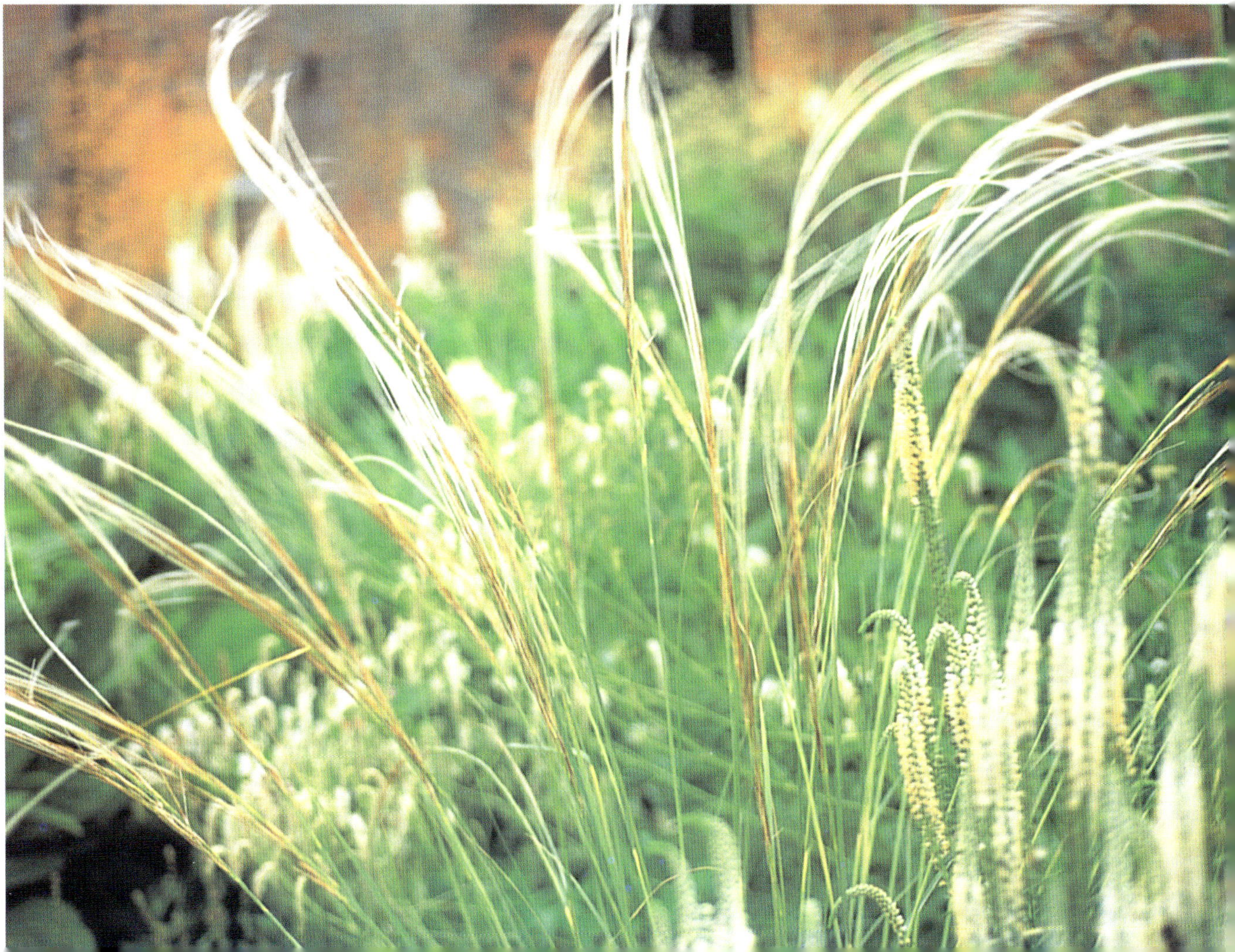

Pflanzen zu konzentrieren, die weniger dominant sind.

Gräser fangen nicht nur das Licht ein, sie reagieren ebenfalls sehr graziös auf jede Bewegung der Luft. Manche Gräser kommen nie zur Ruhe. Sie wiegen sich in einer leichten Brise oder beugen sich unter stärkeren Windböen, dadurch bringen sie beständig eine neue Dimension in das Staudenbeet: die Dynamik der Bewegung.

Die Gabe, Licht und Bewegung einzufangen, gehört zu den Merkmalen vieler *Stipa*-Arten. Ihre Blüten- und Samenstände wirken besonders weich, dies passt ganz hervorragend zu den festen und klaren Konturen der meisten anderen Blumen.

Alle Gräser haben gerade Blätter, die in starkem Kontrast zu den Blattformen der meisten Stauden stehen, und sie verfügen häufig über einen klar umrissenen Habitus. Die Blätter oder Halme wachsen strahlenförmig von unten nach oben. Diese Geradlinigkeit bildet einen ausgesprochen wirkungsvollen Kontrast zum Erscheinungsbild der meisten Stauden. Dadurch wirken Gräser besonders als punktuelle Markierung in einem Staudenbeet.

Obwohl Gräser herrliche Pflanzen sind, kann man auch hier zuviel des Guten tun. Wenn unterschiedliche Grasarten direkt nebeneinander gesetzt werden, befriedigt das Bild im Allgemeinen weniger. Es entsteht der Eindruck, als würden sich die verschiedenen strahlenförmigen, linearen Muster der Blätter aneinander stoßen. Außerdem sind Gräser keine guten Nachbarn für Rosen. Der Gegensatz zwischen der ausgesprochen „domestizierten" Rose und der ungezähmten natürlichen Schönheit der Gräser ist einfach zu groß.

Links: Gräser und Stauden haben ihren Höhepunkt im Spätsommer und im Frühherbst. Hier überragt *Miscanthus sinensis* 'Zwergelefant' die Stauden.
Rechts: In einem trockenen Schotterbeet wogt das Federgras *Stipa turkestanica* über *Sedum* 'Munsted Red' und der Edeldistel *Eryngium proteiflorum*. Hier wird deutlich, wie Gräser einer Pflanzung Leichtigkeit und Bewegung verleihen können, die von ziemlich kompakten, horstartig wachsenden Pflanzen wie Fetthenne dominiert wird.

Dominierende Gräser

in großen Räumen

Arundo donax

Calamagrostis × *acutiflora* 'Karl Foerster'

Cortaderia-Arten

Miscanthus floridulus

Miscanthus-sinensis-Hybriden wie 'Gewitterwolke', 'Gracillimus', 'Große Fontäne', 'Kleine Fontäne', 'Kleine Silberspinne', 'Kaskade', 'Malepartus', 'Morning Light', 'Pünktchen', 'Richard Hansen', 'Roland', 'Silberturm', 'Undine'

Molinia caerulea subsp. *arundinacea* in Sorten

Saccharum ravennae

Stipa gigantea

in kleinen Räumen

Carex pendula (neigt zum Wuchern, deshalb nur in der freien Natur)

Chionochloa rubra

Hakonechloa macra

Helictotrichon sempervirens

Miscanthus sinensis 'Flamingo'

Molinia-caerulea-Arten und -Sorten

Panicum-virgatum-Arten und -Sorten

Pennisetum-Arten und -Sorten

Sesleria nitida

Spodiopogon sibiricus

Stipa arundinacea

Stipa calamagrostis

Stipa pulcherrima

Stipa brachytricha

Stipa calamagrostis

Stipa pulcherrima

Gräser mit jahreszeitlich bedingter Attraktivität

Besondere Färbung im Herbst oder Frühwinter

Andropogon gerardii

Deschampsia cespitosa in Sorten

Hakonechloa macra

Miscanthus sinensis in Sorten, z. B. 'Afrika', 'Ghana', 'Flammenmeer'

Molinia caerulea in Sorten

Panicum virgatum in Sorten

Schizachyrium scoparium

Spodiopogon sibiricus

Sporobolus heterolepis

Stipa brachytricha

Auffällige Gestalten im Winter

Calamagrostis × *acutiflora* 'Karl Foerster'

Deschampsia cespitosa

Miscanthus sinensis in Sorten

Molinia caerulea (nicht die Sorten von *M. c.* subsp. *arundinacea*)

Panicum virgatum in Sorten

Pennisetum alopecuroides

Sporobolus heterolepis

Stipa brachytricha

Links: *Angelica gigas* fügt dem Hochsommer-Potpourri der Stauden einen geheimnisvollen Violettton hinzu. Rechts im Bild die asiatische Auslese von *Sanguisorba officinalis*.
Unten links: Der Fenchel, *Foeniculum vulgare*, gehört zu den vielfältigsten Gartenpflanzen unter den Doldenblütlern.
Unten: *Oenanthe aquatica* am Ufer, ein typischer Standort für Doldenblütler.
Rechte Seite unten: *Seseli gummiferum* gehört zu den Doldenblütlern, die jeder Gärtner unbedingt pflanzen sollte.

Doldenblütler

Die Familie der Umbelliferae, der Doldenblütler, umfasst Stauden oder zweijährige Pflanzen. Ihre charakteristischen flachen Dolden setzen sich aus Hunderten von kleinen Blüten zusammen. Die Gärtner haben sie wie die Gräser erst vor kurzem entdeckt. In vielen offenen und halbschattigen Lagen Nordeuropas dominieren Wiesenkerbel, *Anthriscus sylvestris*, und die wilde Pastinake, *Pastinaca sativa*. Vielleicht liegt es an ihrer weiten Verbreitung und daran, dass einige der Arten sich wie Unkraut vermehren, dass die Gärtner sie bisher nicht häufiger verwendet haben.

Wenn man allerdings die Natur im Garten heraufbeschwören möchte, gibt es kaum Pflanzenfamilien, die dafür besser geeignet wären. Die filigranen Blütenstände verleihen der Umgebung etwas Zartes, so dass sich die Frage aufdrängt, wie man früher den Garten ohne Doldenblütler gestalten konnte. Die meisten Pflanzen dieser Familie sind zweijährig oder kurzlebige Stauden, die sich sehr leicht selbst aussamen. Dadurch eignen sie sich vor allem für ein weniger streng vorgegebenes Bepflanzungsmuster, wo die alljährlich neue Verteilung einer Pflanzenart Teil der gewünschten Wirkung ist. Die ursprünglichen Mutterpflanzen sterben, aber im nächsten Frühjahr haben ihre Samenkinder ihren Auftritt. Die meisten Arten blühen bereits im ersten, einige wenige erst im zweiten Jahr.

Pflanzen wie *Chaerophyllum hirsutum* 'Roseum' oder *Selinum wallichianum* eignen sich besonders für den lichten Schatten, wo die meisten Gräser schon nicht mehr gedeihen. Andere, wie zum Beispiel *Angelica gigas* mit ihren purpurroten Blüten oder *Angelica archangelica*, deren Blütendolden sich auf zwei Meter hohen Stängeln entwickeln, besitzen eher skulpturalen Wert. Diese höheren und auffallenden Arten ziehen meist sonnige Standorte vor. Einige, wie der Fenchel, *Foeniculum vulgare*, der rundliche, buschige Horste bildet, gedeiht am besten unter trockenen Standortbedingungen.

Einige Doldenblütler zeigen kleinere, dichtere Blütenstände. Dazu gehören die Sterndolden, *Astrantia*, deren Blütenköpfe mit einer Halskrause aus Hüllblättern umschlossen sind. Sie sind in sonnigen oder leicht schattigen Bereichen von unschätzbarem Wert.

Gartenwürdige Doldenblütler mit besonderem Blattwerk

Anthriscus sylvestris 'Ravenswing'
Chaerophyllum hirsutum 'Roseum'
Meum athamanticum
Pimpinella major 'Rosea'
Selinum wallichianum und *S. tenuifolium*
Seseli gummiferum

Größere, auffälligere Doldenblütler

Angelica gigas
Angelica archangelica
Angelica atropurpurea
Ferula communis
Levisticum officinale
Molopospermum peloponnesiacum
Peucedanum verticillare

Wiederholung und Rhythmus

Wenn man bewundernd vor einem unberührten Naturstandort steht wie zum Beispiel vor einer Blumenwiese, dann geht die Wirkung nicht von den Farben oder Formen aus, sondern von der Art, wie die Blumen in unterschiedlicher Dichte über eine weite Fläche verteilt sind. Wiederholung schafft einen starken optischen Eindruck. Der Vergleich mit vielen Beetgestaltungen drängt sich auf, wo häufig einzelne Arten und Sorten nur als Einzelpflanze neben Gruppen von anderen bevorzugten Arten vertreten sind. Auch wenn dadurch ein bestimmter optischer Eindruck entsteht, fehlt in solchen Fällen doch die Kontinuität, weil die Bepflanzung klecksig oder zusammenhanglos wirkt.

Ein weiterer Grund, weshalb nicht wenige moderne Staudenbeete kein einheitliches Bild bieten, ist schlicht die Verwendung zu vieler verschiedenartiger Elemente: Sträucher, Staudenarten, Staudenzüchtungen, Pflanzen mit panaschiertem oder farbigem Laub, Einjährige, ja sogar Gemüsepflanzen. Wo übermäßige Vielfalt herrscht, kann das Auge kein gemeinsames Grundthema erkennen, besonders, wenn es mit einer Fülle von lebhaften Farben und verschiedenartigem Blattwerk konfrontiert wird. Wir wollen hier ausschließlich Staudenbeete mit einer begrenzten Pflanzenauswahl betrachten: Arten oder Auslesen, die ihren wild wachsenden Vorfahren sehr ähnlich sind. Das allein schafft schon den Eindruck von Einheitlichkeit. Häufig haben diese Pflanzen gemeinsame Merkmale. Wenn man ausschließlich mit ihnen eine Bepflanzung komponiert, hat man bereits ein Grundthema, vor allem wenn die Pflanzenauswahl mit einer gewissen Voraussicht erfolgt und man berücksichtigt, wie Pflanzengemeinschaften in der Natur funktionieren: ein Beipiel wäre das Durchmischen farbenfroher Stauden mit Gräsern.

Der einfachste Weg, der Bepflanzung Rhythmus zu verleihen, ist die Wiederholung von bestimmten Arten, Formen oder Farben. Setzt man eine besonders markante Pflanze, wie zum Beispiel die Kugeldistel, *Echinops*, *Veronicastrum virginicum* oder den Wasserdost *Eupatorium purpureum* 'Atropurpureum' ein, erhält die Bepflanzung einen klar erkennbaren Rhythmus. Soll die Rhythmisierung weniger stark ausfallen, sind Pflanzen mit einer weniger ausgeprägten Struktur zu wählen, wie zum Beispiel die Wiesenraute, *Thalictrum*, oder das Mädesüß, *Filipendula*. Man kann ebenso unterschiedliche Pflanzen einsetzen, die aber ein gemeinsames Element aufweisen, das wiederholt wird. Blütenkerzen sind die wohl stärkste Form, um einem Beet einen guten Rhythmus zu verleihen. Man kann sich auch der Farbe bedienen, denn schon wenn ein bestimmter Farbton mehrfach in einem Staudenbeet vorkommt, entsteht ein Muster. Am besten aber entsteht Rhythmus innerhalb einer Pflanzung, wenn sich Pflanzen durch Selbstaussaat vermehren. Dafür sind der Fingerhut, *Digitalis*, und die Königskerze, *Verbascum*, gute Beispiele.

Links: Selbst ausgesamte Königskerzen, *Verbascum*-Arten, geben der Bepflanzung ein natürliches rhythmisierendes Element.
Rechte Seite oben: Pink in mehrfacher Wiederholung durch *Eupatorium maculatum* 'Atropurpureum', *Monarda* 'Purple Ann' und durch eine große Gruppe von *Lythrum virgatum*.
Rechte Seite unten: Gräser, Doldenblütler und andere mit doldenförmigen Blütenständen eignen sich besonders gut für die Rhythmisierung einer Bepflanzung, so wie man es auch von den natürlichen Vorkommen her kennt.

Pflanzungen planen

Wer ein Staudenbeet gestalten möchte, wird diejenigen Pflanzen auswählen, die er/sie mag und von denen man spürt, dass sie gut zusammenpassen. Dieser Prozess findet viel tiefer im Unterbewusstsein statt, als allgemein angenommen wird, denn wir alle haben Vorlieben und Abneigungen. Wenn wir Pflanzen auswählen – oder Farben, Bilder, Möbel –, so beruht dies auf einem ziemlich festgelegten Schema. Wer die Farbe Gelb liebt, wird sich mit Sicherheit für eine Menge gelber Pflanzen entscheiden. Dieses Gelb verleiht der Pflanzung ein einheitliches Bild und somit auch Harmonie.

Eine Beetgestaltung hängt dennoch auch sehr davon ab, wie es dem Planer gelingt, ein Gefühl für besondere Arten zu entwickeln und intuitiv auf Form, Textur, Farbe und Ausstrahlung einer Pflanze zu reagieren. Sobald man sich auf die im Garten herrschende Stimmung eingelassen hat, ist die Auswahl einfach. Oft sieht man eine neue Pflanze und weiß sofort, ob sie in den Garten passt oder nicht. Vielleicht ist diese Intuition die wichtigste Voraussetzung für eine gelungene Bepflanzung und möglicherweise auch ein Grund, warum sich deren Gestaltung nicht wie eine logische Schrittfolge erlernen lässt. Eine intime Vertrautheit mit Pflanzen ist unbedingt notwendig und auch die Einsicht, dass niemals etwas als absolut und unveränderlich zu betrachten ist. Gärtnern stellt einen Prozess dar, kein Endergebnis. Daher sollten wir uns die Anpassungsfähigkeit der Stauden zu Nutze machen und eine Bepflanzung immer wieder verbessern, indem man deren Bestandteile „wandern" lässt.

Links: Rosa- und Violetttöne herrschen in diesem Staudenbeet vor, unter anderem beigesteuert von *Dianthus amurensis* und *Salvia verticillata*.
Rechts: Die Bepflanzung erinnert an ein traditionelles Staudenbeet, jedoch wurden hier ganz andere Pflanzen verwendet. Im Vordergrund stehen (im Uhrzeigersinn) *Achillea* 'Walter Funcke', *Phlox* 'Rosa Pastell', *Stipa gigantea*, *Polygonum amplexicaule* 'Firedance', *Stipa brachytricha*, *Helenium* 'Rubinzwerg', *Achnatherum calamagrostis* und *Achillea* 'Summerwine'. Den Hintergrund bilden *Monarda* 'Squaw', *Eupatorium maculatum* 'Atropurpureum', *Helenium* 'Flammendes Käthchen', *Echinops ritro* 'Veitch's Blue', *Monarda* 'Comanche' und 'Cherokee', *Agastache foeniculum* und *Polygonum amplexicaule* 'Firetail'.

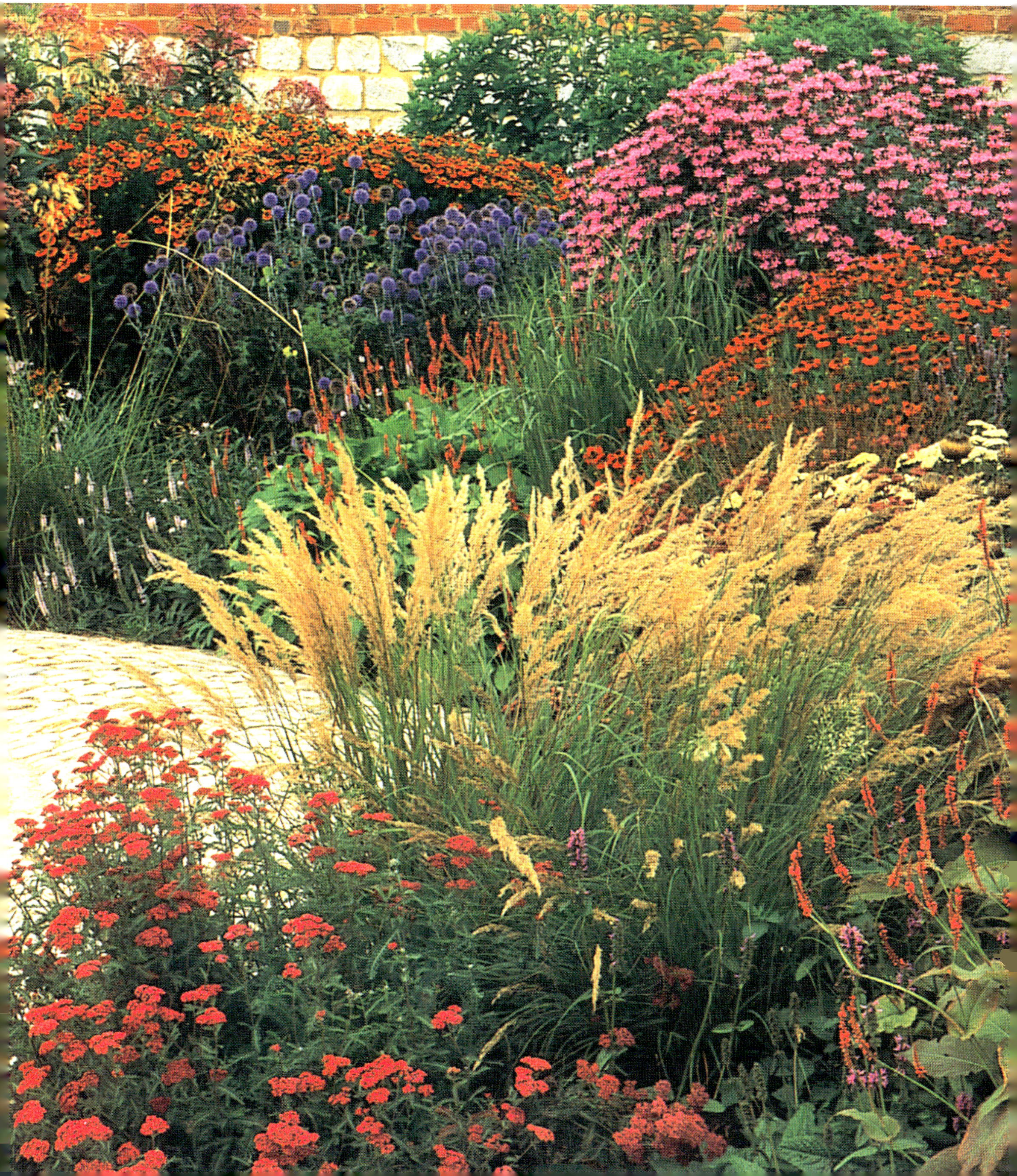

Wenn man eine Beetbepflanzung plant, empfiehlt es sich, mit drei hoch wachsenden Pflanzen, die im Hintergrund des Beetes stehen sollen, zu beginnen und sich dann nach vorne zu arbeiten. Dabei wird jeder neue Pflanzstreifen mit dem dahinter liegenden verbunden. Beide Gruppen können einzeln, aber auch kombiniert eingesetzt werden. Die Buchstaben weisen auf die in Frage kommen verbindenden Pflanzen hin.

Gruppe 1
1. *Phlox paniculata* 'Lavendelwolke'
2. *Eupatorium maculatum* 'Atropurpureum'
3. *Filipendula rubra* 'Venusta Magnifica'
4. *Sanguisorba officinalis*
5. *Monarda* 'Mohawk'
6. *Lythrum salicaria* 'Blush'
7. *Stipa brachytricha*
8. *Achillea* 'Walter Funcke'
9. *Astrantia major* 'Claret'
10. *Saponaria* × *lempergii* 'Max Frei'

Verbindende Pflanzen
A *Molinia caerulea* 'Transparent'
B *Thalictrum lucidum*
C *Salvia verticillata* 'Purple Rain'
D *Scabiosa japonica* var. *alpina*
E *Digitalis ferruginea*

Gruppe 2
1. *Veronicastrum virginicum* 'Fascination'
2. *Miscanthus sinensis* 'Malepartus'
3. *Aster novae-angliae* 'Violetta'
4. *Phlomis tuberosa* 'Amazone'
5. *Lobelia* 'Eulalia Berridge'
6. *Echinacea* 'Rubinstern'
7. *Phlox paniculata* 'Rosa Pastell'
8. *Eryngium bourgatii*
9. *Origanum* 'Rosenkuppel'
10. *Sedum* 'Munstead Red'

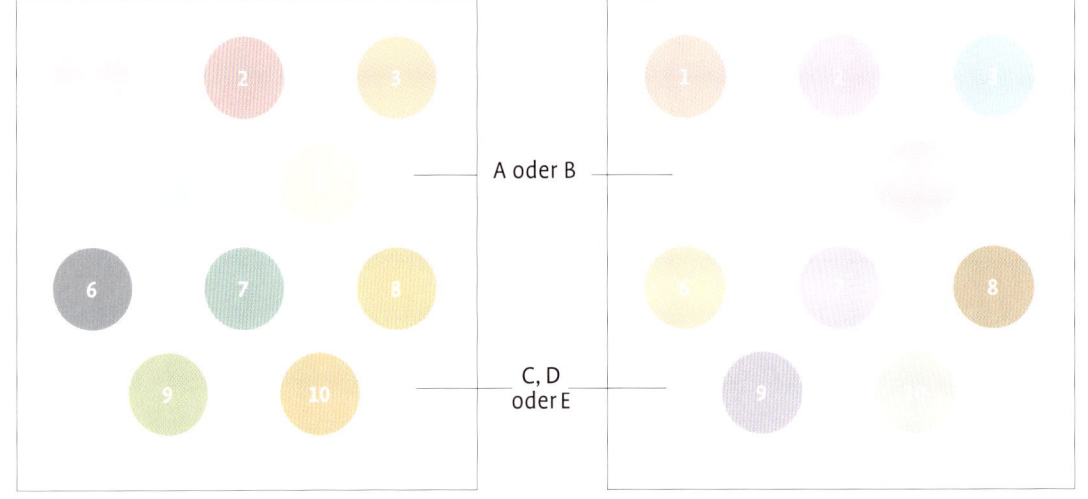

68 Kompositionen

Es gibt bei einer Beetgestaltung auch die Möglichkeit, auf dem Papier festzulegen, welche Pflanze wohin gesetzt werden soll. Jeder wird seine Lieblingspflanzen verwenden, aber beim Zeichnen eines Planes wird die Aufmerksamkeit des Gestalters auf einige Schlüsselfragen gelenkt: welche Pflanzen sollen unmittelbar nebeneinander stehen; wie viele Exemplare wird man jeweils benötigen; wie werden sie in der gesamten Bepflanzung verteilt und was soll mit den Lücken geschehen, den Stellen, über die man nicht nachgedacht hat und die die Bereiche, die bereits vor dem inneren Auge entstanden sind, ergänzen.

Professionelle Gartengestalter arbeiten mit maßstabsgerechten Plänen, auf denen der Standort jeder Pflanze im richtigen proportionalen Verhältnis zur Grundfläche verzeichnet ist. Manchen Menschen fällt es relativ leicht, Pläne zu lesen und sich die Ergebnisse vorzustellen, andere sind dazu nicht in der Lage. Eine Alternative zum Plan ist das Diagramm, das die Bepflanzung mehr oder weniger so darstellt, wie sie später tatsächlich zu sehen ist. Diese Darstellungsweise ist viel einfacher zu erfassen. Auch ein Diagramm kann maßstabsgerecht sein und die Ausdehnung der Pflanzen im Beet aufzeigen. Diesen Plan kann man außerdem mit einer Reihe von Schnittzeichnungen vervollständigen, die die Tiefe des Beetes verdeutlichen.

Wenn man eine Bepflanzung entwirft, sollte man zuerst die höher wachsenden, strukturbildenden Pflanzen berück-

Oben: Indianernesseln, *Monarda*, und *Phlox paniculata* stehen vor *Calamagrostis* × *acutiflora* 'Karl Foerster'. In der Bildmitte erscheinen *Lythrum salicaria* 'Zigeunerblut', *Dracocephalum rupestre*, zusammen mit *Artemisia absinthinum* 'Lambrook Silver', *Sidalcea oregana* 'My Love' und *Monarda* 'Balance' im Vordergrund.

Unten: Hohe Stauden wie *Thalictrum polygamum* überragen kompaktere Pflanzen wie *Phlox paniculata* 'Düsterlohe' und *Campanula lactiflora* 'Loddon Anne', *Polygonum*, *Verbena hastata*, *Filipendula rubra* 'Venusta Magnifica'.

Oben links: Farbe wirkt als verbindendes Element zwischen unterschiedlichen Pflanzengestalten. *Thalictrum lucidum*, Wiesenraute, und die rotblättrige einjährige Melde *Atriplex hortensis* 'Rubra' verleihen der Bepflanzung Ausgewogenheit und Struktur. Vorn im Bild die orangerote *Helenium*-Hybride 'Kupferzwerg', ein Sämling der blass rosa blühenden *Echinacea purpurea* und in gedämpftem Rot *Sedum* 'Munstead Red'.

Oben rechts: Die Ähren der dunkelvioletten *Lobelia* 'Tania' stehen im Kontrast zu den feinen Dolden von *Selinum wallichianum* und den großen Blüten von *Hemerocallis* 'Gentle Shepherd'. Die Melde *Atriplex hortensis* 'Rubra' samt sich nach dem ersten Jahr bereitwillig selbst aus und wird so bei der Planung für ein Beet zum Joker. Ohne solche spontanen Elemente würde dem Beet die lenkende Hand der Natur fehlen.

Rechte Seite: Eine interessante Kombination aus *Strobilanthes atropurpureus*, *Panicum virgatum* 'Squaw' und *Polygonum amplexicaule* 'Roseum'.

sichtigen, die am längsten attraktiv bleiben, denn sie werden das Rückgrat für alles andere formen, was noch hinzukommt. Wenn man über ausreichend Platz verfügt, sollte man die gleiche Pflanze in Intervallen im Beet verteilen. Das verleiht dem Ganzen Rhythmus. Gehen wir einmal davon aus, dass in einem großen Staudenbeet drei Exemplare des Wasserdostes *Eupatorium maculatum* 'Atropurpureum' vorgesehen sind. Jeder dieser Pflanzen kann eine kleinere Art zugesellt werden, so dass man drei Paare hat: Zum Beispiel könnte man einmal mit *Veronicastrum virginicum* kombinieren, dann mit *Phlox* und schließlich mit dem Mädesüß, *Filipendula*. Diese Zusammenstellungen lassen sich wiederum mit anderen Pflanzen kombinieren, die nach vorne hin immer kleiner werden. Man kann auch noch mehr große strukturbildende Pflanzen als Ergänzung zum Wasserdost nehmen und den ganzen Prozess wiederholen, bis die gesamte Fläche gefüllt ist. Erst zum Schluss kommen die Pflanzen für die Zwischenpflanzungen hinzu, wobei es zum vorderen Rand des Beetes hin allmählich mehr werden sollten. Auf keinen Fall darf man vergessen, dass die Formen der einzelnen Pflanzen innerhalb einer Gruppe aus der gewählten Pflanzenpalette zueinander passen müssen und dass es nicht ausreicht, auf's Geratewohl eine Sorte mit einer anderen zu vergleichen.

Wenn der Rohentwurf des Pflanzplans fertig ist, sollte man ihn noch einmal genau hinsichtlich der Verteilung der Farben und Formen prüfen. Wenn man klare Formen wie zum Beispiel Blütenkerzen punktuell setzt, werden dadurch Form und Struktur betont. Als Ausgleich dazu ist es möglich, transparent wirkende Pflanzen, die den Eindruck von Luftigkeit und Leichtigkeit vermitteln, zwanglos anzuordnen. Außerdem ist auf die gute Verteilung der Farben zu achten. Sinnvollerweise gruppiert man die höchsten Pflanzen im Hintergrund eines Staudenbeetes und die niedrigeren Gewächse im vorderen Randbereich, dann kann der Betrachter alles wahrnehmen. Falls es sich um ein frei in die Umgebung hinein komponiertes Beet handelt, das keinen Hintergrund hat, sollte man die hoch wachsenden Pflanzen in die Mitte setzen.

Beim Gesagten kann es sich lediglich um Anregungen handeln, denn werden die Richtlinien sklavisch befolgt, besteht die Gefahr, dass das Beet die Langeweile einer militärischen Ordnung ausstrahlt. Ähnlich den streng schematischen Staudenbeeten, die man zur Zeit der Jahrhundertwende in England pflegte, wo alle Pflanzen ihren vorgegebenen Platz hatten und keinerlei Spontaneität aufkommen konnte.

Eine Gestaltung erhält viel mehr Bewegung, wenn man einige hoch wachsende Pflanzen nahe an den Rand setzt. Schmalwüchsige Pflanzen, die nur wenig verdecken, vermitteln Spontaneität. Dies trifft beispielsweise für *Digitalis ferruginea* zu; dieser Fingerhut sät sich gern selbst aus und verbreitet sich dadurch spontan. Gräser oder andere Pflanzen, die transparent wirken, kann man ebenfalls in den Vordergrund oder in die Mitte des Staudenbeetes setzen. Sie wirken wie ein zarter Schleier, durch den die anderen Pflanzen sichtbar bleiben. Inzwischen geht man sogar so weit, selbst massivere Pflanzen nach vorne zu nehmen. *Polygonum amplexicaule* zum Beispiel verstellt die hinter ihr befindlichen Dinge teilweise so sehr, dass der Betrachter gezwungen ist, um die Bepflanzung herumzugehen und von allen Seiten Ausschau zu halten. Zu den Grundsätzen der Gartengestaltung gehört, nicht alles auf einmal sichtbar zu machen. Die Menschen haben mehr vom Garten, wenn sie dazu ermutigt werden, ihn zu erforschen und ihn für sich selbst zu entdecken.

Naturnahe Bepflanzung

Oben: *Echinacea purpurea* 'Rubinstern' und das Reitgras *Calamagrostis × acutiflora* 'Karl Foerster' ergeben eine überraschend natürlich anmutende Kombination, die an Wildblumenpflanzungen erinnert.

Rechte Seite oben: In einer Versuchsanlage wachsen Sterndolden zwischen Gräsern. Stauden lassen sich nur dann erfolgreich mit Gräsern vergesellschaften, wenn man die Arten sehr sorgfältig auswählt.

Die Ansicht, Pflanzen aus bestimmten Lebensbereichen gehören auch im Garten zusammen, ist nicht einfach von der Hand zu weisen. Dem gesunden Menschenverstand zufolge gedeihen Pflanzenarten unter ungefähr den gleichen Bedingungen, wie sie ihre natürliche Umgebung bietet, auch im Garten. Wer allerdings nur dieser ökologischen Argumentation bei der Pflanzenauswahl folgt, engt sich unter Umständen selbst ein. Es ist durchaus bemerkenswert, wie Pflanzen von völlig unterschiedlichen Standorten im Garten unmittelbar nebeneinander gedeihen können. Dies gilt zumindest für die gemäßigten Klimazonen. Zum Beispiel fühlt sich *Perowskia* aus der Trockensteppe durchaus neben den feuchtigkeitsliebenden *Polygonum*-Arten wohl. Wir wollen hier demonstrieren, wie man Natur im Garten schafft, ohne sie einfach nur zu kopieren. Deshalb der gute Rat, Pflanzen für eine Gestaltung frei zu wählen und sich nicht davon leiten zu lassen, ob sie von vergleichbaren Standorten stammen.

Als Grundprinzip gilt: Wenn zwei Pflanzen zusammen in einem Garten gedeihen, genügt das völlig. Wichtig dabei ist allerdings, sie nicht zum guten Nebeneinander zu zwingen. Das tun nämlich manche, herkömmlich arbeitende Gärtner, wenn sie alles daran setzen, beispielsweise Azaleen neben Rosen wachsen zu lassen. Ich glaube nicht, dass es richtig ist, den Boden zu verändern, um Pflanzen zu kultivieren, die normalerweise darin nicht gedeihen würden. Solche Praktiken ziehen unweigerlich Umweltschäden nach sich und führen auf lange Sicht kaum zum Erfolg.

Geht man pragmatisch an die Auswahl der Pflanzen heran, wird die ökologische Eignung bei der Zusammenstellung von gewisser Bedeutung sein. Zum einen sollte es sich um solche Arten handeln, die einfach deshalb in einem Garten gut gedeihen müssen, weil sie von einem sehr ähnlichen Standort (eventuell aus anderen geografischen Regionen) stammen. Dann kommen jene aus ganz anderen Lebensbereichen hinzu, die auf Grund der Pflege des Gärtners in der Lage sind, sich einer ganzen Reihe von unterschiedlichen Standortbedingungen anzupassen. Schließlich gibt es die Pflanzen, mit denen man experimentiert. Falls man Erfolg hat und sie gedeihen, ist das wunderbar – falls sich aber das Gegenteil einstellt, sollte der Gärtner darauf gelassen reagieren. Das Klima spielt eine wichtige Rolle bei der richtigen Pflanzenauswahl. Bei Gärten in schwierigen Lagen oder unter extremen Bedingungen – zum Beispiel am Mittelmeer an der Küste – treten ökologische Aspekte stärker in den Vordergrund.

Rudbeckia maxima aus den Prärielandschaften Amerikas gedeiht hervorragend neben *Macleaya cordata* aus Ostasien. Obwohl sie aus geografisch weit voneinander entfernt liegenden Gebieten kommen, erweisen sie sich als gute Nachbarn im Garten. Dies liegt an den vergleichbaren Klimabedingungen ihrer Heimatgebiete.

Naturnahe Pflanzungen im Jahreslauf

Es lohnt sich bei der Planung einer Staudenpflanzung, die das ganze Jahr über gut aussehen soll, auch über die Verteilung der Pflanzen in den unterschiedlichen Lebensbereichen nachzudenken.

Lebensbereich:	Gehölz	Gehölzrand	Wiese
Standortbedingungen:	Teilschatten im Frühjahr und voller Schatten im Sommer	lichter Schatten das ganze Jahr über	volle Sonne das ganze Jahr über
Pflanzen:	Frühlingsblumen: Zwiebelblumen, Polsterstauden, Sträucher	einige Zwiebelblumen und Stauden	frühe Zwiebelblumen und nur wenige kleine Stauden
	einige größere Frühsommerblüher mit schönen Samenständen und guter Struktur	große Vielfalt an blühenden Stauden, einige Sträucher	ziemlich viele Frühsommerstauden und einige Gräser
	einige spät blühende Pflanzen mit interessantem Blattwerk, evtl. auch im Winter attraktiv	Pflanzen wirken auch nach der Blüte attraktiv	sehr viele hoch wachsende, spät blühende Stauden und Gräser

Weil in traditionell angelegten Gärten die Blüte im Mittelpunkt steht, sehen sie meist im Frühling und im Frühsommer am besten aus. Danach verlieren sie an Attraktivität, es sei denn es gibt Rabatten mit vielen Sommerblumen. In einem Staudengarten hält die Blütezeit für den größten Teil des Sommers an, einige Arten blühen sogar bis in den Herbst. Die abgestorbenen Stängel und Fruchtstände bleiben den ganzen Winter über stehen.

Man kann auch so genannte Mixed Borders, gemischte Rabatten anlegen, die tatsächlich das ganze Jahr über attraktiv wirken. Hier werden Sträucher, Kletterpflanzen, Stauden, Zwiebelblumen und Einjährige so zueinander gruppiert, dass immer irgendein Element in diesem Beet besonderen Reiz ausstrahlt. Dies bedeutet jedoch einen sehr beschränkten Gesamteindruck vom Beet, denn es ist immer nur ein kleiner Teil, der sich zu einer bestimmten Zeit in seiner Hochform präsentiert. Besser mag es sein, das Beet wie ein kurzes Musikstück, in dessen Finale das gesamte Orchester mitspielt, zu komponieren – an Stelle eines seichten Stückes, das nie die ungeteilte Aufmerksamkeit des Zuhörers wecken kann.

Gegen eine lange blühende gemischte Rabatte spricht auch die Tatsache, dass Sträucher nur für sehr kurze Zeit im Frühjahr hübsch aussehen. Nur wenige haben danach

Links: Der Überschwang des Spätsommers offenbart sich hier mit *Eupatorium maculatum* 'Atropurpureum', Wasserdost, und den blass rosafarbenen Trichtern von *Malva moschata*, Trichtermalve, die sich spontan ausgesät hat. Eine wunderbare Gelegenheit, die Fülle dieser Jahreszeit zu erfahren, eröffnet der schmale Pfad, der einen regelrecht in das Beet eintauchen lässt. Dabei muss man sich vielleicht sogar mit den Händen den Weg freimachen.

Rechte Seite: *Hosta* 'Moody Blues' zeigt im späten Frühjahr die Frische neuen Wachstums, daneben die blassen rosaroten Blüten von *Tellima grandiflora*, die sich wie ein Bischofsstab aufrollenden Wedel des Schildfarns *Polystichum setiferum* sowie die Blätter einer Silberkerze und einer Nieswurz. Das Hauptgeschehen konzentriert sich zu dieser Jahreszeit auf diese untere Wachstumsebene.

Staudenpflanzungen für alle Jahreszeiten

noch eine gute Form oder schönes Blattwerk, und die meisten brauchen einfach zuviel Platz. Oft passen ein Dutzend Stauden an die gleiche Stelle, die ein einziger Strauch für sich beansprucht.

Betrachtet man die verschiedenen Pflanzen, die zu unterschiedlichen Zeitpunkten blühen, lassen sich drei grobe Kategorien unterscheiden: Waldbewohner, die im Frühjahr blühen, am Waldrand heimische Arten mit Blühhöhepunkten im Frühsommer und Arten, die im weiter fortgeschrittenen Sommer auf offenen Wiesen zur Blüte kommen. Es gibt davon selbstverständlich auch Ausnahmen: die Schlüsselblume, *Primula veris*, die auf Frühlingswiesen blüht, oder die Küchenschelle, *Pulsatilla patens*, mit ihrer Blüte im Vorfrühling, aber auch spät blühende Waldpflanzen wie die Silberkerzen, *Cimicifuga*, oder der Wasserdost, *Eupatorium rugosum*. Von grundlegender Bedeutung ist, dass die Mehrheit der Pflanzenarten, die aus gleichen Lebensbereichen kommen, nur zu einer Jahreszeit berauschend wirkt.

Eine ausschließlich aus spät blühenden Stauden und Gräsern komponierte Pflanzung kann atemberaubend schön sein, viel schöner als eine Fläche mit einer Vielzahl von früh blühenden Arten oder gar Sträuchern. Wer früher im Gartenjahr Farbe ersehnt, kann dies immer durch Zwischenpflanzen von kleineren Pflanzen bewerkstelligen. Auch Zwiebelblumen machen sich gut zwischen den Stauden, denn ihre Blätter sind bereits verwelkt, bevor viele der größeren Pflanzen aus der Erde sprießen. Verwendet man allerdings weder Zwiebelblumen noch pflanzt man dazwischen, besteht die Gefahr, dass das Beet während der ersten Zeit des Jahres langweilig wirkt.

Nach dem Frühsommer gibt es nur noch relativ wenige Arten, die im Schatten blühen. Es wäre sinnvoll, einige Exemplare auf Flächen zu pflanzen, wo Zwiebelblumen oder im Frühjahr blühende Stauden wachsen, sonst gibt es hier lange Zeit kaum etwas anderes als Grün zu sehen. Ein oder zwei Sträucher, die im Frühjahr blühen, verleihen der Beetgestaltung Höhe und Masse, was ja den frühen Stauden fehlt. Es bietet sich an, im Schutz eines Strauches ein paar schattenver-

Pflanzen, die Kontinuität versprechen

Pflanzen mit attraktivem Blattwerk, Stängeln oder Samenständen, die auch nach der Blüte noch gut aussehen

Achillea filipendulina in Sorten
Artemisia lactiflora (Guizhou-Gruppe)
Aster umbellatus
Astilbe chinensis var. *tacquetii* in Sorten
Cimicifuga-Arten
Digitalis-Arten, besonders *D. ferruginea*
Eryngium-Arten, besonders *E. giganteum*
Eupatorium-Arten und Sorten
Filipendula (mit schmalerem Wuchs)
Gaura lindheimeri mit 'Whirling Butterflies'
Gillenia trifoliata
Iris ensata
Lavatera cachemiriana
Ligularia
Lysimachia ephemerum
Lythrum
Monarda
Phlomis tuberosa
Phlomis russeliana
Physostegia
Rodgersia
Rudbeckia
Salvia nemorosa oder *S. × sylvestris*
Sedum in Sorten
Solidago
× *Solidaster*
Stachys monnieri und *S. officinalis*
Thalictrum
Umbelliferen (fast alle)
Verbascum
Verbena
Veronicastrum virginicum
Vernonia und die meisten Gräser

Spät blühende Stauden

mit schönem Blattwerk im frühen Sommer	Stauden, die im Schatten zwischen den frühblühenden Arten wachsen
Aster lateriflorus	*Aconitum carmichaelii*
Cimicifuga	*Anemone hupehensis*
Eupatorium maculatum 'Atropurpureum'	
	Anemone-Japonica-Hybriden
	Ceratostigma
Helianthus salicifolius	*Cimicifuga ramosa* aus der Gruppe 'Atropurpurea' und andere
Kirengeshoma palmata	*Eupatorium maculatum* 'Atropurpureum'
Tricyrtis formosana	*Eupatorium rugosum*
Veronicastrum virginicum	*Kirengeshoma palmata*
	Sedum telephium und seine Hybriden
Gräser	*Solidago rugosa*
	× *Solidaster luteus*

trägliche, frühblühende Stauden zu setzen. Die Arten, die im Frühsommer blühen, nehmen eine Mittelstellung ein, denn man kann sie sowohl mit den im Frühjahr blühenden Waldpflanzen kombinieren als auch mit den die Sonne liebenden späten Arten.

Einige Pflanzen blühen nur für sehr kurze Zeit, bei anderen dauert die Blütezeit viel länger an, manche wirken bis zur Blüte unbedeutend, wieder andere haben ein attraktives oder elegantes Blattwerk. Es gibt anmutige und es gibt solche, die unordentlich aussehen. Bei der Pflanzenauswahl sollte man daher unbedingt auf ein möglichst lange anhaltendes attraktives Aussehen achten. Das ist besonders wichtig für kleinere Flächen, wo alles, was unansehnlich wirkt, auffällt.

Pflanzen mit nur kurzen Höhepunkten können sich gegenseitig überdecken. Zum Beispiel kann man *Papaver orientale*, Orientalischer Mohn, der im Frühsommer blüht und dann abstirbt, direkt neben *Gypsophila paniculata*, Schleierkraut, setzen, die bereits als relativ kleine Pflanze im Hochsommer eine riesige Wolke von kleinen Blumen hervorbringt. Gleiches gelingt mit dem Knöterich *Polygonum amplexicaule*, der noch später blüht.

Immer sollte man ein paar Pflanzen mit einplanen, die während des gesamten Gartenjahres gut aussehen, denn sie vermitteln das Gefühl von Kontinuität und dienen der Bepflanzung als zuverlässiges Rückgrat. Alles andere um sie herum mag wachsen und vergehen, nur sie bewahren Haltung. Die Edeldistel *Eryngium giganteum* ist eine solche Pflanze. Nachdem sie bereits im Frühsommer geblüht hat, bleibt sie als skulpturale Schönheit bis weit in den Winter hinein bestehen. Die dicht nebeneinander stehenden Blütenkerzen der früher blühenden Sorten von *Veronicastrum virginicum* ('Temptation', 'Apollo' oder 'Spring Dew') bewahren ebenfalls lange ihr charakteristisches Aussehen. Wird eine lange Gartensaison gewünscht, kommt es besonders auf witterungsbeständige Pflanzen und auf solche mit klar umrissenen Samenständen an.

Oben rechts: Eine Gruppe von Pflanzen, die auch nach der Blüte gut aussehen: *Filipendula rubra* 'Venusta Magnifica', Mädesüß, zeigt im Hochsommer rosafarbene fedrige Rispen, die sich in dunkelbraune Samenstände verwandeln.
Rechte Seite außen: *Agastache foeniculum* 'Alabaster' entwickelt auffallende Blütenkerzen, die hier als Trennung zwischen der blass rosa blühenden *Monarda* 'Fishes' und der dunkel orangefarbenen *Helenium* 'Kupferzwerg' stehen. Bei diesen beiden verwandelt sich das Blütenköpfchen in einen Fruchtstand, der den Winter über erhalten bleibt.
Rechts: Die Silberkerze *Cimicifuga ramosa* der Atropurpurea-Gruppe steht im Frühherbst hoch über den Gräsern. Sie bleibt bis weit in den Winter hinein attraktiv.

Pflanzen, die ein zweites Mal blühen, wenn Verblühtes entfernt wird

viele *Achillea*-Arten

Alchemilla mollis

Astrantia major in Sorten

Campanula lactiflora

Geranium endressii und *G.* × oxonianum

Nepeta × faassenii und *N. racemosa* in Sorten

Salvia nemorosa und *S.* × superba in Sorten

Staudenpflanzungen für alle Jahreszeiten

78 Kompositionen

Neue Wege einschlagen

Für viele Menschen besteht Gärtnern in erster Linie darin, nach althergebrachten Regeln zu arbeiten, die vorgeben, was im Garten zu tun oder zu lassen ist. Und doch braucht jeder Gärtner eigene Visionen. Das bedeutet zu experimentieren, Risiken einzugehen, neue Pflanzen, andere Techniken und ungewöhnliche Kombinationen auszuprobieren – und dabei erkennen, was funktioniert und was nicht.

Wer erfolgreich gärtnern will, muss über ein gewisses Maß an Grundkenntnissen verfügen und wissen, wie Pflanzen wachsen und wie sie sich im Laufe der Zeit entwickeln. Nur dadurch entsteht eine andere Sichtweise der Pflanzenwelt, was uns in die Lage versetzt, bestehende Gesetze vernünftig zu hinterfragen.

Zum Beispiel wird in vielen Büchern empfohlen, Stauden im Herbst herunterzuschneiden. Gründe werden dafür allerdings nicht genannt. Sämtliche Erfahrungen, die auf dem natürlichen Verhalten von Pflanzen basieren, lassen diesen Rat absurd erscheinen: Wilde Stauden am Wegesrand werden vielleicht während der Wachstumszeit niedergemäht oder von weidenden Tieren abgefressen, aber nichts in der Natur schneidet die Stauden im Herbst ab – schon gar nicht jeden Herbst. Eine solche Richtlinie hat demzufolge nichts mit dem Gedeihen oder Nichtgedeihen einer kultivierten Pflanze zu tun, sondern dient statt dessen dem Menschen dazu, die „Unordnung" der Natur zu korrigieren.

Um es klar zu machen: Sobald eine Regel für die Kultur einer Pflanze eine sinnvolle Erklärung liefert, sollte man sie befolgen. Ist dies nicht der Fall, handelt es sich eher um ein Dogma mit wenig Grundlage. Viel von dem, was man über das Entwerfen von Bepflanzungen lesen kann, gehört zur letzten Kategorie wie zum Beispiel der Rat, nicht zwei Pflanzen der gleichen Farbe nebeneinander zu setzen oder die hohen Gewächse hinten und die niedrigen vorn im Beet zu platzieren. Derartige Empfehlungen gründen oft auf ästhetischen Vorstellungen, die auf absolut zuverlässige Harmonien setzen. Risikobereitschaft im weitesten Sinne heißt jedoch auch, mit Kontrasten zu spielen. Wie viel Kontrast einem noch gefällt, ist eine ganz persönliche Entscheidung, selbst wenn man viele kräftige Farben und Pflanzenformen mag. Schließlich geht es um den eigenen Garten, in dem jeder nach seinem ästhetischen Empfinden wirken kann.

Linke Seite: Kletterpflanzen erweisen sich als ausgesprochen flexible Pflanzen, geeignet für vielfältige und neuartige Möglichkeiten der Verwendung. *Hydrangea anomala* subsp. *petiolaris*, die Kletterhortensie, wurde über einen halbrunden Rahmen gezogen und wächst so wie ein Baum. Unten links ist *Aralia racemosa* in ihrer Herbstfärbung zu sehen. Diese Verwandte des Efeus verdient wegen ihres ausdrucksstarken Blattwerks Beachtung.
Links oben: Die abgestorbenen dunklen Blätter des Wasserdostes *Eupatorium maculatum* 'Atropurpureum' stehen in Kontrast zu den hellen Herbstfarben.
Links unten: Fruchtstände der Indianernessel lugen hervor zwischen den zarten Halmen von *Molinia*, Pfeifengras, und vor dem Hintergrund der lang gezogenen Köpfchen des Wiesenknopfes *Sanguisorba canadensis*.

Entwicklung

Unkraut hat zwischen derartig wuchernden Spätsommerstauden kaum eine Chance. Früher im Jahr gibt es wesentlich mehr blanke Erde, die ein ausgesprochen günstiges Saatbett für Unkraut darstellt.

Molinia caerulea, Pfeifengras, vor einem Chinaschilf, *Miscanthus*. Gärtner, die der unnötigen und zerstörerischen Praxis frönen, im Herbst alles abzuräumen, kommen nicht in den Genuss der silbrig glänzenden Farben, die das schräg einfallende Licht der Herbst- und Wintersonne zum Leuchten bringt.

Das traditionelle Staudenbeet hat immer schon viel Arbeit bereitet: Jeden Herbst brauchte es reichlich Düngung in Form von Mist; die Pflanzen mussten regelmäßig (oft jährlich) geteilt werden, damit sie gesund blieben; hohe Stängel mit schweren Blütenköpfen brauchten eine Stütze, um zu verhindern, dass sie umknicken. Aus diesem Grund tragen viele Menschen – leider – ein Vorurteil gegen Staudenbeete in sich. Da ist es nicht verwunderlich, dass die pflegeleichteren „gemischten Rabatten" sehr viel populärer sind.

Die Staudenpflanzungen, die wir hier vorstellen, unterscheiden sich stark von den traditionellen und arbeitsaufwändigen Staudenbeeten. Bereits die Pflanzenauswahl erfolgt nach anderen Kriterien. Die Betonung liegt auf natürlich vorkommenden Arten oder Auslesen, denn daraus resultieren günstigere Proportionen zwischen Blüte und Pflanze. Das Beet wird weniger kopflastig, das heißt, man muss nicht soviel stützen. Auch brauchen die „Wildarten" – wie nebenbei bemerkt die meisten Stauden – keine intensive Düngung, die sie vielleicht zu üppigerem Wachstum anregt. Die Pflanzen würden sich nur untypisch kopflastig entwickeln und deshalb leicht umkippen.

Ganz generell sollte man für ein Staudenbeet langlebige Pflanzen wählen und solche, die man nicht so häufig teilen muss. Auch empfiehlt es sich, kurzlebige sich selbst aussamende Arten, die sich ständig erneuern, zu pflanzen wie zum Beispiel den Fingerhut *Digitalis grandiflora* und die Elfenbeindistel, *Eryngium giganteum*. Auch wenn die meisten Stauden nicht viel Düngung benötigen, empfiehlt es sich, magere, sandige oder steinige Böden zu verbessern, indem man organische Substanz einbringt, zum Beispiel in Form von Mist, Kompost oder auch organischen Düngemitteln. Eine Alternative wäre, sich bei der Pflanzenauswahl auf Arten zu beschränken, die auch magere Böden vertragen.

Ansiedlung und Pflege

Stauden etablieren sich im Vergleich zu Gehölzen sehr schnell. Viele Staudenpflanzungen sind bereits nach drei Jahren ausgewachsen. Allerdings entwickeln gerade die größeren Stauden im ersten Jahr nach der Pflanzung meist kein sehr kräftiges Wurzelsystem. Das heißt, sie müssen unter Umständen gestützt werden, und junge Pflanzen benötigen im ersten Jahr zusätzliche Wassergaben.

Das Staudenbeet benötigt nach wie vor ein wenig Pflege. Besonders zwei grundlegende Arbeiten stehen an: Erstens müssen während der Ruhezeit alle abgestorbenen Teile abgeschnitten werden. Üblicherweise geschieht dies im Herbst. Wie jedoch auf den Seiten 140 bis 143 beschrieben, haben die abgestorbenen Stängel ihre eigene Schönheit, das heißt, man sollte sie nicht zu früh entfernen oder zumindest nur die unattraktiven oder weniger schönen Teile. Abgestorbenes Material wandert auf den Kompost, um später wieder zurück auf das Beet zu kommen. Man kann es auch schreddern und als Mulch verwenden. Wenn man die toten Stängel einfach stehen lässt, hat dies durchaus seine Vorteile: Sie bieten den Trieben auf dem Boden einen gewissen Schutz und sowohl die Samenstände als auch die Insekten, die hier leben, stellen eine wichtige Nahrungsquelle für die Vögel dar. Und wenn man im Winter etwas nachpflanzen möchte, dienen die abgestorbenen Stängel als Hinweis, was sich wo befindet.

Die zweite wichtige Aufgabe ist das Jäten, denn es gilt aggressive, mit den Stauden konkurrierende Pflanzen in Schach zu halten. Dies betrifft nicht nur Wurzelunkräuter, sondern auch anfliegende Unkrautsamen oder Samen, die sich in der obersten Erdschicht befinden. Sollten jedesmal nach der Bodenbearbeitung unzählige Sämlinge aufgehen, ist Mulchen hilfreich: Es verhindert das Auflaufen der Unkräuter. Rindenmulch oder eine Abdeckung aus Holzschnitzel wirkt am effektivsten. Gemulcht wird allerdings erst, nachdem die Stauden gepflanzt sind. Außerdem ist es wichtig, nur Material zu verwenden, das mindestens ein Jahr lang kompostiert wurde, denn frischer Mulch kann wachstumshemmende Stoffe enthalten.

In nicht gemulchten Beeten wird mit Sicherheit das eine oder andere Unkraut keimen. Zwischen Frühsommer und Herbst dürfte dies nicht zum Problem werden, weil die dicht wachsenden Stauden den Boden bedecken, so dass das Unkraut weitgehend eingedämmt ist. Im milden maritimen Klima jedoch mit seiner längeren Wachstumszeit können sich unerwünschte Kräuter zwischen Spätwinter und dem späten Frühjahr, manchmal auch schon im Frühwinter, stark entwickeln. Man muss es entfernen. Besondere Beachtung verdient jenes Unkraut, das sich in den Horsten der Stauden festsetzt, weil es sich daraus nur mit viel Mühe wieder entfernen lässt.

Schmale Pfade können sehr breite Beete erschließen, um so die Pflege zu erleichtern. Unten rechts im Bild erkennt man das Seifenkraut *Saponaria* × *lempergii* 'Max Frei'.

Pflanzen als architektonisches Element

Bis jetzt wurde immer wieder betont wie wichtig es ist, von der Natur zu lernen. Gärtnern bedeutet jedoch auch, ein Gleichgewicht zwischen Natur und Kunst herzustellen. Zwischen beiden Polen, zwischen unkontrollierter Wildheit und formaler Gestaltung, gibt es unzählige Abstufungen, die es erlauben, unverwechselbare Gartenstile zu kreieren. In meinen eigenen Gärten überlagern sich zwei Schichten: Zunächst der formale Rahmen in Form eines zu Grunde gelegten Rasters oder in Form bestimmter Gartenelemente. Darüber kommt die Schicht der Stauden und Gräser. Das heißt, die unveränderliche formale Basis bilden Hecken, Gehölze mit Formschnitt, Wege und die Umrisse der Beete. Sie sind der feste Bezugspunkt, zu dem die dynamischen, im Laufe eines Jahres stattfindenden Veränderungen der Staudenpflanzungen einen fortwährenden Kontrast darstellen.

Hecken

Hecken sind unverzichtbar als Hintergrund und zur Schaffung von Privatsphäre. Sie umschließen entweder den gesamten Garten, oder man kann mit ihnen Räume schaffen. Wenn es in der Landschaft Hecken gibt, können sie im Garten eine Fortsetzung finden und beides miteinander verbinden und sich gegenseitig durchdringen lassen. Ein kreativer Gärtner kennt viele verschiedene dynamische Formen, um seine Hecken zu schneiden. Geschwungene Gestaltungen erinnern zum Beispiel an einen Drachenschwanz und auch geometrische Zick-Zack-Formen sind denkbar. Schon beim Pflanzen von Hecken sind der Fantasie keine Grenzen gesetzt: Immergrüne Pflanzen wie die Eibe machen sich gut neben Laub abwerfenden Gewächsen wie Feldahorn (*Acer campestre*), Lärche (*Larix*-Arten), Hainbuche (*Carpinus betulus*), Felsenbirnen-Arten (*Amelanchier*), Kornelkirsche (*Cornus mas*) und Buche (*Fagus sylvatica*). Wenn man sie natürlich wachsen lässt, verschlingen sich die Äste ineinander und so entsteht optisch der Eindruck einer Marmorierung. Man kann ebenso gut auch auf spektakuläre Wirkung setzen und die Pflanzen mit in den Boden eingesenkten Stahlplatten voneinander getrennt halten. Viele Leute sind der Ansicht, dass nur eine immergrüne Hecke im Winter optisch etwas zu bieten hat, doch sind die ineinander verwobenen Äste einer gemischten, Laub abwerfenden Hecke genauso attraktiv, da jede Art ihr eigenes Strukturmuster besitzt.

Sichtachsen

Ein Garten vermittelt jeden Tag Freude. Man kann sich am Anblick eines Beetes, eines Teiches, eines beschnittenen Strauches, einer Statue oder einer Achse, an deren Ende eine Baumgruppe steht, begeistern. Eine Sichtachse gibt dem ganzen Garten Halt und vermittelt ihm eine Richtung, besonders, wenn in dieser Sichtachse ein Weg verläuft.

Die im klassischen architektonischen Garten zu findenden Sichtachsen sind meiner Meinung nach zu formalistisch: eine zentrale Achse, alles andere dazu rechtwinklig

Linke Seite: Alle Macht der Fantasie sollte der Wahlspruch lauten, wenn es darum geht, Pflanzen zu formen, um sie als architektonische Elemente in die Gestaltung einzubeziehen. Es gibt keinen Grund, sich an die dogmatischen Vorgaben der traditionellen Gartengestaltung zu halten. Dieses in die Hecke geschnittene Fenster erlaubt einen verlockenden Blick nach innen – oder nach außen.
Links: Eine Laub abwerfende Hecke, die wie hier zu organisch-fließenden Formen geschnitten ist, kommt am besten im Winter zur Geltung, wenn die Äste ihr eigenes Bild gestalten.
Unten: Diese zu einer schlichten geometrischen Form geschnittene Eibe stellt eindeutig die moderne Version einer sehr traditionsreichen Kunstform dar. Derartige Formschnittgehölze werden in einem ansonsten von Blüten und Farben überbordenden Garten zu einem willkommenen Ruhepunkt.

angeordnet, ergibt ein Arrangement ohne Überraschungen. Man kann dies durchaus als Schwachpunkt des Gesamtentwurfs bezeichnen. Denn der Blick des Betrachters wurde meist entlang der Sichtachse hin zu einer Statue oder einen anderen Blickpunkt an deren Ende gelenkt – und das war es auch schon. Die Wirkung verpuffte rasch. Nimmt man nun diese klassische Achse und dreht sie ein bisschen, verändert sich der Effekt. Statt eines runden stelle man sich ein ovales Beet in der Achsenmitte vor. Und wenn man auf beiden Seiten eine Reihe beschnittener Eiben pflanzen möchte, sollten auch diese leicht aus der Achse gedreht werden, so dass sie ein wenig torkeln und eine andere Art der Symmetrie in Zick-Zack-Form entsteht, die das Auge zwingt, sich von einer zur anderen Seite zu bewegen. Auf diese Weise nimmt man den Garten viel bewusster war, als wenn der Blick direkt zum Fluchtpunkt am Ende der Sichtachse geführt wird.

Wege und Rasenflächen

Wege wecken im Betrachter die Lust am Entdecken, oder sie führen ihm vielleicht eine optische Täuschung vor. So täuscht zum Beispiel ein Pfad, der in ein Gehölz am Ende des Gartens führt vor, dass es dort noch etwas zu erkunden gibt.

Traditionell werden Beete so angelegt, dass man sie von einem Weg oder einer Rasenfläche aus betrachten kann. Doch hat es unbestritten seinen Reiz, ein Beet aus unterschiedlichen Blickwinkeln betrachten zu können. Ein schmaler Pfad zum Beispiel, der durch einen Bereich mit niedrig wachsenden Pflanzen führt, oder ein Weg, der einen hinter das Beet leitet, kann wunderschöne Perspektiven bieten. Solche Wege führen den Betrachter ganz nah an die Pflanzen heran, und er/sie lernt, die Pflanzen völlig anders und neu zu sehen. Ein durch hohe Spätsommerstauden führender Pfad kann wie ein Gang durch die wilde Prärie anmuten.

Für mittelgroße oder größere Gärten hat die Rasenfläche als leerer grüner Raum große Bedeutung. Man braucht sie aus praktischen Gründen, etwa damit Kinder Platz zum Spielen haben, zum Sonnenbaden, für Gartenfeste oder einfach nur als grünen Freiraum ohne die sonstigen Reize, die Pflanzen auf uns ausüben. Werden entferntere Bereiche nicht regelmäßig gemäht, kann eine Rasenfläche dem Garten optische Tiefe verleihen. Übrigens: Auch Rasenmähen kann kreativ und fantasievoll sein, wenn man mit dem Rasenmäher Wege und Muster anlegt.

Der richtige Platz

Ein Beet oder eine Bepflanzung für Sommer- und Herbststauden nimmt sehr viel Platz in Anspruch. Dies erstaunt nicht, wenn man bedenkt, dass der Höhepunkt des Staudenjahrs just in diese Jahreszeit fällt und viele dieser Pflanzen sehr viel Platz beanspruchen. Den Hintergrund kann, wie bei den Beeten traditionell üblich, eine Mauer oder eine Hecke bilden. Die Pflanzen brauchen genügend Platz zu ihrer Entfaltung, damit nicht der Eindruck entsteht, als würden sie sich ängstlich an diesen Hintergrund klammern. Wie aus einem Füllhorn sollten sie vielmehr aus diesem Hintergrund herausströmen; Wege, die durch das Beet führen, können diesen Effekt unterstreichen.

Beete für Frühlingsblüher können insgesamt intimer angelegt sein, in Wohnhausnähe bieten sie den höchsten Genuss. Die Zwiebelblumen und die niedrigen Waldbodenpflanzen des Frühlings sehen am natürlichsten aus, wenn man sie neben Sträucher und Bäume setzt, die im Frühjahr blühen. Sie gedeihen in lichtem und sogar in vollem Schatten. In wurzelreichem und trockenem Boden haben sie es allerdings schwer. Nach Norden und Osten orientierte Standorte, die entweder Schatten bieten oder relativ kühl sind, eignen sich ebenfalls. Damit das Frühlingsbeet auch im Sommer noch nach etwas aussieht, ist es ratsam, zusätzlich Blattschmuckstauden wie das Lungenkraut, *Pulmonaria*, und Farne oder die eine oder andere spät blühende Staude zu pflanzen.

Linke Seite: Ein ringförmig angelegtes Schmuckband aus Ziegeln und Eiben umschließt dieses Beet, das mit der Segge *Carex muskingumensis* und dem Chinaschilf *Miscanthus sinensis* 'Malepartus' besetzt wurde. Diese einfache, eindrucksvolle Gartengestaltung erzielt das ganze Jahr über eine besondere Wirkung.
Oben: Paul Anderson gestaltete den Sitzplatz am Ende des Weges, in den *Centranthus ruber*, *Monarda* 'Fishes' und *Salvia*-Sorten hineinwuchern. Eine solche Bepflanzung nimmt den Kanten von harten Oberflächen ihre Schärfe.
Links: Das Verlegemuster des Bodenbelags regt das Auge dazu an, von einer Seite auf die andere zu wandern, zu verweilen und den Anblick des Beetes zu genießen.

Pflanzen als architektonisches Element 85

Buchen- Rasen Buchs- Norden
hecke baum

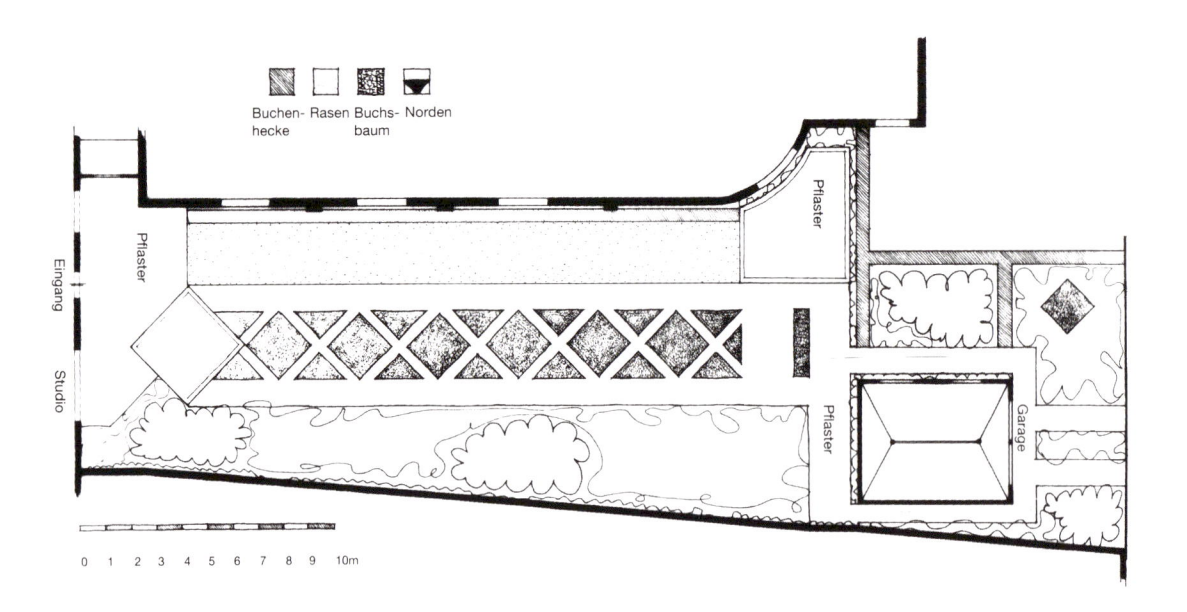

Unten links: Die Linienführung dieses architektonischen Gartens ist klassisch formal, aber Buchsbaum und Eibe werden auf neuartige Weise verwendet. Eine Hecke trennt diesen architektonisch gestalteten Gartenraum vom übrigen Garten mit weit geschwungenen Staudenbeeten ab.
Unten und Plan links: Ein radikales Nebeneinander von Buchshecken und einem schmalen Staudenbeet in einem Stadtgarten.
Rechts: Im Verkaufsbereich der Gärtnerei Oudolf in Hummelo hat man die Weidenblättrigen Birnen, *Pyrus salicifolia*, zu rechteckigen Säulen geschnitten. Dadurch ziehen sie die Aufmerksamkeit auf sich, aber sie verschatten nicht die Pflanzen und behindern weder die Kunden noch die Angestellten.

86 Kompositionen

Formschnittgehölze

Zu geometrischen Körpern geschnittene Eiben oder andere schnittverträgliche Pflanzen dienen dazu den Fluss einer Bepflanzung zu unterbrechen, im Beet einen Akzent zu setzen und den Betrachter innehalten zu lassen, damit er schaut und innerlich nachfragt. Um den Pflanzenwuchs zu lenken und um eine optische Begrenzung zu schaffen, bis sie zur gewünschten Größe herangewachsen sind, eignen sich Stahlrahmen. Man darf ruhig mutig sein bei der Auswahl der Pflanzen, die man in Säulenform ziehen will: *Pyrus salicifolia* eignet sich wegen seines silbrigen Blattwerks, aber auch *Cornus mas* oder Zierquitten-Arten (*Chaenomeles*), die im frühen Frühjahr blühen. Kletterpflanzen wie die *Clematis*-Arten, *Celastrus orbiculatus* mit seinen orangefarbenen Beeren oder Wisterien kann man sehr leicht an Stahlrahmen ziehen.

Solche lebenden Säulen, in regelmäßigen Abständen gesetzt, verleihen dem Garten das ganze Jahr über Rhythmus und Kontinuität. Sie verweisen zwischen den charakteristischen Gestalten der ungezähmten Natur auf die von Menschenhand gestaltete Ordnung.

In kleinerem Maßstab bieten sich Blöcke aus geschnittenem Efeu (*Hedera helix* 'Congesta' oder 'Erecta') an. Sicher haben sie nicht die spektakuläre Wirkung, aber zwischen niedrig wachsenden Bodendeckern kommen sie hervorragend zur Geltung. Pflanzen mit ausgeprägt aufrechtem Wuchs wie das Reitgras *Calamagrostis* × *acutiflora* 'Karl Foerster' muten säulenartig an, das Gleiche gilt für einige Gräser wie zum Beispiel die Pfeifengräser *Molinia* 'Windspiel' und *Molinia* 'Karl Foerster'.

Architektonisch gestaltete Bereiche

Geschnittene Säulen und Hecken eignen sich wunderbar als architektonische Gestaltungselemente im Garten – eine traditionelle Vorgehensweise, um zwischen dem Formalen, Architektonischen und dem Informellen, Freien ästhetische Spannung zu erzeugen. Dies ist das Geheimnis vieler gelungener Gärten.

Eine derartige Spannung baut sich ebenfalls auf, wenn architektonisch gestaltete Bereiche vom übrigen Garten abgetrennt werden, etwa durch eine Hecke: Das kann eine hohe Hecke sein, die die Sicht blockiert, oder eine niedrige, die eher als psychologische Barriere wirkt. Ebenso übernimmt eine architektonisch gestaltete Bepflanzung in einem eigenen, klar umrissenen Bereich eine trennende Funktion.

Zum Beispiel können zwischen den Wegen regelmäßige Gruppen aus geschnittenem Buchsbaum stehen oder es kann eine Reihe von quadratischen Beeten liegen, die abwechselnd mit Buchs bepflanzt und mit Kies ausgeschüttet sind. Man stelle sich vor, wie diese Gestaltung durch eine radikal gezogene Diagonale vom übrigen Garten abgetrennt wird: Auf der einen Seite dominiert die strenge Formalität des Buchsbaums und auf der anderen die üppige Pracht der Stauden. Andere Möglichkeiten stellen große Inseln aus geschnittenem Buchs oder Eibe dar. Auch ein Rahmen, der geschnittenem *Cornus mas* oder anderen Sträuchern als Stütze dient, ist denkbar. Das architektonische Element präsentiert sich hier als Alternative zur reichen Musterpalette des Staudenbeets; es bietet eine Ruhezone, wie dies an anderer Stelle eine Rasenfläche bewirkt.

Die eindrucksvolle Eibengruppe markiert das Ende von Piet Oudolfs Garten. In dem rechts oben abgebildeten Plan ist sie ganz links eingezeichnet.

Auf diese Weise entstehen Räume, die Klarheit ausstrahlen – und Gegenpole zur Komplexität.

Mit dem Bild vor Augen, wie sich mit ein, zwei geschnittenen Sträuchern eine schlichte Wirkung erzielen lässt, bedenke man die Verwendungsmöglichkeiten für Massenpflanzungen und Monokulturen. Stehen weite Flächen zur Verfügung, ist der großflächige Einsatz einer bestimmten Pflanze denkbar (etwa eine Hybride von *Salvia nemorosa*), um so farbige Bänder und Flächen zwischen den anderen Pflanzen einzubringen.

Teiche

In der Nähe eines Wohnhauses sind geometrisch gestaltete Teiche richtig, organische Formen wirken besser aus der Ferne. Der streng angelegte Teich ist als Gestaltungselement an sich wichtig, er braucht nur ein paar Wasserpflanzen. Der naturnah gehaltene Teich hingegen ist Teil eines Gesamtensembles, in dem man feuchtigkeitsliebende Pflanzen ansiedelt. Genau genommen handelt es sich um ein Beet, das um eine Wasserfläche herum angelegt ist, mit einer Randbepflanzung, die die Ecken verschwinden lässt, und großblättrigen Stauden wie *Darmera peltata* und schilfartigen Gräsern wie *Miscanthus*. Viele große spektakuläre Stauden, die erst spät in der Saison ihre ganze Pracht entfalten, lieben die Feuchtigkeit. Werden diese Arten um eine natürlich wirkende Wasserfläche herum gepflanzt, spiegeln sie sich darin wider. Dies betont ihre Größe, und es entsteht eine eindrucksvolle Szenerie, die die ganze Umgebung beherrscht.

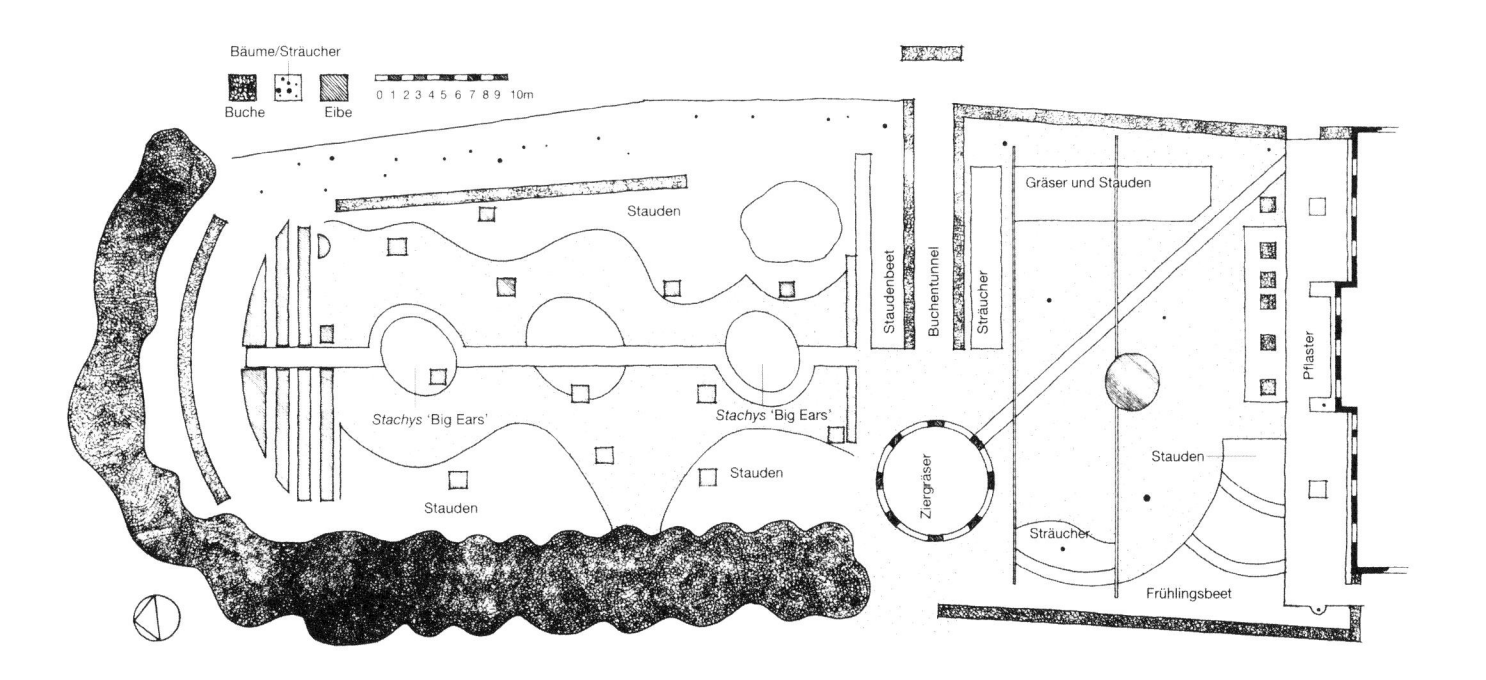

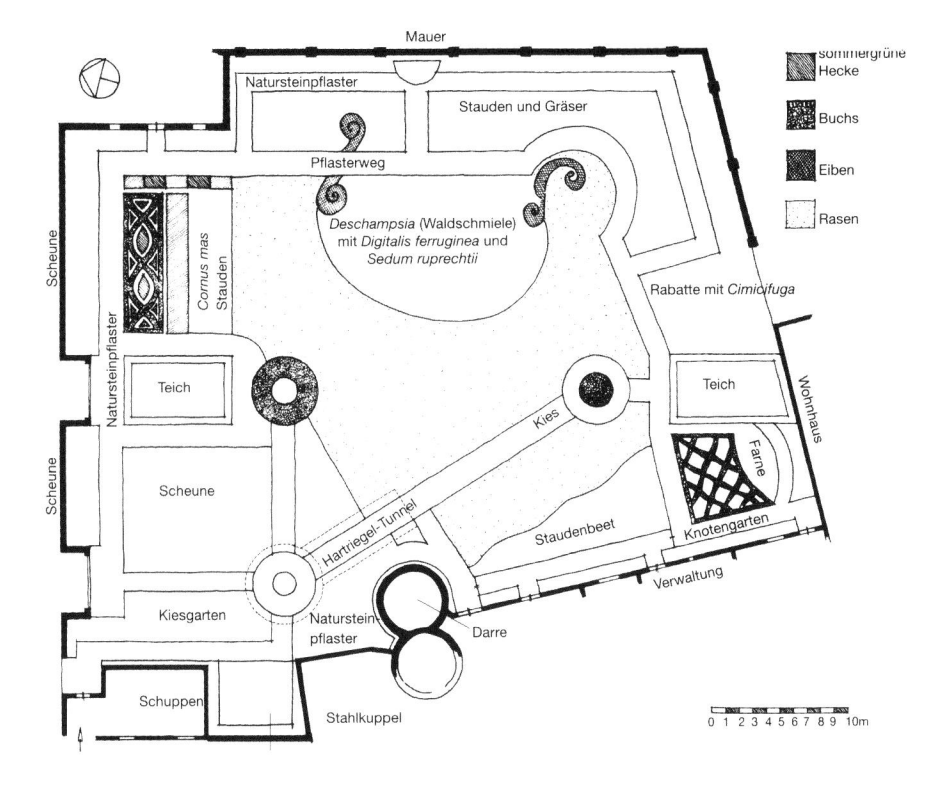

Oben: Man beachte, wie die Achse ihre Richtung ändert: In dem hausnahen Gartenbereich verläuft sie diagonal bis zu dem auf Seite 84 abgebildeten, von einem Ring umschlossenen Beet, dann führt sie durch den größten Teil des Gartens in gerader Linie, flankiert von asymmetrisch geformten Beeten, verstreut angeordneten Eibensäulen und breiten Staudenbeeten. Unten links in der Ecke des Plans erkennt man die Drachenschwanzhecke von Seite 91.

Links: Der Garten von Bury Court in der Grafschaft Hampshire, England, ist von Mauern und den üblichen Nebengebäuden eines englischen Landsitzes umschlossen. Eine Rasenfläche nimmt den freien Raum in der Mitte ein, seitlich davon wurden Beete mit hoch wachsenden Stauden angelegt (vergleiche die Abbildungen auf Seite 66 und 85). Außerdem befindet sich hier eine Wiese mit Rasenschmiele, *Deschampsia*, ein Kiesgarten, zwei Teiche oder Wasserspeicher und eine ganze Reihe streng geschnittener Sträucher.

Pflanzen als architektonisches Element

Stauden und Gehölze kombinieren

Bäume und Sträucher sind im Garten von großer Bedeutung: als Hintergrund, als farbige Elemente im Frühjahr und um eine Idee von Proportionen zu geben. Für Stauden hat ein Hintergrund aus Bäumen, Sträuchern oder Hecken fast immer praktische Vorteile, da sie so Schutz vor möglichen Schäden durch Wind und Wetter erhalten. Einen optischen Hintergrund brauchen Stauden im Grunde genommen nicht, denn sie sind eigenständige Pflanzenpersönlichkeiten und können sehr gut allein stehen, besonders wenn sie mit Gräsern kombiniert werden.

Sträucher und Stauden sind auch in anderer Hinsicht keine idealen Partner. Anfangs, kurz nach dem Pflanzen, haben die Stauden die Oberhand, weil sie viel schneller wachsen und es jungen Sträuchern oder Bäumen möglicherweise schwer machen, sich zu etablieren. Später behindert möglicherweise das Wurzelsystem der Sträucher das Wachstum der benachbarten Stauden. Der Wurzeldruck kann für Stauden ähnlich problematisch sein wie der Schatten der Bäume. Vor allem das Wurzelwerk kleinerer Bäume wie Pflaume oder Apfel sowie das der im Frühjahr und Frühsommer blühenden Sträucher wie Schneeball (*Viburnum*), Ligustrum (*Ligustrum*) und Sommerjasmin (*Philadelphus*) konkurriert mit dem der Stauden. Im Hochsommer blühende Sträucher wie Schmetterlingsstrauch (*Buddleja*) oder Tamariske stellen in dieser Hinsicht kein so großes Problem dar. Außerdem kann man einige dieser Sträucher klein halten, indem man sie alle zwei Jahre total oder bis auf einen niedrigen Stumpf zurückschneidet. Sträucher, die im Frühjahr blühen, finden in einem Sommerbeet keinen Platz, da sie nur viel Raum beanspruchen und dafür nicht viel bieten. Besser eignen sich hier in Form geschnittene Sträucher, die als architektonische Gestaltungselemente sehr viel mehr zur Qualität der Beetgestaltung beitragen.

Gute Strauchpartner für Stauden (ohne mit diesen zu konkurrieren)

Amorpha	*Cytisus*
Buddleja	*Hydrangea*
Bupleurum	*Indigofera*
Caryopteris	*Lespedeza*
Ceanothus × *pallidus* 'Marie Simon' und weitere im Spätsommer blühende Säckelblumen	*Leycesteria*
	Rhus
Cistus	*Sambucus*
Clerodendron bungei	*Tamarix*
Cornus	*Vitex*
Cotinus coggygria	

Stauden, die der Wurzelkonkurrenz von Sträuchern standhalten

Alchemilla	*Hosta*
Brachypodium sylvaticum	*Lamium*
Carex	*Luzula*
Deschampsia	*Melica*
Digitalis	*Milium effusum*
Geranium-Arten, vor allem *G. phaeum*	*Phlox* (kriechende Formen)
	Pulmonaria
Hakonechloa	*Omphalodes*
Helleborus	*Vinca*
Heuchera	

Blick über den Garten hinaus

Die alte, immer noch lebendige Tradition der „geborgten Landschaft" beweist, dass die meisten Menschen darum bemüht sind, eine attraktive Umgebung in ihren Garten mit einzubeziehen. Ist der Garten lediglich von einer Hecke oder Sträuchern umfriedet, wirkt dies wie eine Stadtmauer – erst Öffnungen, durch die man in die Landschaft jenseits des Gartens schauen kann, verbinden. Besonders auf dem Lande versucht man auf diese Weise, zwischen Garten und Landschaft eine Beziehung herzustellen oder zumindest Blicke in die Umgebung zu gestatten.

Die Möglichkeiten, eine Landschaftsszenerie in den Garten einzubinden, sind vielfältig, je nachdem ob es sich um eine flache oder um eine hügelige Landschaft handelt. Hügelige Gegenden bieten eine Aussicht, die in aller Regel zweidimensional wirkt, ähnlich wie ein Bildschirm. Ein geschickter Gärtner kann durch die kluge Anordnung von Pflanzen diese Aussicht teilweise verdecken. In einer Ebene ist es schwieriger, die Landschaft in den Garten mit einzubeziehen, und die Erfahrung ist eine völlig andere. Beim Blick über die unmittelbare Umgebung in die Ferne entsteht ein dreidimensionaler Eindruck, eine perspektivische Wirkung, wie man sie sonst nicht kennt.

Ein Garten, der auf dem Lande liegt, lässt sich leichter mit der Landschaft verbinden: Man integriert einfach Elemente aus der direkten Umgebung. Diese Verbindungsglieder erweitern den Garten nach draußen, und dieser wirkt größer als er tatsächlich ist. Zum Beispiel kann man ortstypische Bäume und Sträucher in den Garten pflanzen oder auf die Ufernähe eines Gewässers mit einer *Miscanthus*-Gruppe antworten, die in diesem Umfeld auf den Betrachter wie Schilf wirkt.

Oben: Kletterpflanzen ranken an pilzförmigen Gestellen hoch. Sie bilden eine lichte Absperrung hinter den Anzuchtbeeten in der Gärtnerei von Piet Oudolf in Hummelo. Die Beete dienen als Vermehrungs- und Versuchsflächen.
Links: Die vielfach gewundene, wellenförmige Hecke mit den Umrissen eines Drachenschwanzes markiert traditionell die Grundstücksgrenze. Mittlerweile wird sie von den Bauern in der Nachbarschaft kopiert.

Pflanzen als architektonisches Element

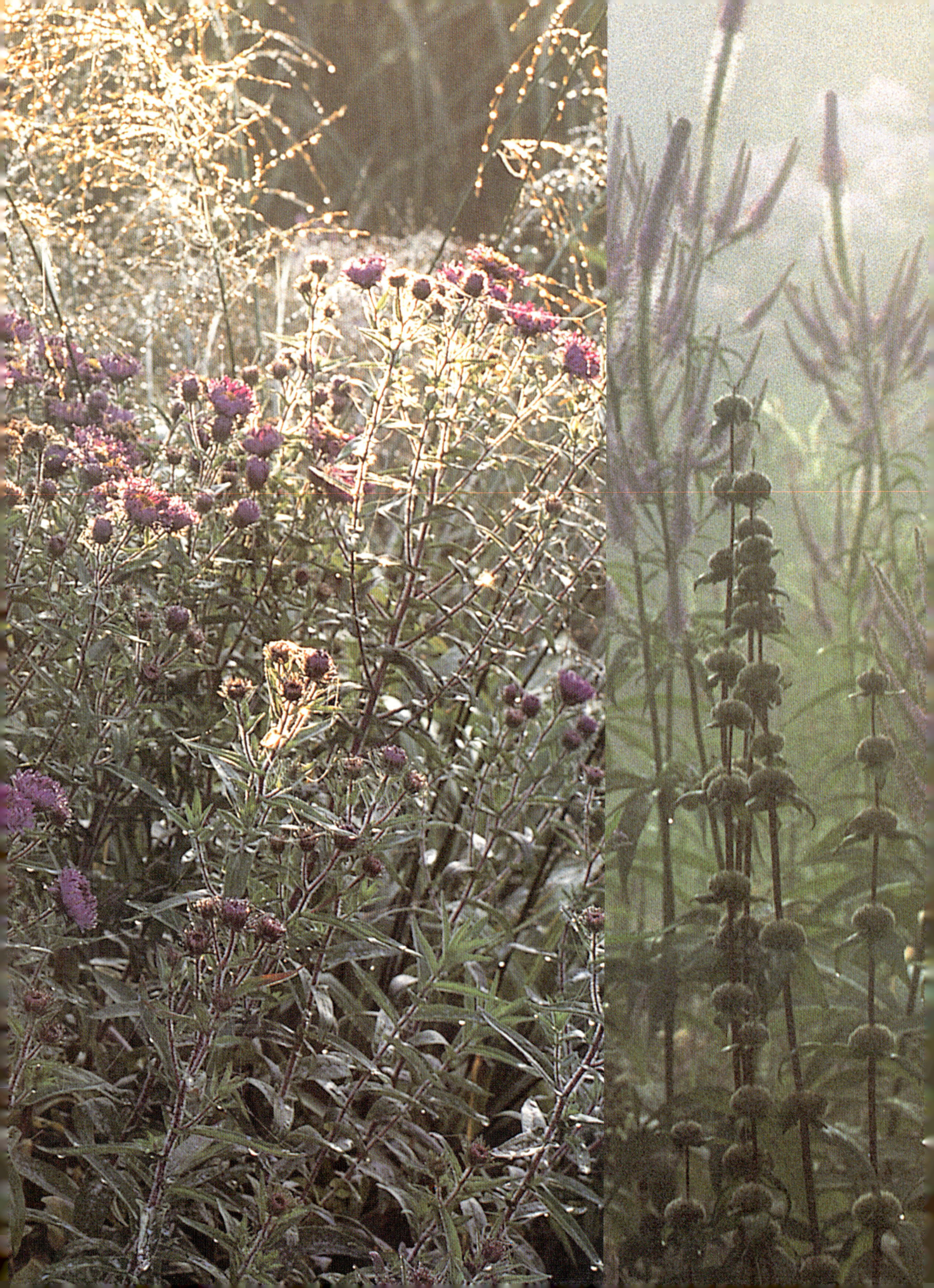

Stimmungen

Grundsätzliches

Manche Gärten, besonders jene, die von Garten- und Landschaftsarchitekten entworfen wurden, muten wie starre Denkmäler an. Da Gärtnern jedoch einen dynamischen Prozess darstellt, wollen wir dazu anregen, etwas zu schaffen, das sich im Laufe der Jahre, vielleicht sogar von Tag zu Tag verändert – also genau das Gegenteil von Starrheit. Ein Garten, der das jahreszeitlich bedingte Werden und Vergehen zeigt, wirkt stimmungsvoll und weckt Emotionen.

Gefühl und Stimmung sind von grundlegender Bedeutung für das Werden eines Gartens. Es erstaunt, wie wenig Beachtung dem in den vielen Büchern über Gartengestaltung geschenkt wird. Es mag daran liegen, dass sich diese Aspekte nicht so leicht in Worte fassen lassen. Warum manche Gärten attraktiv wirken und andere nicht, ist immer schwierig zu beschreiben. Noch schwerer ist es, Rezepte zur Erzeugung bestimmter Stimmungen zu entwickeln, da man dies nur in eingeschränktem Maße vorausplanen kann. Zu viele Faktoren sind daran beteiligt.

Vieles hängt von der Umgebung und von Wetter, Wind und Licht ab, über die wir keine Kontrolle haben. Wenn man allerdings bestimmte Standortbedingungen als gegeben akzeptiert, lassen sich damit Gartenstimmungen erzeugen, die das Beste aus der jeweiligen Situation herausholen. Stadtgärten mit ihren hohen Mauern und den umliegenden Gebäuden, die alles zu überragen scheinen, können sehr beengt wirken. Doch auch solche Eigenheiten lassen sich nutzen, um dem Garten eine intime Abgeschiedenheit zu verleihen. Kletterpflanzen an den Mauern und hohe Gräser oder Bambus können einen Eindruck von Natürlichkeit erzeugen. Auf diese Weise entsteht ein Gartenraum, der unserem Naturempfinden entspricht.

In einem Garten an einer vom Wind gepeitschten und exponierten Stelle, bei dem es nur wenig Schutz vor der Gewalt der Elemente gibt, tritt das entgegengesetzte Problem auf. Mit der Zeit kann man hohe Hecken und Bäume wachsen lassen, die einen gewissen Schutz vor Wind und Wetter bieten. Doch will man sich tatsächlich derartig isolieren? Offenes Land hat häufig den schönsten Himmel. Der Blick nach oben offenbart das ganze Firmament mit den ziehenden Wolken. Das auszugrenzen wäre eine Schande. Besser ist es, über Pflanzen nachzudenken, die sich schön im Winde wiegen: große, schilfähnliche Gräser, kleinere Gräser, hohe Stauden mit kräftigen Stängeln, Sträucher mit biegsamen Zweigen.

Jeder Garten verfügt über einen sehr individuellen Aspekt, den man in eine Stimmung mit einbeziehen kann. Dies mag das Licht zu einer bestimmten Tageszeit sein oder die Lichtverhältnisse allgemein – oder genau das Gegenteil: der Schatten. Der Blick in die umgebende Landschaft kann das Besondere ausmachen oder bestimmte Gebäude oder Bäume. Das meiste aus dem Genius loci, dem „Geist des Ortes", herauszuholen, wie es die Gestalter des achtzehnten Jahrhunderts nannten, bedeutet einen Lernprozess, zu dem das genaue Kennenlernen eines Gar-

Eine enorme Pflanzenvielfalt trägt zur Atmosphäre eines Gartens bei. Dies gilt insbesondere für jene Pflanzen, die sich während ihres Wachstums verändern oder die sich bewegen. Gräser und andere Pflanzen, die den natürlichen Arten noch sehr nahe stehen, zeichnen sich aus durch eine Zartheit, durch die sie auf die Witterung reagieren. Sie tragen damit wesentlich dazu bei, Stimmung zu erzeugen.

tens über eine längere Zeit hinweg ebenso gehört wie die Offenheit gegenüber Einflüssen, die sehr subtil und nicht leicht zu beschreiben sind.

Gärten unterschiedlicher Kulturen weisen verschiedene Stimmungen auf. Ein Garten kann Gefühle hervorrufen, die sich auf bestimmte Orte und Erlebnisse meist auf einer eher unterbewussten und gefühlsbetonten Ebene beziehen. Durch Pflanzen, Steine und andere Dinge, die gewisse Assoziationen in uns wecken, ist es oft möglich, eine ganz besondere Stimmung zu erzeugen. Ein offener sonniger Garten könnte der ideale Ort für ein mediterranes Ambiente sein. Durch die Verwendung von graulaubigen, immergrünen Gehölzen, Federgräsern, distelartigen Stauden, Königskerzen und kleinen Zwiebelblumen, kombiniert mit einigen formalen Elementen wie Reihen aus geschnittenen Sträuchern oder aus Kräutern wie Lavendel und Weinraute, gelingt dies leicht. Ganz offensichtlich gibt aber die Pflanzenauswahl den Ausschlag für die Atmosphäre eines Gartens. Einige schätzt man wegen der interessanten Muster ihrer Blätter, andere wegen ihrer Größe oder weil ihre Blätter das Umfeld beherrschen und je nachdem eine spannungsreiche oder dynamische Stimmung erzeugen. *Acanthus, Echinops, Eryngium, Rodgersia, Rheum* oder das große Chinaschilf *Miscanthus floridulus* sind gute Beispiele dafür.

Andere Pflanzen wiederum lassen eine sanfte, mystische Romantik aufkommen, die Erinnerungen an herkömmliche Mähwiesen oder alte Bauerngärten wachruft. Dabei handelt es sich grundsätzlich um Arten mit einer Menge kleiner Blüten, die in großen Ständen angeordnet sind, sowie um gebogene Stängel, feine Blätter, Gräser mit duftigen Blüten- und Fruchtständen, die eine nostalgische Atmosphäre hervorzaubern. Dazu eignen sich in idealer Weise die Wildformen von Astern und Wiesenknopf, die die Anmut ihrer ursprünglichen Verwandten bewahrt haben. Gleiches trifft auf die Blütenstände der Schleierkräuter und auf andere Doldenblütler wie *Peucedanum, Myrrhis* und *Selinum* sowie auf viele Gräser zu.

Auch die Jahreszeit beeinflusst die Stimmung wesentlich. Leider wird die Schönheit eines Gartens häufig auf Grund allgemein gültiger Vorurteile definiert (eben wie der „wünschenswerte" Zustand auszusehen hat). Ein Garten aber ist lebendig, er zeigt seine unterschiedlichen Stimmungen im Tageslauf, jahreszeitlich bedingt und unter den unterschiedlichsten Witterungseinflüssen. Gärten zu lieben bedeutet also auch, ihren Wert und ihre Schönheit in jeder Stunde, an jedem Tag des Jahres wahrzunehmen – ganz gleich, wie sie gerade aussehen. Bei Dunst und Nebel, Regen, Frost und Schnee ebenso wie im Sommer und im Winter, bei Sonnenaufgang und bei Sonnenuntergang. Und nicht zuletzt muss man lernen, die ungeschmückte Schönheit abgestorbener Pflanzen anzuerkennen, die selbst im Zustand der Verwesung immer noch ihren Reiz haben.

Licht

Obwohl Licht und die Art und Weise, wie es auf die Pflanzen fällt, von größter Bedeutung ist, widmen die meisten Gärtner dem nur wenig Aufmerksamkeit. Es scheint als kennen sie nur totales und frontales Licht. Und doch gibt es so viele unterschiedliche Nuancen des Tageslichtes: das tiefstehende, warme Licht des frühen Morgens oder Abends, das schräg einfallende Licht des Winters, das noch den bescheidendsten Grashalm eines Rasens schön aufleuchten lässt, und das gleißende Licht klarer Sommertage, das scharfe Schatten wirft.

Die unterschiedlichen Lichtqualitäten verändern auch das Aussehen der Pflanzen, deshalb lohnt es sich die Pflanzen gezielt so zu platzieren, dass sie möglichst gut aussehen. Die gleiche Pflanze kann, je nachdem ob das Licht von hinten oder von vorn einfällt, völlig unterschiedlich wirken. Die Einzelblüten eines Riesenfedergrases, *Stipa gigantea*, schimmern im Licht, besonders, wenn man sie vor einem dunkleren Hintergrund sieht. Niedrigere Pflanzen dagegen scheinen im Gegenlicht lebendig zu werden, wie die verschiedenen Salbei-Arten, deren Ringe von Blütenkelchen sichtbar werden, nachdem die Blüten abgefallen sind. Eine Pflanze kann schon dann unterschiedliche Gesichter haben, wenn sie nur für einige Stunden pro Tag direktes Sonnenlicht erhält. Diese faszinierenden Veränderungen bleiben dem Betrachter häufig verborgen, nur weil die Pflanze ungünstig platziert wurde.

Die Blüten- und Samenstände von Gräsern fangen das Licht sehr leicht ein. Sie sehen besonders hübsch aus,

Die kugelförmigen Blütenköpfe der Kugeldistel, *Echinops*, besitzen eine harte und klare Form, aber im Gegenlicht des Spätnachmittags erhalten sie eine andersartige ätherische Anmutung.

Gräser, die das Licht einfangen

Miscanthus-sinensis-Sorten, Chinaschilf
Die mittelhohen bis hohen Gräser zeigen im Herbst ihre cremfarbenen, silbrigen, rosa oder braunen Blütenstände und im Winter die Fruchtstände.

Molinia, Pfeifengras
Die niedrig stehende Herbstsonne taucht die straffen, braunen, flimmernd zarten Stängel in ein warmes Licht.

Panicum virgatum, Rutenhirse
Eine Wolke aus Blütenköpfchen, die im Herbst hoch über dem absterbenden Laub stehen, fangen die Sonnenstrahlen ein und werden zu glänzendem Sonnenstaub.

Stipa calamagrostis, Alpenraugras
Längliche zart malvenfarbene Blütenstände fangen das Licht vom Hochsommer bis zum Spätsommer ein.

Stipa gigantea, Riesenfedergras
Die gewaltige Entladung von lockeren Rispen auf langen Stängeln erinnert an Hafer. Die Morgen- oder Abendsonne taucht sie in goldenes Licht.

wenn sie feucht sind und Hunderte von Tautropfen auf ihnen glitzern. So kann man Gräser wie *Molinia*, Pfeifengras, oder *Calamagrostis*, Reitgras, entweder in Streifen pflanzen, um das Licht einzufangen, oder man verteilt sie als einzeln aufragende Punkte in einem Beet. Gruppen von *Miscanthus*, Chinaschilf, schimmern im Winter silbern. *Monarda*, Indianernessel, und Astern fangen ebenfalls das Licht ein. Jede Einzelblüte reflektiert das Licht etwas anders, je nachdem, ob es von vorn kommt oder als Gegenlicht.

Licht ist flüchtig. Im Sommer empfindet man es während der Mittagsstunden bisweilen als hart und unbarmherzig, deshalb ist die Lichtwirkung am frühen Morgen und am Abend viel besser. Bei sanfterem Licht kommt die Qualität der Farben besser zur Geltung, auch wenn sich die beiden Pole des Farbspektrums sehr unterschiedlich verhalten: Blautöne entfalten in schwindendem Licht ihre große Wirkung, wohingegen Rottöne immer dunkler werden und schließlich ganz verschwinden.

Im Herbst und Winter fällt das Sonnenlicht schräg und von der Seite ein, außerdem ist das Tageslicht zu dieser Jahreszeit nur schwach bzw. nur für eine relativ kurze Zeit des Tages überhaupt vorhanden. Um die Lichtverhältnisse optimal zu nutzen, kommt es auf eine sorgfältige Platzierung der Pflanzen an. Die Stauden stehen in dieser Zeit nicht mehr so dicht, dadurch zaubert das flach zwischen den Pflanzen einfallende Licht sehr schöne und feine Effekte. Das Licht spielt mit den Formen (wie es das Sommerlicht schlichtweg nicht kann), weil nicht mehr so viel Pflanzenmasse vorhanden ist.

Links: Die Kelchblätter des Salbeis *Salvia verticillata* 'Purple Rain' leuchten von vorn beleuchtet dunkelviolett. Im Gegenlicht schimmert der Farbton sanfter, die Blüten wirken weniger hart umrissen. Es will wohl überlegt sein, wohin man eine Pflanze setzt, und schon kann man eine völlig andere Wirkung erzielen.

Rechts: Bambuslaub, besonders jenes der kleineren Arten wie hier *Phyllostachys aureosulcata*, ist in der Lage das Licht einzufangen. Da es sich bereits beim kleinsten Lufthauch bewegt, treten die Blätter besonders effektvoll im direkten Sonnenlicht vor einem dunklen Hintergrund in Erscheinung.

Die Farben der Pflanzen und Blätter sind im Herbst und Winter sehr gedämpft, weil es einerseits wenig Blüten gibt und andererseits sich die Farbtöne vieler Stauden im Spektrum zwischen Strohgelb und Dunkelbraun bewegen. Viele abgestorbene Stängel wirken unter einem grauen Himmel düster, farb- und leblos, aber sobald die Sonne scheint, verändert sich das Bild und jeder kleine Farbton in diesem beschränkten Spektrum erwacht zum Leben: Die Gelbtöne leuchten wirklich, die Brauntöne strahlen in einem satten Rostbraun und die dunkelsten Farben wirken als Schattenkontraste. Gut platziert treten die Fruchtstände besonders im Gegenlicht auf grandiose Weise hervor, etwa die zarten, duftigen Samenstände der Ligularien.

Das Licht ist im Frühjahr klarer, durchsichtiger als im Herbst, und da sich das Wachstum in dieser frühen Jahreszeit vor allem in Bodennähe abspielt, gibt es hier kaum Möglichkeiten mit dem Licht zu zaubern. Soll das einfallende Sonnenlicht die Pflanzen anstrahlen, ist ihr Standort sehr sorgfältig zu wählen. Die Farben erhalten allerdings mehr Intensität, wenn sie im Gegenlicht einer niedrig stehenden Frühlingssonne erscheinen. Die jungen Blätter der Haimsimse, *Luzula*, und die sich entfaltenden Farnwedel leuchten grün in der frühen Morgensonne. Unabhängig davon, welche Lichtverhältnisse herrschen, bildet das junge sprießende Grün im Frühling einen sehr guten Kontrast zur dunklen Erde. Im Frühling sehen Pflanzen mit bronzefarbenem oder rötlichem Neuaustrieb besonders schön aus, vor allem wenn sie, wie häufig der Fall, die attraktive Farbkombination mit blauen Blüten aufweisen.

Oben rechts: Das flach einfallende Herbstlicht besitzt gerade den richtigen warmen Ton, um die feinen Farbabstufungen der absterbenden Stauden einzufangen. Perfekt ausgeleuchtet präsentieren sich hier die dunklen Fruchtstände von *Echinacea purpurea* und die strohgelben Stängel von *Miscanthus* 'Flamingo'.

Nächste Seite: Im Lichtspiel auf der Rasenschmiele *Deschampsia cespitosa* 'Goldtau' leuchten Millionen winzigkleiner Samenköpfchen auf, so entsteht ein wirkungsvoller Kontrast zu den größeren Gestalten der Federgräser *Stipa offneri* und *Stipa turkestanica* (rechts im Bild). Wie ein architektonisches Element steht in der Mitte die Edeldistel *Eryngium pandanifolium*, davor *Verbena bonariensis*.

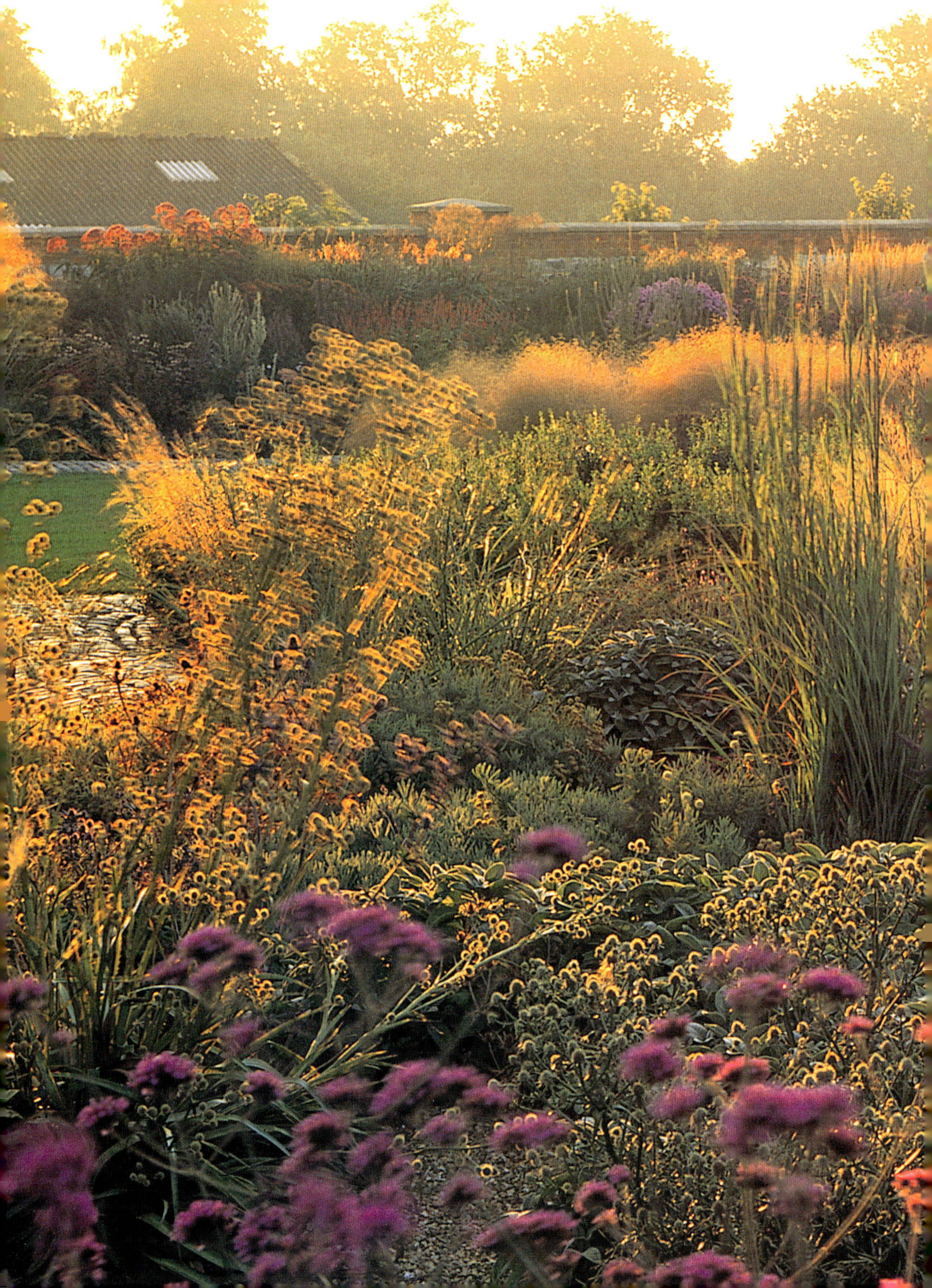

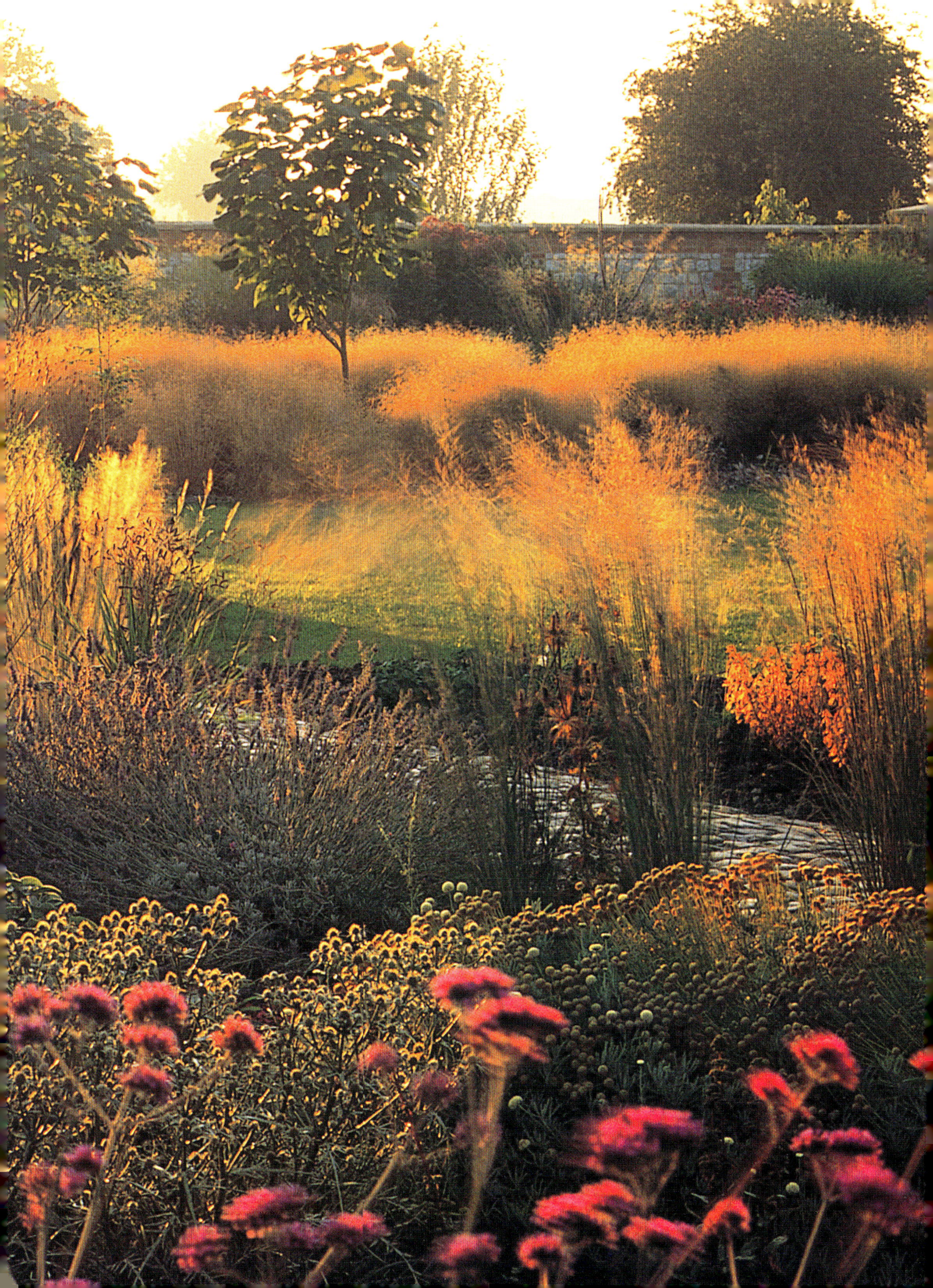

Pflanzen, die das Licht aus der Atmosphäre einfangen, brauchen Platz. Sie dürfen nicht von Mauern, Hecken oder anderen Pflanzen bedrängt werden. Deswegen sehen Gräser und andere transparent wirkende Pflanzen immer besser aus, wenn sie in einem „offenen" Beet stehen. Pflanzenkombinationen, die das Licht einfangen sollen, können nicht nur auf dem Papier geplant werden, denn die Lichtwirkungen lassen sich nicht vorausbestimmen. Man muss beim Rundgang durch seinem Garten auf besondere Lichtwirkungen achten und versuchen herauszufinden, wo sie auftreten und warum. Um diese Wirkung auszunutzen, kann man daraufhin neu pflanzen oder eine Pflanze umsetzen. Unter Umständen ist es besser, dort ein paar Gräser mehr zu setzen, wo das Gegenlicht eine spektakuläre Wirkung erzeugt, als wenn man eine ganze Gräsergruppe an anderer Stelle des Gartens pflanzt, wo diese Wirkung gar nicht auftritt.

Aus der Malerei wissen wir, dass in den unterschiedlichen Regionen der Welt sehr verschiedenartiges Licht herrscht: In den Ländern am Mittelmeer ist es sehr klar und hart, es kann im Sommer während eines Großteils des Tages ausgesprochen grell sein. Das sanfte graue Licht feuchterer Regionen mit häufig wechselnder Witterung eignet sich besser, um subtile Lichtwirkungen heraus zu arbeiten. Das Licht an der Küste kann besonders intensiv sein, ohne jedoch hart zu wirken, ein außerordentliches, Gewinn bringendes Merkmal.

Links: Im Gegenlicht der niedrig stehenden Abendsonne wirkt das Gras *Deschampsia cespitosa* 'Goldschleier' im Zusammenspiel mit den Samenständen von *Eryngium giganteum* ausgesprochen ruhig. Links im Vordergrund ist ein rot blühendes Mädchenauge zu erkennen.

Die Blütenkerzen von *Digitalis ferruginea* und *Agastache foeniculum* leuchten im frühmorgendlichen Licht, die übrige Pflanze bleibt jedoch dunkel. Rechts unten auf dem Foto erkennt man *Perovskia atriplicifolia* und *Polygonum amplexicaule*.

Bewegung

Kann man sich überhaupt einen Garten vorstellen, in dem alles still steht? Allenfalls könnte dies auf einen klassischen architektonischen Garten zutreffen, der jedweder Spontaneität entbehrt und keine Formen aufweist, die fein genug sind, um sich im Windhauch zu bewegen. In Gärten, die vor Stauden und Gräsern überquellen, bewegt sich immer etwas, selbst an einem völlig windstillen Sommertag.

Bewegung ist ein Merkmal des Lebens, deshalb assoziieren wir Bewegung mit Energie und Dynamik. Ein Garten, in dem sich die Pflanzen bewegen, korrespondiert mit der Natur und vermittelt das Gefühl von Lebendigkeit und Leben, wohingegen ein stiller, unbewegter Garten fast schon tot wirkt.

Von allen Gartenpflanzen reagieren Stauden und Gräser am besten auf Bewegung. Sie bewegen sich wegen eines Windhauchs, wegen eines Sperlings, der sich in die Luft schwingt, oder weil jemand seinen Arm nach einer Blüte ausstreckt. Sie wiegen sich leicht und schwingen noch lange nach. Pflanzen mit langen Stängeln und schwereren Blüten- oder Fruchtständen reagieren höchst sensibel auf Bewegung, zum Beispiel die stabförmigen Stängel der Trichterschwertel, *Dierama*. Fast alle Gräser haben so zarte Blüten- und Samenstände, dass sie bei der leichtesten Brise in Bewegung geraten. Manche Teile dieser Gräser bewegen sich auch von ganz allein in ihrem eigenen Rhyth-

Gräser werden alle vom Wind bestäubt. Sie brauchen den Wind, und deshalb reagieren sie auf die Bewegung des Windes besonders ausdrucksvoll – mehr als andere Pflanzen.

Pflanzen, die Bewegung bringen

Dierama pulcherrimum
  Hängende Blüten wiegen sich auf biegsamen stabförmigen Stängeln.
Epilobium angustifolium 'Album'
  Die Stängel des Weidenröschens besetzt mit flaumig weißen, balgförmigen Kapseln, bewegen sich im Gleichklang.
Miscanthus sacchariflorus
  Ein an Schilf erinnerndes Gras, das wegen seiner Größe besonders auf den Wind reagiert.
Molinia caerulea 'Windspiel'
  Zarte Blüten- und Fruchtstände erheben sich auf hohen, fast geraden Stängeln, die sich selbst beim leichtesten Lufthauch bewegen.
Sanguisorba officinalis
  Die kleinen blutroten, flauschigen Blütenköpfchen an den verzweigten Stängeln der großen asiatischen Auslese des Wiesenknopfes befinden sich fast ständig in Bewegung.
Stipa gigantea
  Das Riesenfedergras wiegt sich sanft im Wind. Die herunter hängenden Blüten- und Fruchtstände tragen große lockere Rispen.
Stipa pulcherrima
  Die kurzlebigen Blütenstände dieses Federgrases mit ihrem langen fedrigen Segel scheinen in der Luft zu schweben und stehen nie still.

mus, wie *Stipa gigantea* mit ihren großen Rispen. Dabei bewegen sich die Blüten- und Samenstände der meisten Gräser im Gleichklang (wie etwa *Stipa brachytricha* oder *Stipa calamagrostis*) und erzeugen so großflächige Wirkungen. Gräser, deren Blüten- und Fruchtstände in eine Richtung weisen, wie die Chinaschilf-Arten, neigen gern ihre Köpfe und beschreiben die gleiche Bogenform, und alle weichen zur gleichen Zeit vor dem Wind zurück. Deshalb sind derartige Gräser so wertvoll, wenn man die Bewegung von sich im Wind wiegenden Schilfbeständen nachahmen will. Werden viele Pflanzen der gleichen Grasart im Garten verteilt, entsteht das gleiche zauberhafte Wellenmuster, wie es der Wind in Getreidefeldern oder im hohen Gras der Wiesen hervorruft, oder man erlebt, wie ein Windstoß nur einige Grasbüschel erfasst und heftig hin und her bewegt. Man stelle sich einmal vor, wie dieser Windstoß durch den Garten fährt und die Gräser in ihren ureigenen Rhythmus versetzt, wie sie sich nach hinten beugen und dann wieder zurückfedern.

Bewegung bedeutet aber auch Geräusch, und dies ist ein Element, das in der traditionellen Gartengestaltung lange unterbewertet worden ist. Es entspricht der Logik: je größer eine Pflanze ist, desto lauter und besser unterscheidbar, aber auch desto seltener sind die von ihr hervorgerufenen Geräusche. Die Geräusche kleinerer Pflanzen sind weniger laut, sie überlagern sich gegenseitig, gehen ineinander über und bilden so eine Art beruhigende Hintergrundmusik, ähnlich wie das helle Rauschen im Radio. Die Bambusfamilie gehört zu den besten Musikern unter den Pflanzen. Ihre Blätter rascheln besonders schön. Die Geräusche kleinerer Gräser sind etwas zurückhaltender und konstanter. Man muss sich Zeit nehmen und im Garten genau hinhören, welche Pflanze nun welches bestimmte Geräusch verursacht. Wer ein ganz bestimmtes Geräusch besonders liebt und die dazu gehörende Pflanze identifiziert hat, kann als nächstes überlegen, wie man dieses Geräusch hervorrufen kann. Und wer will, kann es an eine andere Stelle des Gartens versetzen.

Linke Seite: Stauden reagieren unterschiedlich auf Wind: Das Pfeifengras *Molinia caerulea* 'Transparent' (links im Bild) bewegt sich selbst bei einem leichten Windhauch, wohingegen der Kandalaber-Ehrenpreis, *Veronicastrum virginicum*, (rechts im Bild) erst auf stärkeren Wind reagiert.

Oben: Die Rutenhirse *Panicum virgatum* 'Heavy Metal' gehört zu den samenvermehrbaren Gräsern, dessen kleine Blüten- und Fruchtstände sich besonders anmutig wiegen. Die Sorte blüht im Spätsommer und bleibt den ganzen Winter über stehen.

Bewegung 107

Harmonie

Im sanften Licht der gemäßigten Klimazonen wirken die Kombinationen von sanften Farben fast immer harmonisch. In Klimazonen mit hartem, gleißendem Licht würden solche Farbkombinationen keine Wirkung erzielen, denn die Sonne bleicht die Farben aus. Ein harmonischer Gleichklang ergibt sich auch durch geschickt kombinierte Pflanzenkörper oder Blattformen. Auffällige Kontraste und alles, was den Betrachter stutzig machen könnte, sind zu vermeiden.

Eine harmonische Komposition muss nicht zwangsläufig ruhig sein. Der Unterschied zwischen einer ruhigen und einer langweiligen Bepflanzung ist gar nicht groß, und ohne jeglichen Kontrast wird eine Bepflanzung unattraktiv wirken – man denke nur an eine Komposition aus zu vielen Rosatönen und Lila, die viel zu süßlich anmuten würde. Man soll sich in seinem Garten wohlfühlen, sich an einer gelungenen Bepflanzung erfreuen. Aber wenn sich ein Besucher darin zu schnell entspannt, dann bietet der Garten nicht genügend Anregung! Harmonie ist eine Angelegenheit der Persönlichkeit und eine Frage der Kultur – so sind bestimmte Farbzusammenstellungen immer auch der Mode unterworfen. Beim Mischen von Farbe und Gestalt folgt jeder Gärtner am besten seinen eigenen Instinkten und Vorlieben.

Die Pflanzenkombination auf dem links abgebildeten Foto ist zweifelsohne harmonisch. Es dominieren miteinander verwandte Farben wie das Rosa und das Rot von *Polygonum amplexicaule* (rechts im Bild) mit dem Blauviolett von *Perovskia atriplicifolia*, der malvenfarbenen Masse des *Origanum* (mitte links) und links davon die Blütenkerzen des Fingerhutes *Digitalis ferruginea*. Man beachte auch, dass die Gestalt des Knöterichs, *Polygonum*, ein wenig den Blütenständen der Blauraute, *Perovskia*, ähnelt. Auch dies trägt zur Harmonie bei. Die Farbe des Fingerhuts vermischt sich nicht eindeutig mit den anderen, aber die Einzelblüten sind so klein, dass ihre Farbe hinter der Form des Blütenstandes zurückweicht. Man kann einer Bepflanzung, die farblich so ausgewogen ist, dass sie fast Gefahr läuft langweilig zu werden, mehr Attraktivität und Pfiff verleihen, indem man einfach ein paar außergewöhnliche Formen, allerdings in zurückhaltenden Farben, hinzufügt.

Monotonie

Der auffällige, hohe Zierlauch *Allium hollandicum* 'Purple Sensation' in einem Park in Enköping, Schweden. Er wirkt an dieser Stelle, die ansonsten vom späten Frühjahr bis zum Frühsommer ziemlich langweilig aussehen würde, erfrischend. Zierlauch-Arten kann man unbedenklich zwischen Stauden setzen, die erst später blühen. Sie blühen zuverlässig Jahr für Jahr wieder. Zwiebelblumen wie diese bessern immer dort nach, wo nur einige wenige Sorten dominieren und dadurch zu bestimmten Jahreszeiten die Attraktivität nachlässt.

Traditionell standen die Pflanzen im architektonischen Garten unter beständiger gärtnerischer Kontrolle. Formschnittgehölze oder streng geschnittene Hecken von immergrünen Pflanzen wie Eibe oder Buchs brachten die Unterwerfung der Natur gegenüber dem menschlichen Gestaltungswillen zum Ausdruck. Lenken und Kontrollieren schließt aber eine gewisse Findigkeit nicht aus. So lässt sich mit Pflanzen in Monokultur eine künstliche, unnatürliche Wirkung erzielen. Verwendet man dabei ausschließlich eine Pflanze, die normalerweise immer mit anderen kombiniert wird, entsteht ein völlig neuer Eindruck. Bei den Salvien auf der rechten Seite zum Beispiel nimmt das Auge nicht mehr die einzelne Blütenähre oder die einzelne Pflanze wahr: Es sieht nur noch eine dichte Masse. Wo also genügend Platz zur Verfügung steht, kann man großflächig mit jeweils nur einer Staude arbeiten. Dies empfiehlt sich jedoch nur für sehr spezielle Aufgaben, denn Massenpflanzungen bringen ihre Nachteile mit sich: Nach der Blüte können sie langweilig aussehen, oder es gibt Probleme bei der Kultur, wodurch große Lücken in der Bepflanzung entstehen. In der Masse formen einige Stauden – besonders die Gräser – in der freien Natur ein ausgesprochen schönes Bild. Wenn man sie in gleicher Weise in einem Garten oder Park pflanzt, entsteht der Eindruck einer unberührten Naturwiese oder einer Steppe. Mit farbenfrohen Zwiebelblumen oder Stauden als Massenpflanzung erzielt man eine weitaus spektakulärere Wirkung. Wird schließlich ein Beet mit Pflanzenbändern in leuchtenden Farben durchzogen, mutet die Gestaltung eher künstlich an.

Den größten Effekt erzielen monotone Pflanzflächen, wenn sie in direktem Kontrast zu den artenreichen und komplexeren Staudenbeeten stehen. Schlichte Einfachheit ergibt hier einen erfrischenden Gegensatz. Traditionell erfüllen diesen Zweck architektonische, formale Gestaltungselemente, wie zum Beispiel Rasenflächen.

Linke Seite: Aus dem wogenden Meer der Rasenschmiele *Deschampsia cespitosa* 'Goldstaub' ragen vereinzelt die Blütenkerzen des Fingerhutes *Digitalis ferruginea* hervor.

Unten: In einem Park in Enköping in Mittelschweden wirkt diese ausdrucksstarke Bepflanzung mit Salbei (*Salvia nemorosa* 'Rügen', 'Ostfriesland' und 'Blauhügel') wie ein breiter Fluss. Die violette Tönung hingegen erinnert an europäische Moor- und Heidelandschaften.

Erhabenheit

Aster umbellatus und die Sonnenblume *Helianthus salicifolius* stechen vor dem Hintergrund aus *Eupatorium maculatum* 'Atropurpureum', Wasserdost, und *Miscanthus sinensis* 'Malepartus', Chinaschilf, hervor. Der Vordergrund des Beetes ist dicht besetzt mit *Clematis* × *jouiniana* 'Praecox' (links) und *Sedum* 'Herbstfreude' (rechts).

Übernächste Seite: *Polygonum alpinum* (hinten Mitte) und *Eupatorium maculatum* 'Atropurpureum' dominieren in diesem Spätsommerbeet zusammen mit *Polygonum amplexicaule* 'Firetail' (vorne) und *Foeniculum vulgare* (rechts). Gräser verleihen der Zone unten links mehr Attraktivität.

Hier geht es um das genaue Gegenteil von Monotonie und Kontrolle. Die Natur scheint dem Gärtner ein Schnippchen zu schlagen. Das üppige Wachstum der hohen Stauden und Gräser erinnert an sehr eindrucksvolle Naturräume und scheint den Menschen und sein Tun in den Schatten zu stellen. Dies ist ein Gartenstil für Menschen, die die Natur lieben, aber nichts für Zaghafte oder Menschen, denen die herkömmlichen Vorstellungen von Ordnung wichtig sind.

Das Wort „erhaben" ist heutzutage kaum mehr gebräuchlich, vielleicht ist es an der Zeit, es mit neuem Leben zu erfüllen. „Sublime", die englische Entsprechung, gehörte zu den Lieblingswörtern englischer Landschaftsenthusiasten des achtzehnten Jahrhunderts, wenn sie die Majestät und das Ehrfurchtgebietende einer Landschaft beschreiben wollten: Berge, Hügel, schäumende Flüsse und Wasserfälle. Früher lösten solche Landschaftsszenerien Beunruhigung, wenn nicht sogar Furcht aus.

Gärtner, die das Naturhafte lieben oder das richtige Gespür für Pflanzen haben, freuen sich daran, wenn sich das, was sie selber geschaffen haben, verselbstständigt und eine Eigendynamik entwickelt. Die Bepflanzung ist nicht mehr ein Teil von ihnen, sie einfaltet ein Eigenleben. Wenn eine solche Bepflanzung gelingt, so ist dies „kontrollierte Spontaneität" im besten Sinne.

Die beste Zeit das Erhabene im Garten zu genießen, ist der Spätsommer oder der Frühherbst, wenn die großen Stauden, wie zum Beispiel der Wasserdost aus Nordamerika (die Sorten von *Eupatorium purpureum*), die Vernonien (*Vernonia*-Arten) und manche Gräser himmelhoch werden. Diese Pflanzen wachsen sehr schnell und sehr hoch, obwohl viele von ihnen erst im späten Frühjahr aus dem Erdreich hervorkommen. Die meisten hoch aufschießenden Stauden kommen aus den Prärielandschaften Amerikas, wo die unglaublich reiche Flora ein dichtes Grasland bildet, das manchmal bis zu 2 m hoch wächst. Angesichts dessen empfindet man sich selbst klein und unbedeutend. Ähnliches widerfährt einem beim Gang durch Marschland zwischen hohen Riedgräsern und selbstverständlich auch im Wald.

Dieses überwältigende Gefühl von Erhabenheit kann man auch mit Hilfe hoch wachsender Staudenpflanzungen hervorrufen. Die dafür verwendeten Stauden sollten mindestens Augenhöhe erreichen. Der Effekt wird dadurch verstärkt, dass man schmale Wege zwischen die hoch aufragenden Stauden legt. Sie laden den Besucher dazu ein, sich zwischen den Pflanzen zu bewegen. Hohe Hecken können ebenfalls den Eindruck von Erhabenheit wecken. Gleiches gilt für Böschungen: Die Pflanzen auf dem höher gelegenen Gelände wirken noch größer und ziehen die Blicke nach oben.

Diejenigen, die nur einen kleinen Garten haben, sollten sich nicht von solchen Überlegungen ausgeschlossen fühlen, denn häufig sind große Pflanzen in kleinen Gartenräumen die beste Lösung. – Kleine Pflanzen lassen einen kleinen Garten nur noch kleiner erscheinen.

Eupatorium maculatum 'Atropurpureum' und die anderen Wasserdost-Arten zählen zu den höchsten Stauden. Manche werden bis zu 3,5 m hoch. Sie blühen im Spätsommer und ihre dunkelrosa Blüten ziehen die Schmetterlinge an. *Artemisia lactiflora* 'Rosenschleier' blüht ebenfalls im Spätsommer. Ihre rosaweißen Blüten sitzen auf 2 m hohen, etwas dunkleren Stängeln. Die *Inula*-Arten, Riesenalant, wie die *Inula magnifica* mit den gelben asternartigen Blumen sind etwas massiver und besitzen größere Blätter. Die *Silphium*-Arten haben ebenfalls gelbe Compositenblumen, wirken aber insgesamt graziler; ihre Stängel werden 3 bis 4 m hoch.

Einige Knöterich-Arten sind dafür berüchtigt, dass sie alles überwuchern. Das trifft aber nicht auf *Polygonum alpinum* zu, der den ganzen Sommer über cremeweiß blüht – eine Staude von der Größe eines Strauches. Die Wiesenraute *Thalictrum* 'Elin' wird 3,5 m hoch und fängt bereits früh zu blühen an. Auf einzelnen Stängeln mit eleganten Blättern sitzen die unauffälligen weißen Blüten. *Thalictrum lucidum* blüht zart gelb, wird 2,2 m hoch und ihre Fruchtstände bleiben für den Rest des Jahres stehen.

Miscanthus-Gräser, Chinaschilf, werden zwischen 2 und 3 m hoch, sie sind von grundlegender Bedeutung, wenn man den Eindruck einer Prärie- oder Sumpflandschaft kreieren möchte. Man sollte die Sorten sehr sorgfältig auf die jeweilige Region, in der sie wachsen sollen, abstimmen. Einige, nämlich vor allem die höher wachsenden wie *Miscanthus floridulus*, brauchen Sommerhitze, um zu blühen. In kühleren Klimaten treten sie erst sehr spät in Erscheinung. *Aster umbellatus* und die violett blühende *Aster novae-angliae* 'Violetta' gehören zu den wichtigen spät blühenden hohen Stauden, ebenso wie die majestätischen Vernonien (zum Beispiel *Vernonia crinita* 'Mammuth'), die alle ihre rötlich-violetten Compositenblumen auf doldenförmigen Ständen im Frühherbst zeigen.

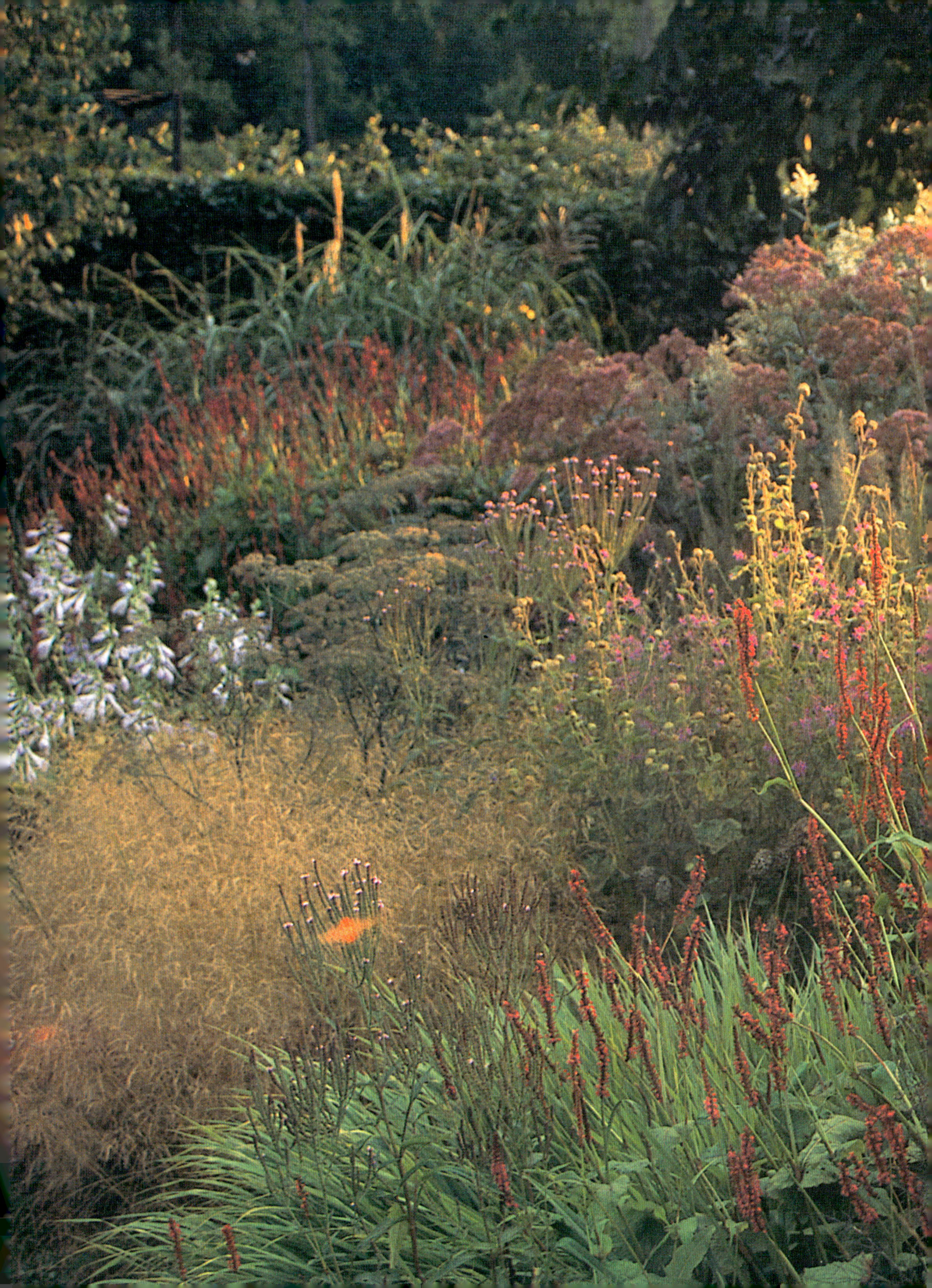

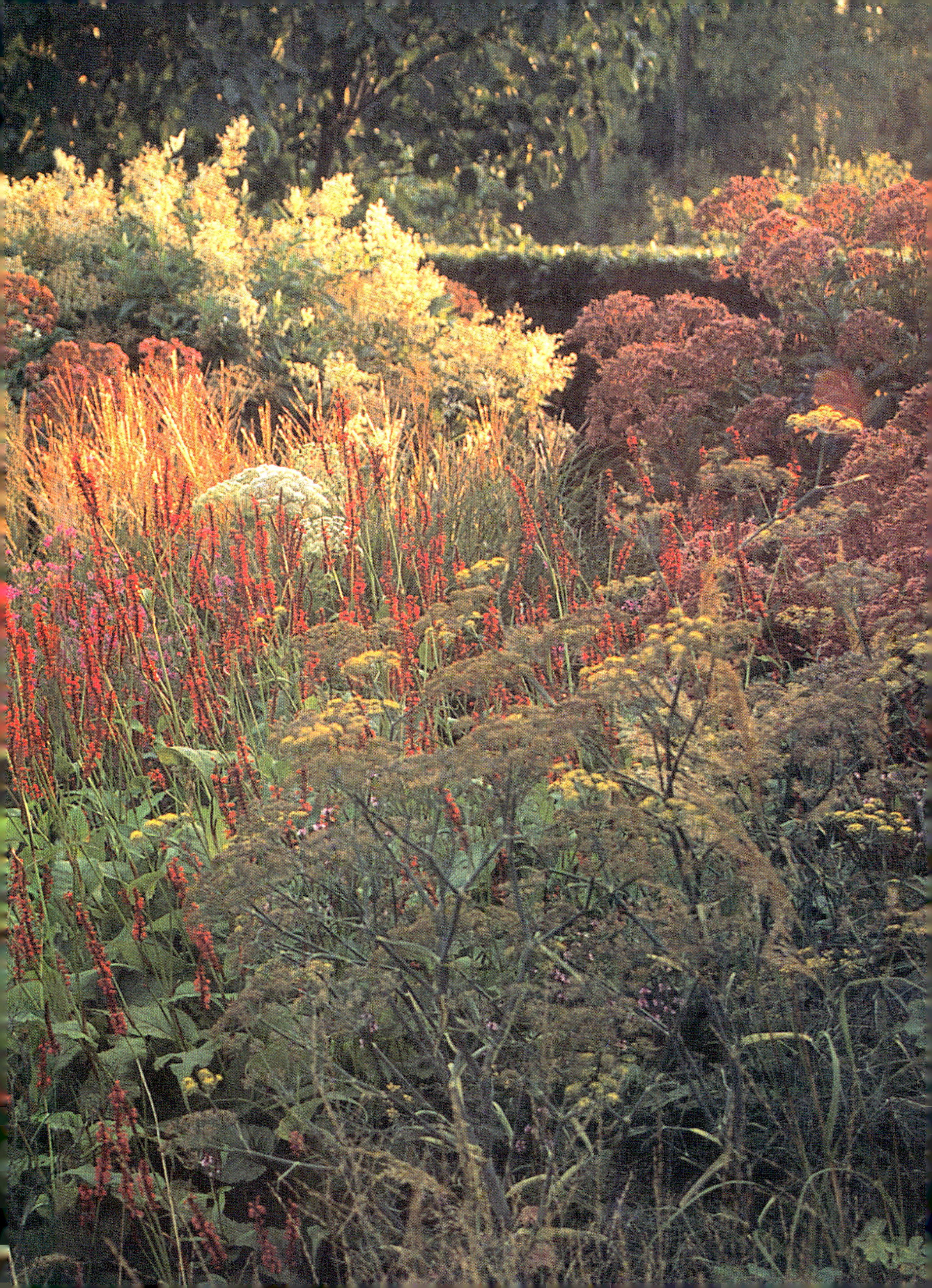

Mystik

Mystik im Garten hängt meistens von Umständen ab, die außerhalb des menschlichen Einflusses liegen: Dann wenn sich nämlich die Kraft der Elemente mit der Natur verbinden – am frühen Morgen, im Nebel oder in der Abenddämmerung – und der Mensch sich ziemlich allein fühlt. Man kann mit Pflanzen keine mystische Stimmung schaffen, aber es gibt Pflanzen, die gut zu einer mystischen Stimmung passen. In der Fantasie verwandeln sie sich in Personen, nehmen menschliche Charakterzüge und Merkmale an. Man kann sich vorstellen, dass sie einen anschauen und sogar auf einen zukommen.

Mystik scheint ein seltsames Wort im Zusammenhang mit Garten zu sein. Man kann es am besten als geistige Erfahrung definieren, in der man sich eins mit der Schöpfung und damit auch mit dem göttlichen Schöpfer empfindet. Der deutsche Dominikanermönch Meister Eckhart, der im 13. Jahrhundert lebte, gehört zu den bekanntesten christlichen Vertretern dieser Philosophie, im Islam vertritt der Sufismus eine ähnliche Auffassung. Wenn man die herkömmliche Denkweise über das Gärtnern umkehrt, kann man eine Vision des Gartens schaffen, welche die Natur als das Höchste ansieht. In dem Kapitel über die Erhabenheit wurde gezeigt, dass es möglich ist Ehrfurcht vor dem Garten zu empfinden. Nur einen Schritt weiter, und man sieht den Garten als Sinnbild der Schöpfung, in dem der Mensch

Oben: Die schmalen Blütenkerzen des Fingerhuts *Digitalis ferruginea* bleiben noch lange nach der Blütezeit im Frühsommer erhalten. Sie sind so auf bemerkenswert markante Weise im Garten präsent. Links im Bild der Riesenhaarstrang, *Peucedanum verticillare*.

Oben rechts: Doldenblüter sehen auch im Winter schön aus. Hier tragen die Dolden zusätzlich Spinnennetze, ein häufig sehr typisches und schönes Merkmal von Herbststimmung.

eine nur untergeordnete Rolle spielt. Der Gärtner beherrscht nicht die Natur und er zähmt sie auch nicht. Seine Rolle ist die des Dirigenten, der mit lebenden Dingen arbeitet, die ihren eigenen Rhythmus haben und ihren eigenen Prozessen gehorchen. Der Mystiker sieht sich als Teil der Natur, die der Ausdruck göttlicher Schönheit ist. Deshalb ist der Garten eines Mystikers, wo man sich eins mit der Natur fühlen kann, sehr persönlich. – Gärtnern wird zur geistigen Übung.

Im Nebel, im Dunst, im Nieselregen, im schwachen Licht der Morgen- oder Abenddämmerung wirken Gärten besonders geheimnisvoll und überirdisch, vielleicht sogar bedrohlich. Deshalb haftet der Mystik immer auch etwas Mittelalterliches an und etwas von der unberührten Natur, welche die Maler und Dichter der Romantik so liebten.

Die Romantiker erlebten ihre Inspirationen beim Gang durch den winterlichen Garten. Der Vorstellung von der wilden, ungezähmten Natur lag ein starkes Gefühl und das große Interesse für das Mysteriöse und das Spirituelle zu Grunde.

Häufig sind es die gleichen großen Pflanzen, die geheimnisvolle und romantische Stimmungen wecken und die zugleich das Gefühl von Erhabenheit hervorrufen. Alle großen und aufrechten Formen, die das Unterbewusstsein an menschliche Gestalten erinnern, wirken bei schwachen Lichtverhältnissen besonders intensiv, zum Beispiel der Fingerhut, besonders *Digitalis ferruginea*, Artischocken, *Cynara cardunculus*, und die Sonnenblume *Helianthus salicifolius*. Im Nebel fallen die kräftigen, klaren Umrisse und Texturen auf, und Doldenblütler sind sehr wirkungsvoll.

Wenn man natürliche Rhythmen akzeptiert, kennt man zugleich die Überlegenheit der Natur an. Man erkennt Tod und Verfall als Teil des Lebens an. Denn ohne sie gäbe es im ewigen Zyklus der Wiedergeburt nichts, womit man die nächste Generation ernähren könnte. Zudem bieten hohe abgestorbene Stängel im Garten, die man stehen gelassen hat, einen herrlichen Winteraspekt. Für die Entwicklung einer Beziehung zum Garten ist es wichtig, den Tod zu akzeptieren. Dabei spielen verrottende Blätter eine Rolle, und manchmal haben selbst sie eine eigene Schönheit.

Oben rechts: Flaumige fedrige Blütenstände wie diese von *Filipendula rubra* 'Venusta', Mädesüß, mit rosa Blüten verstärken das Empfinden an diesem dunstigen Morgen. Bei der weißen Pflanze handelt es sich um das Weidenröschen *Epilobium angustifolium* 'Album'.

Nächste Seite: Die widerstandsfähigsten Stauden bleiben den ganzen Winter über stehen. Sie verwandeln sich in Gartengeister: *Digitalis ferruginea*, *Eryngium giganteum* und *Deschampsia cespitosa*.

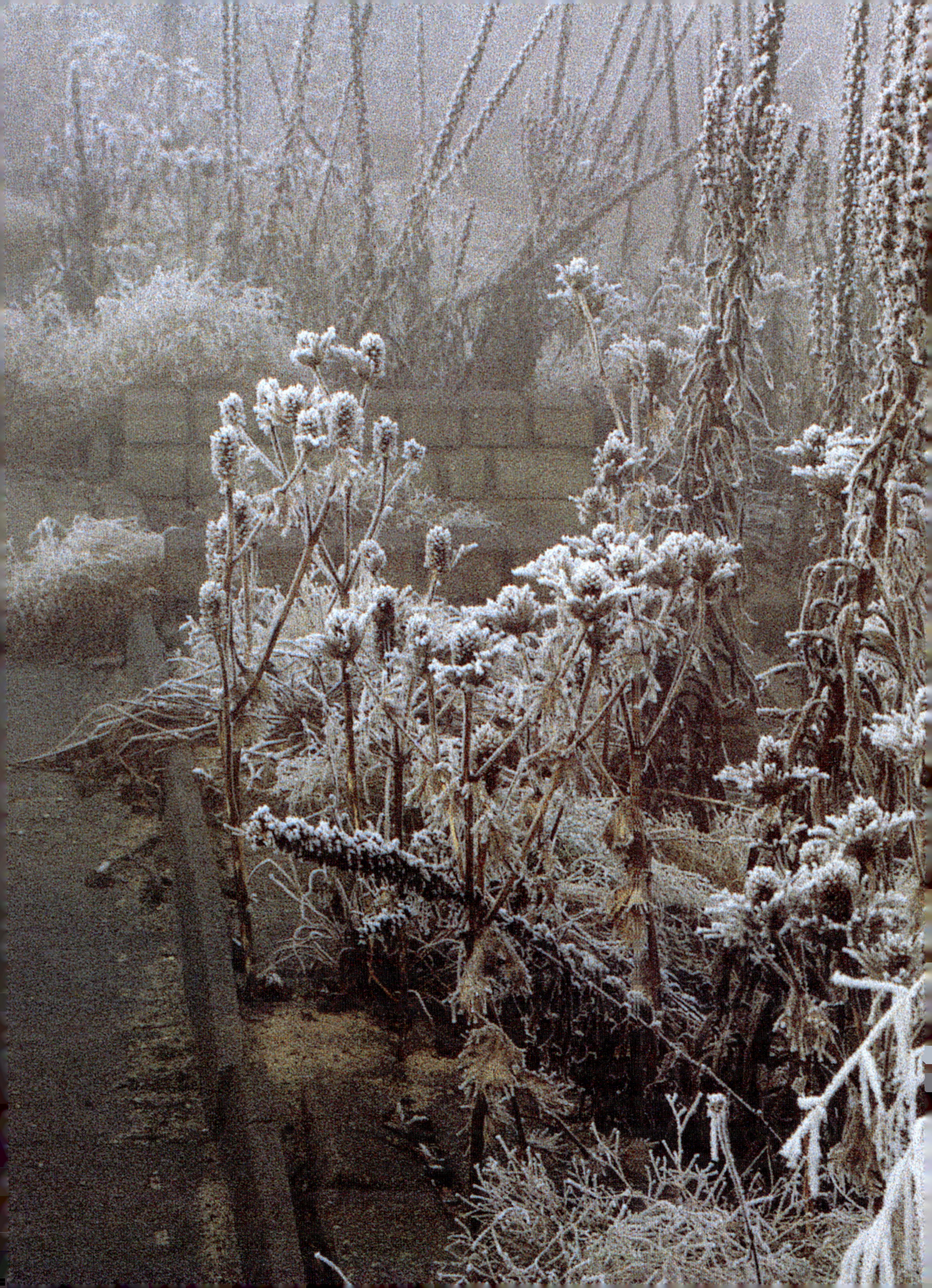

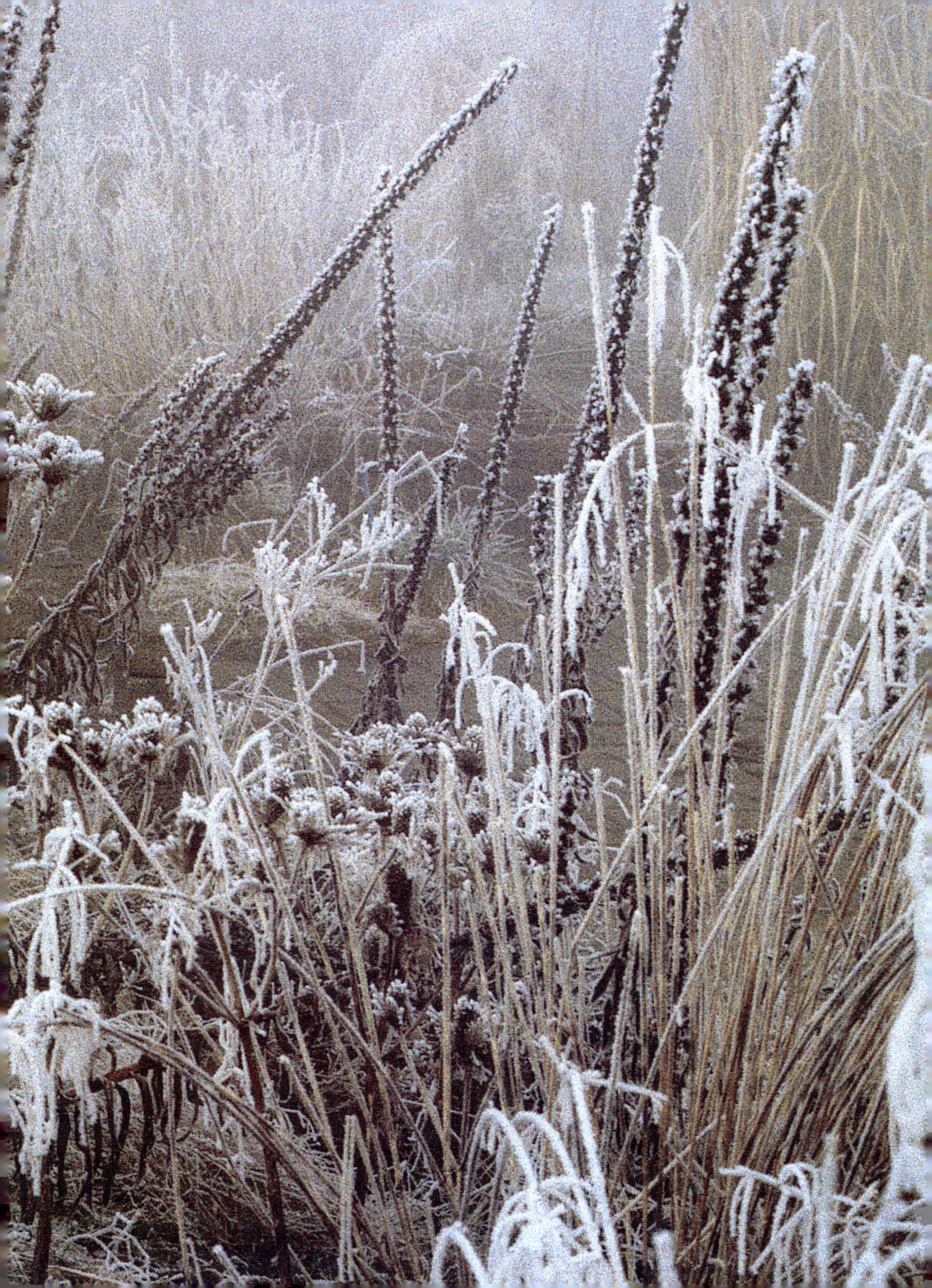

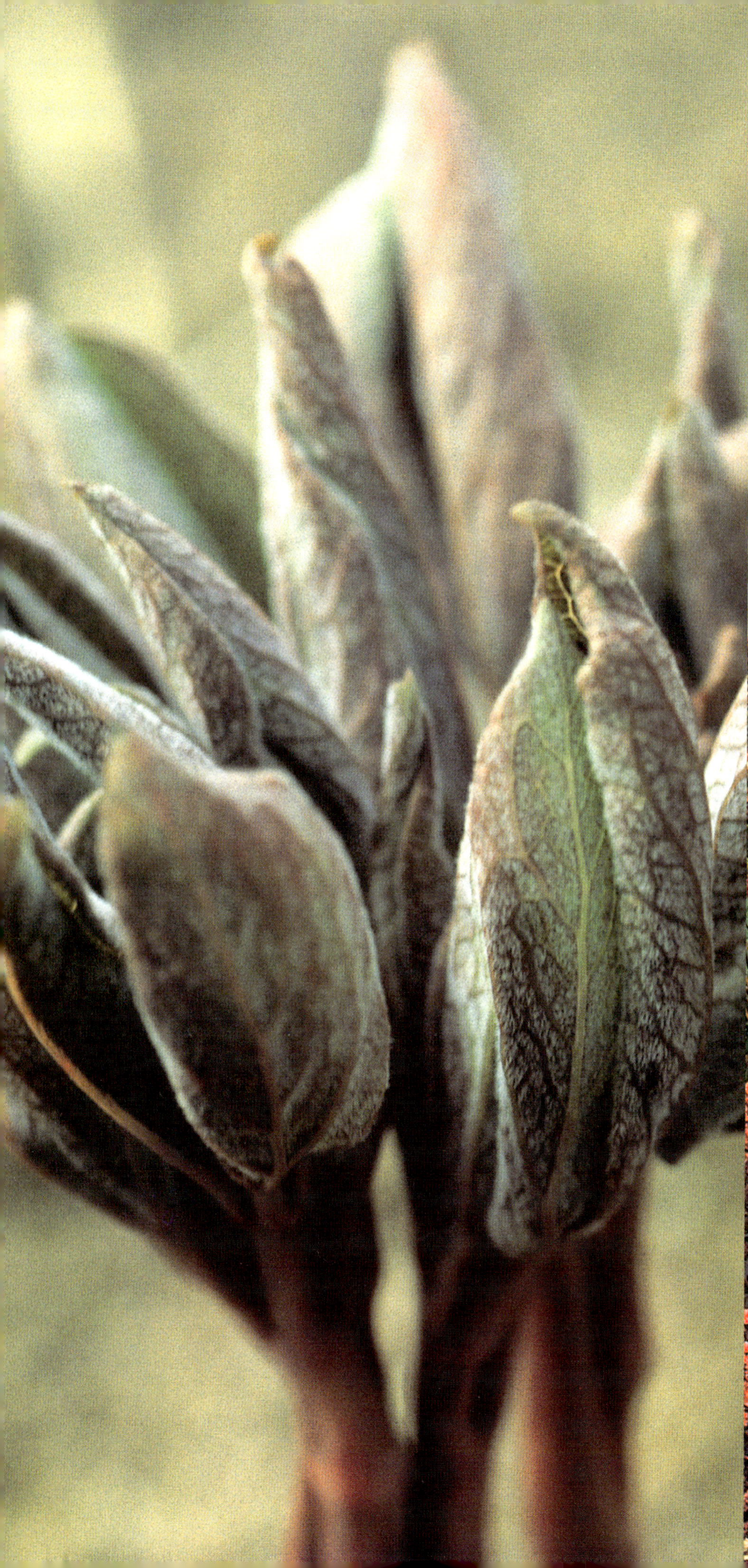
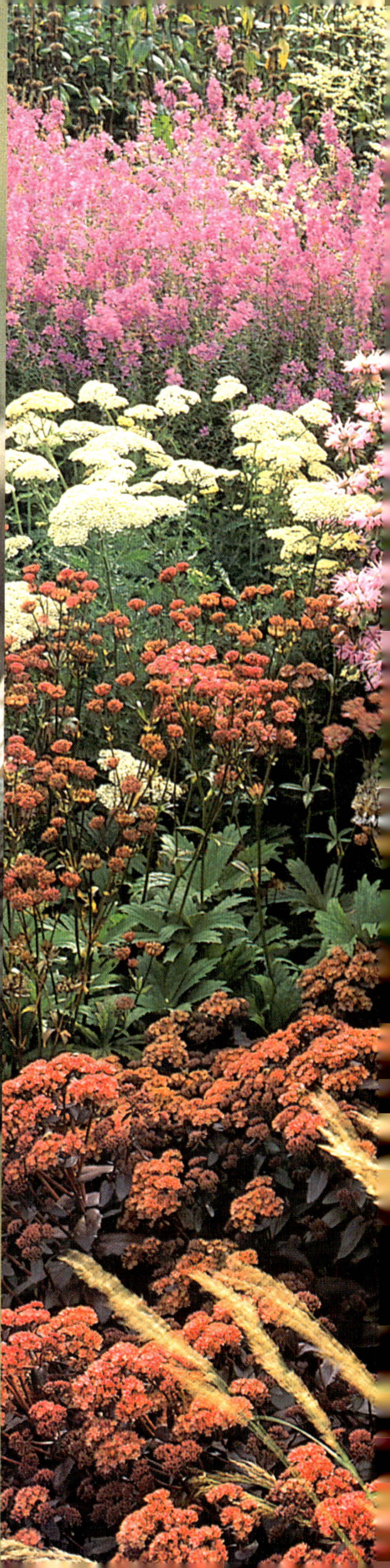

Die Pflanzung im Jahreslauf

Grundsätzliches

Die Natur zeigt ihre Herrlichkeit jeden Tag, das ganze Jahr über. Deshalb sollte es möglich sein, dass auch ein Garten zwölf Monate lang seine Schönheit offenbart. Diejenigen allerdings, für die Schönheit sich ausschließlich in kräftigen Farben äußert, müssen lernen Pflanzen, Formen und die zu Grunde liegenden Strukturen mit neuen Augen zu sehen.

Wenn Sie Stängel, Blätter und Fruchtstände in ihrer Linienführung und Gestalt sowie in ihren Brauntönen und neutralen Farben schätzen gelernt haben, erkennen Sie auch besser die Möglichkeiten, wie man den Traum eines jeden Gärtners verwirklichen kann: ein Garten, der das ganze Jahr über interessant wirkt. Um dies auf befriedigende Art und Weise zu bewerkstelligen, muss man die Abläufe und Rhythmen der Natur kennen und verstehen, wie die unterschiedlichen Pflanzenarten in ihren verschiedenen Lebensräumen davon betroffen sind.

Die Zyklen der Natur sind anerkanntermaßen von grundlegender Bedeutung für den Gartenplaner. Auf den Seiten 74 bis 75 wurde beschrieben, wie schattenverträgliche Waldpflanzen dazu neigen früh zu blühen, ihnen dann die Arten folgen, die am Waldrand siedeln und dass erst gegen Ende des Sommers die großwüchsigen, die Sonne liebenden Pflanzen in Erscheinung treten. Es ist auch wichtig, daran zu denken, dass Pflanzen unter ungünstigen Standortbedingungen, ebenfalls dazu neigen, früh zu blühen: Zum Beispiel kann zu wenig Licht in einem Wald für eine Pflanze Stress bedeuten. Pflanzen aus trockenen Lebensräumen müssen früh im Jahr blühen, aussamen und wachsen, solange die Erde noch feucht vom winterlichen Regen oder von der Schneeschmelze ist. Bevor die Sommerhitze einsetzt, treten sie in eine Ruhephase ein. Aus diesem Grund blühen Pflanzen in Regionen, in denen häufig Dürre herrscht, vor allem im Frühjahr oder im Frühsommer. Viele Zwiebelgewächse kommen ursprünglich aus solchen Gegenden. Pflanzen, deren Lebensraum stressfrei ist und sich durch nährstoffreiche, fruchtbare Böden und viel Wasser auszeichnet, brauchen nicht um die nötige Ellbogenfreiheit zu kämpfen – sie können mit dem Blühen warten. Deshalb blühen Pflanzen aus Feuchtgebieten meist später. Viele der schönsten Gewächse für ein spätes Staudenbeet haben Vorfahren in den feuchten Gebieten der amerikanischen Prärielandschaft, wo die Böden fruchtbar sind und es selten zu längeren Trockenperioden kommt.

Soll ein Garten zu jeder Jahreszeit interessant wirken, sind zwei Dinge zu berücksichtigen: Erstens muss man die wirklich beeindruckenden Ereignisse einer Jahreszeit besonders hervorheben wie etwa das Spiel der Herbstfarben. Zweitens muss man sich um Kontinuität bemühen, indem man sich subtiler, länger anhaltender Elemente bedient wie zum Beispiel das Blattwerk. Auffallendes Laub oder Blätter, die einfach etwas anders aussehen wie die geraden Blattlanzen der Iris oder die Halme von Gräsern, bieten sich geradezu dazu an, die unterschiedlichen Jahreszeiten miteinander zu verbinden. Auch die Wuchsform ist für die Kontinuität sehr wichtig, obwohl gerade die

Die Sichtungsbeete in der Staudengärtnerei Oudolf mit Stauden und Gräsern zeigen Aufnahmen im Sommer, Herbst und Winter. Auch wenn dies sehr funktionsbetonte Beete sind – nämlich eine Pflanzensammlung – und sie nicht als Staudenbeete entworfen wurden, entsteht doch der gleiche Gesamteindruck: Hier wird die Natur beschworen, indem man mit Pflanzen arbeitet, die ihren natürlichen Vorfahren noch sehr nahe stehen.

Gestalt der Stauden einem ständigen Wandel unterliegt, so dass hier Kontinuität und Entwicklung einher gehen.

Sträucher und Gehölze, insbesondere streng geschnittene immergrüne Pflanzen, werden traditionell als Elemente der Kontinuität eingesetzt. Sie lassen jedoch, wenn man sich zu sehr auf sie verlässt, den Garten langweilig wirken. Die holzige massige Gestalt eines Strauches ist immer präsent, ob mit oder ohne Blattwerk, und wenn Sträucher auf Grund ihrer Masse wertvoll für den Gärtner sind, muss man sich zugleich fragen, wie viele Gärten tatsächlich Platz für derartige Ausmaße haben. Bambus stellt eine gute Alternative dar, um Kontinuität zu gewährleisten: Er ist immergrün, hat einen eleganten Wuchs, er strebt eher in die Höhe und nimmt nicht so viel Raum ein. Die meisten Bambus-Arten verbreiten sich allerdings mit Ausläufern. Eine 20 bis 30 cm tief in den Boden eingesenkte Barriere hält ihren Ausbreitungsdrang in Grenzen.

Besondere Beachtung verdienen die Stauden, die schon relativ früh erscheinen und dann sehr lange ihr auffälliges Erscheinungsbild bewahren. Eine dieser Stauden ist *Veronicastrum virginicum* mit ihren zarten senkrechten, biegsamen Blütenständen, die vom Früh- bis in den Hochsommer hinein aufblühen. Ihre skulpturale Schönheit bewahrt die Pflanze bis weit in den Winter hinein. Die Indianernesseln sind später dran, aber nachdem die farbenprächtigen Blüten verwelkt sind, behalten sie ihre ziemlich kompakten, quirligen Samenstände auf den aufrecht stehenden Stängeln bis in den Winter. Einige Stauden zeigen monatelang vor ihrer eigentlichen Blüte eine ausgeprägte Gestalt, wie zum Beispiel die Kratzdisteln mit ihren dichten Rosetten von gezähnten Blättern. Diese Pflanzen mit ihrer markanten Gestalt eignen sich besonders gut für die Verlängerung einer Jahreszeit. Im Gegensatz dazu hat der Storchschnabel nichts Langlebiges, er blüht im Frühsommer herrlich und ist danach nur noch eine wuchernde Masse grüner Triebe. Allerdings blühen einige *Geranium*-Arten im Spätsommer noch einmal.

Jeder Garten ist anders, auch wenn in einigen Regionen bestimmte Pflanzen nach der Blüte, vor allem im Herbst, wenn es feucht ist, dazu neigen umzuknicken. Stark nährstoffhaltige Böden führen bei einigen Pflanzen zu einer Schwächung des Gesamtaufbaus. Wenn man Pflanzen so dicht zusammenstellt, dass sie sich gegenseitig Halt geben, lässt sich dem Umknicken vorbeugen – so werden die zuvor erwähnten Storchschnäbel in ihrem natürlichen Umfeld durch Gräser gestützt.

Selbstverständlich sind Gräser wesentliche Elemente für den Bestand eines Gartens. Die Farben der immergrünen Grasarten unterscheiden sich häufig stark von dem der traditionell verwendeten immergrünen Gehölze. Gleichzeitig sind die höheren Arten Gewächse, die sich im Laufe eines halben Jahres nur langsam verändern und außerdem unwirtlichem Wetter besser standhalten als die meisten blühenden Stauden.

Es gibt allerdings Erscheinungen, die jeder Jahreszeit ein besonderes Gepräge verleihen und die deshalb für den Gärtner interessant sind. Wir alle kennen diese Bilder: die Zwiebelblumen im Frühling, die das frische, junge Wachstum anzeigen, die kräftigen Blütenfarben im Sommer sowie Samen, Früchte und Rottöne in allen Schattierungen im Herbst. Dieses Kapitel widmet sich unter dem Aspekt, Natur und Garten miteinander zu verbinden, vor allem diesen besonderen Ereignissen – jedes einzelne ein Merkmal seiner Jahreszeit.

Die Pfingstrose *Paeonia mlokosewitschii* (oben) blüht erst im späten Frühjahr, aber das sich auffächernde junge Blattwerk (rechte Seite oben) entfaltet schon früher seinen dekorativen Reiz. Die Blütezeit ist nur kurz, aber die eleganten gerundeten Blätter bieten bis zum Herbst ein schönes Bild. Die Gelbdolde *Smyrnium perfoliatum* (oben im Bild) mit den gelbgrünen Doldenblüten ist eine zweijährige Pflanze. Sie liebt ähnliche Standortbedingungen wie die Päonie, nämlich den leichten Schatten am Rande eines Gehölzes. Wie auch der Fingerhut, *Digitalis*, überlebt sie im Garten auf Dauer durch Selbstaussaat. Sich selbst aussäende Pflanzen wie diese profitieren häufig von einer gelegentlichen Veränderung der Bodenqualität, durch die sie wieder neue Möglichkeiten für ihr Wachstum bekommen.

Geburt   Frühling

Das Frühjahr ist das Fest des neuen Lebens oder der Wiedergeburt. Das frische Wachstum stellt somit ein wesentliches Element des Frühlings dar. So kann sich der Garten von einem Tag auf den anderen völlig verändern. Wer daher in dieser Jahreszeit häufig und regelmäßig im Garten spazieren geht, wird reich belohnt. In vielen Frühlingsgärten dominieren die Zwiebelblumen, weil sie fast unmittelbar, nachdem sie aus der Erde hervorsprießen, Knospen treiben und blühen. Aber es gibt bereits bemerkenswerte Stauden, besonders wenn das Frühjahr schon ein wenig fortgeschritten ist. Sie ziehen als Solitärpflanzen zwischen anderen, noch in der Winterruhe verharrenden Arten oder auch zwischen üppig blühenden Narzissen- und Krokusteppichen die Aufmerksamkeit auf sich.

Da viele Frühjahrsblumen über einen langen Zeitraum blühen, überschneiden sich häufig die Blütezeiten. Christrosen (unten) sind hierfür ein besonders schönes Beispiel, auch weil die Blütenblätter nicht abfallen, sondern stehen bleiben und ihre Farbe allmählich verändern. *Phlox stolonifera* hingegen (unten, zusammen mit *Helleborus*) setzt gegen Ende des Frühlings als Bodendecker einen kräftigen Farbakkord, der allerdings nicht so lange anhält.

Spätfrühling

Mit dem späten Frühjahr beginnen immer mehr höhere Stauden zu blühen, sodass der Garten nun nicht mehr so spärlich aussieht wie im Vorfrühling. Er gewinnt an Fülle. Die meisten Frühjahrsstauden legen – im Gegensatz zu den meisten Zwiebelblumen – keine Ruhepause ein, deshalb sind sie vor sommerlicher Trockenheit nicht geschützt. Aus diesem Grund lieben sie meist kühlere Standorte mit humusreichen, gut dränierten Böden, die nicht austrocknen – ähnlich den mit Blättermulch bedeckten Waldböden. Auf Grund der kühleren Temperaturen behalten die Blüten längere Zeit ihre Frische. Dies erklärt auch, warum die Blütezeit vieler Pflanzen im Frühling häufig länger dauert. Allerdings trifft dies auf Klimazonen mit einem kurzen heißen Frühjahr nicht zu.

Das Beobachten, wie sich die junge Natur entfaltet, bedeutet einen der Glücksmomente im Frühling. Ist es nicht faszinierend, wie sich zum Beispiel die Wedel des Schildfarns *Polystichum setiferum* 'Ringens' (oben links) ähnlich wie Bischofsstäbe entrollen. Andere Pflanzen sind so darauf erpicht zu blühen, dass die Blätter warten müssen, wie es beim Maiapfel *Podophyllum hexandrum* 'Majus' der Fall ist, der auf der rechten Seite zusammen mit der Herzblume, *Dicentra formosa*, abgebildet ist. Mit seiner langen Blütezeit gehört es zu den Stauden, die ein Bindeglied zwischen Frühjahr und Frühsommer darstellen. Die süß duftenden lavendelfarbenen Blüten des Silberblattes, *Lunaria rediviva* (oben und Nahaufnahme links), bilden in leicht schattigen Bereichen einen zarten Kontrast zum Hellgrün der Gelbdolde, *Smyrnium perfoliatum*. Die Gelbdolde stirbt nach der Blüte ab, wohingegen die transparenten Samenstände des Silberblattes noch im weiteren Jahresverlauf dekorativ wirken.

Spätfrühling

Leben Frühsommer

Im Frühsommer beginnt eine Vielzahl von Stauden zu blühen. Viele wachsen niedrig oder bilden Horste – im Gegensatz zu den später blühenden Arten, die eher hoch aufschießen. Diese frühen Stauden sind häufig am Gehölzrand beheimatet. Sie lieben leichten Schatten, gedeihen aber oft auch an sonnigen Standorten. Winterharte *Geranium*-Arten und -Sorten lassen sich außerordentlich vielseitig einsetzen; die leuchtend rotviolett blühende Art *Geranium psilostemon* (oben) gehört zu den höheren mit den kräftigsten Farben. Viele Gärtner schätzen die Storchschnäbel als Bodendecker, die das Unkraut nicht durchkommen lassen. Inzwischen gibt es ein breites Angebot von Arten und Sorten. Ein paar höher wachsende Pflanzen, wie der Fingerhut, *Digitalis*, ergeben durch ihre andersartige Gestalt einen schönen Kontrast.

Pflanzen mit ausdrucksstarkem Blattwerk, wie zum Beispiel die *Hosta*, Funkien, verleihen der Bepflanzung dort Kontinuität, wo ansonsten ständiger Wechsel stattfindet. Funkien gehören zu den Stauden mit dem schönsten Blattwerk. Sie passen ganz hervorragend zu den frühen Sommerblumen. So bietet *Hosta* 'Halcyon' mit blaugrauem Laub einen ruhigen Hintergrund für die hellrosa blühende *Paeonia officinalis*, für die dunkelroten Blüten von *Astrantia major* 'Ruby Wedding', Sterndolde, und die grünen Blütenstände von *Heuchera cylindrica* 'Greenfinch', Purpurglöckchen. Auch wenn die Funkien feuchte Böden lieben, gedeihen sie fast überall, vorausgesetzt, sie haben ein wenig Schatten. Gleiches gilt für *Astrantia* und *Heuchera*. Die *Heuchera*-Arten gehören zu den horstbildenden Pflanzen, die immer mehr an Bedeutung gewinnen. Sie brauchen weniger Feuchtigkeit als die Funkien und werden auch nicht so sehr Opfer der Schnecken.

Hochsommer

Einige Pflanzen, die zu Beginn des Hochsommers in kräftigen Farben blühen, stammen ursprünglich aus Regionen, in denen die Trockenheit im Sommer das Wachstum hemmt und der Zyklus der Samenbildung und Aussamung beschleunigt verläuft. Im Garten, wo mehr Feuchtigkeit zur Verfügung steht, dauert die Blüte der rosaroten Spornblume, *Centranthus ruber*, und der beiden *Salvia*-Arten, mit denen sie hier zu sehen ist, meist länger.

Der Hochsommer bringt die ganze fantastische Palette der hoch wachsenden Stauden, die den Gärtner während der restlichen warmen Monate für all seine Mühe belohnen. In dem Staudenbeet sollte jetzt jedes Fleckchen nackte Erde von der Pflanzenmasse verdeckt sein. Fast alle Arten, die nun blühen, sind größer als die des Frühsommers. Zu den ganz besonders schönen Hochsommerstauden gehört die Indianernessel, *Monarda*. Das Bild zeigt die scharlachrot blühende *Monarda* 'Squaw' neben der ebenfalls auffallend rot blühenden *Clematis viticella* 'Rubra grandiflora'. Die Blüten der etwas später blühenden *Clematis-viticella*-Sorten sind kleiner und wirken dadurch eleganter als die der weitaus bekannteren *Clematis*-Hybriden mit ihren großen Blüten, die aber keine ausgewogenen Proportionen mehr aufweisen.

Das im Vordergrund links zu sehende Eisenkraut *Verbena bonariensis* zählt zu den vielfältig einsetzbaren Stauden. Sie besitzt eine gewisse Transparenz und gehört zu den ausgesprochenen Langzeitblühern. Nicht selten bringt sie ihre malvenfarbenen Blüten solange hervor, bis der erste Frost den Beginn des Herbstes anzeigt. Diese *Verbena*-Art und die ihr verwandte *Verbena hastata* samen sich fast immer wieder selbst aus und verteilen sich überall im Staudenbeet. Dabei ist es ganz gut, dass sie nur wenig Platz beanspruchen.

Hochsommer

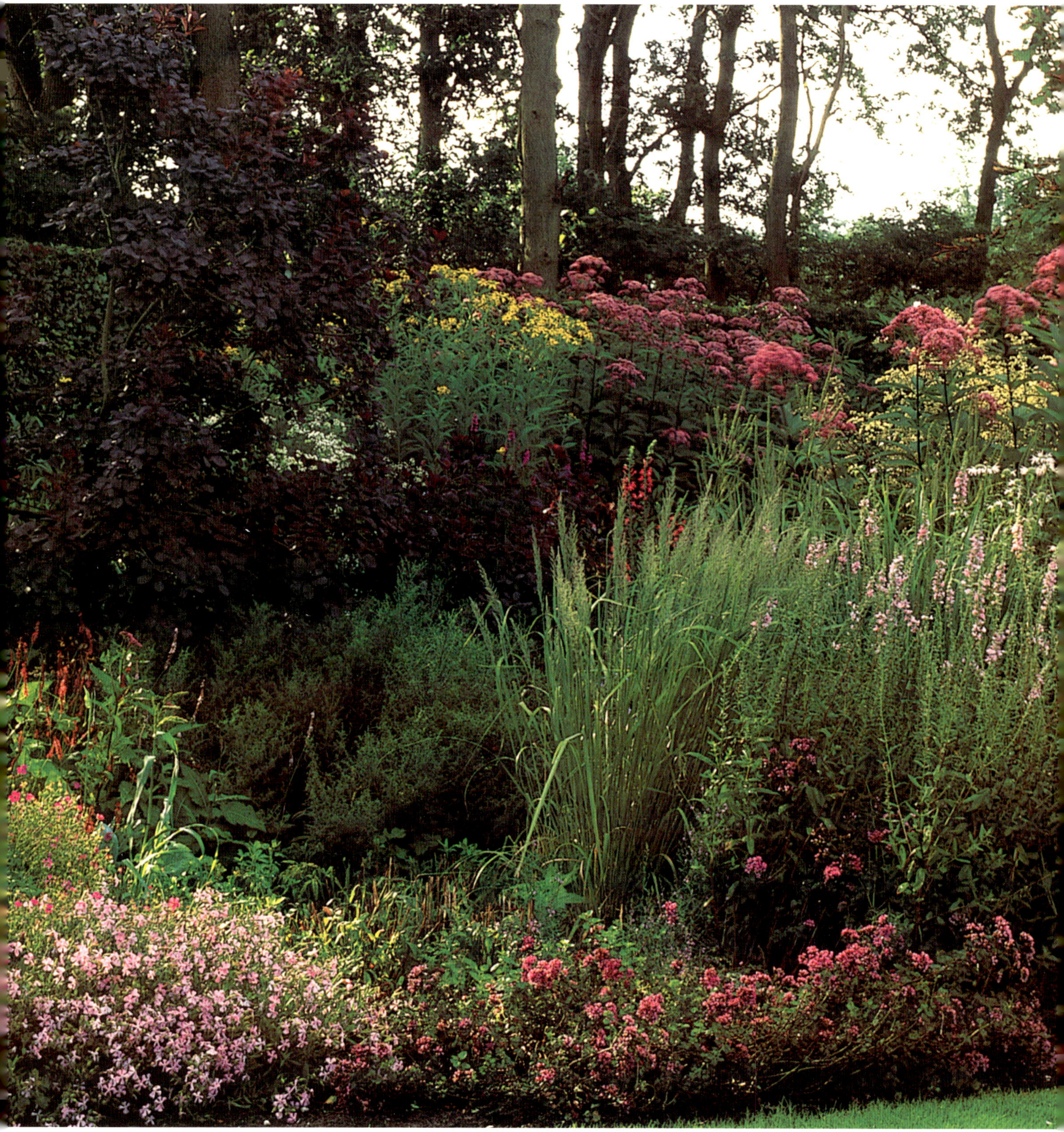

Spätsommer

Der Spätsommer ist der Höhepunkt für Staudenliebhaber. Viele Stauden blühen jetzt in ihrer ganzen Fülle und Üppigkeit. Manche werden sogar so hoch, dass sich ein Mensch daneben ganz klein fühlen muss.
Links: Der Wasserdost *Eupatorium maculatum* 'Atropurpureum' (links oben) überragt die rosafarbenen Blüten von *Lavatera cachemiriana* (links), *Monarda* (rechts) und *Lythrum*. Die meisten Pflanzen, die nun blühen, wachsen hoch und aufrecht und besitzen eine kräftige Struktur. Sie lassen wenig Raum frei, so ist es fast nicht erforderlich, Leerräume mit Füllpflanzen zu schließen. Ein sehr guter Füller ist das Seifenkraut *Saponaria × lempergii* 'Max Frei' (unten links), das besonders am vorderen Abschluss des Staudenbeetes zur Wirkung kommt. Auf dem Bild oben steht *Eupatorium* immer noch majestätisch aufrecht, obwohl die Pflanzen verblüht sind. – Der Wasserdost besitzt eben eine so kräftige Struktur, dass er stehen bleibt. Vor ihm erkennt man die hohen Stängel von *Helianthus salicifolius*, einer Staudensonnenblume. Man pflanzt sie nicht wegen ihrer Blüte, sondern wegen ihrer dekorativen schmalen Blätter, die rund um den hohen Stängel angeordnet sind. Diese ungewöhnliche Blattpflanze kommt besonders gut im vorderen Bereich von großen Staudenbeeten zur Geltung. Ihr zugesellt ist die lang anhaltend blühende *Verbena bonariensis*, deren Blütezeit vom Hochsommer bis zum frühen Winter andauert.

Tod   Frühherbst

Der Frühherbst bedeutet im Grunde eine Verlängerung der spätsommerlichen Pracht, aber je weiter die Zeit fortschreitet, desto mehr Pflanzen sterben ab und die Stängel der noch blühenden Gewächse werden hinfällig oder unansehnlich. Nun übernehmen die Gräser eine zunehmend wichtige Rolle im Garten. Viele Gräser, insbesondere die großen *Miscanthus*-Sorten, blühen erst ziemlich spät. Sie werden in dem Maße, wie die Stauden aufhören zu blühen und absterben, zu einem immer wichtigeren Element des Staudenbeetes, denn nun reifen ihre Samenstände und werden zu markanten Blickpunkten. Auf dem Bild links bildet zum Beispiel *Molinia caerulea* 'Transparent' den zarten Hintergrund für spät blühende Stauden, unter anderem für *Sanguisorba officinalis* 'Asiatic Form' mit den dunkelroten Knöpfen und für *Echinacea purpurea*. Die Fruchtstände nehmen mehr und mehr zu, doch sollte man dies positiv sehen, denn manche Pflanzen sehen am schönsten aus, wenn sie verblüht sind. Ein eindrucksvolles Beispiel dafür ist eben *Echinacea purpurea* (unten rechts), die im Vergehen besonders reizvoll aussieht. Die Samenstände von *Veronicastrum sibiricum* 'Spring Dew' (oben) wirken weiterhin eindrucksvoll und schaffen einen spannungsreichen Kontrast zur rostbraunen *Helenium*-Hybride 'Kupferzwerg'. Rechts: Die auffallenden Fruchtstände des Weidenröschens *Epilobium angustifolium* 'Album', aus denen die Samen in großen wattig-weißen Wolken hervorquellen.

Pflanzen die in Schönheit sterben: *Aster, Aconitum, Anemone-Japonica-Hybriden, Cimicifuga, Helenium autumnale, Kirengeshoma palmata, Polygonum amplexicaule, Rudbeckia, Scutellari incana, Sedum telephium* in Sorten, *Tricyrtis formosana, Verbesina alternifolia.* Gräser: *Miscanthus, Molinia*-Sorten.

Herbst

Jetzt neigt sich die Waagschale – weg von Blüten und Leben hin zu Samen, absterbendem Laub und Tod. Aber es gibt immer das Versprechen einer Wiedergeburt und Auferstehung. Im Garten übernehmen nun die immergrünen Pflanzen eine wichtige Rolle. Sie bilden einen kräftigen, dunklen Kontrapunkt zu den dominierenden Brauntönen und dem fahlen Strohgelb. Einige Pflanzen blühen noch (oben), wie zum Beispiel *Astrantia major* 'Roma' und *Saponaria* × *lempergii* 'Max Frei', aber *Geranium soboliferum*, *Geranium wlassowianum* (Detailaufnahme links) und das Pfeifengras *Molinia* rechts im Bild zeigen die reiche Palette der Herbstfärbung. Nur wenige Stauden haben im Herbst eine so schöne Blattfärbung wie die Bäume; hierzu gehören einige *Geranium*-Sorten. Später, besonders wenn es kalt ist, kommen noch *Euphorbia palustris*, *Darmera peltata* und *Gaura lindheimeri* hinzu. Gräser in der Kombination mit *Darmera peltata* zeigen das typische Bild des herbstlichen Vergehens. Sie betonen die festen Konturen der Hecken und der geschnittenen Eiben (oben rechts), und zugleich lässt das Sonnenlicht die Umrisse und die Farben von *Eryngium giganteum* (unten rechts) aufleuchten. Sie gehören zu den ausdauerndsten Stauden. Sie stehen sogar nach Monaten noch aufrecht, wenn Regen und Wind alle anderen um sie herum schon aufgeweicht haben und sie zusammengefallen sind.

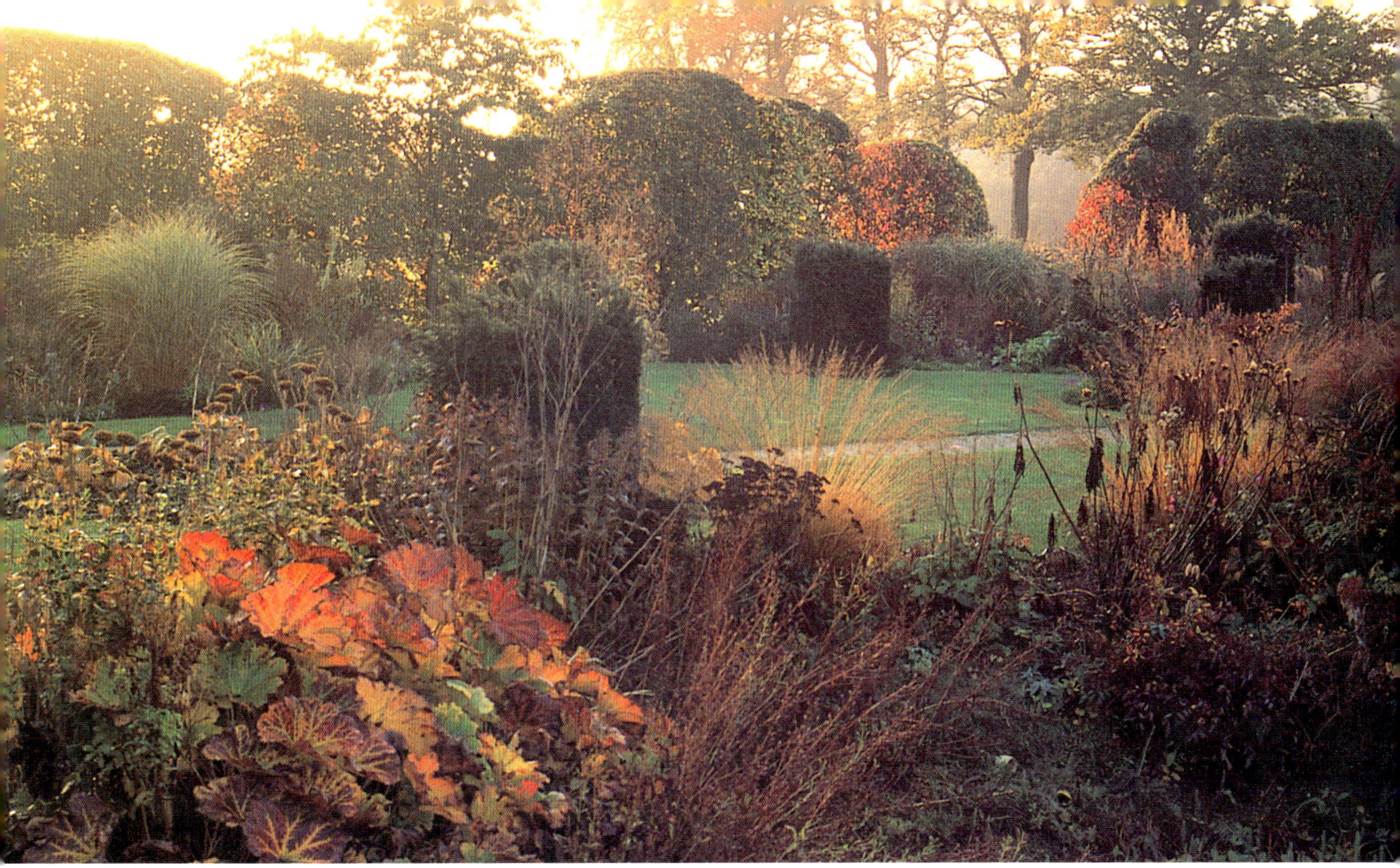

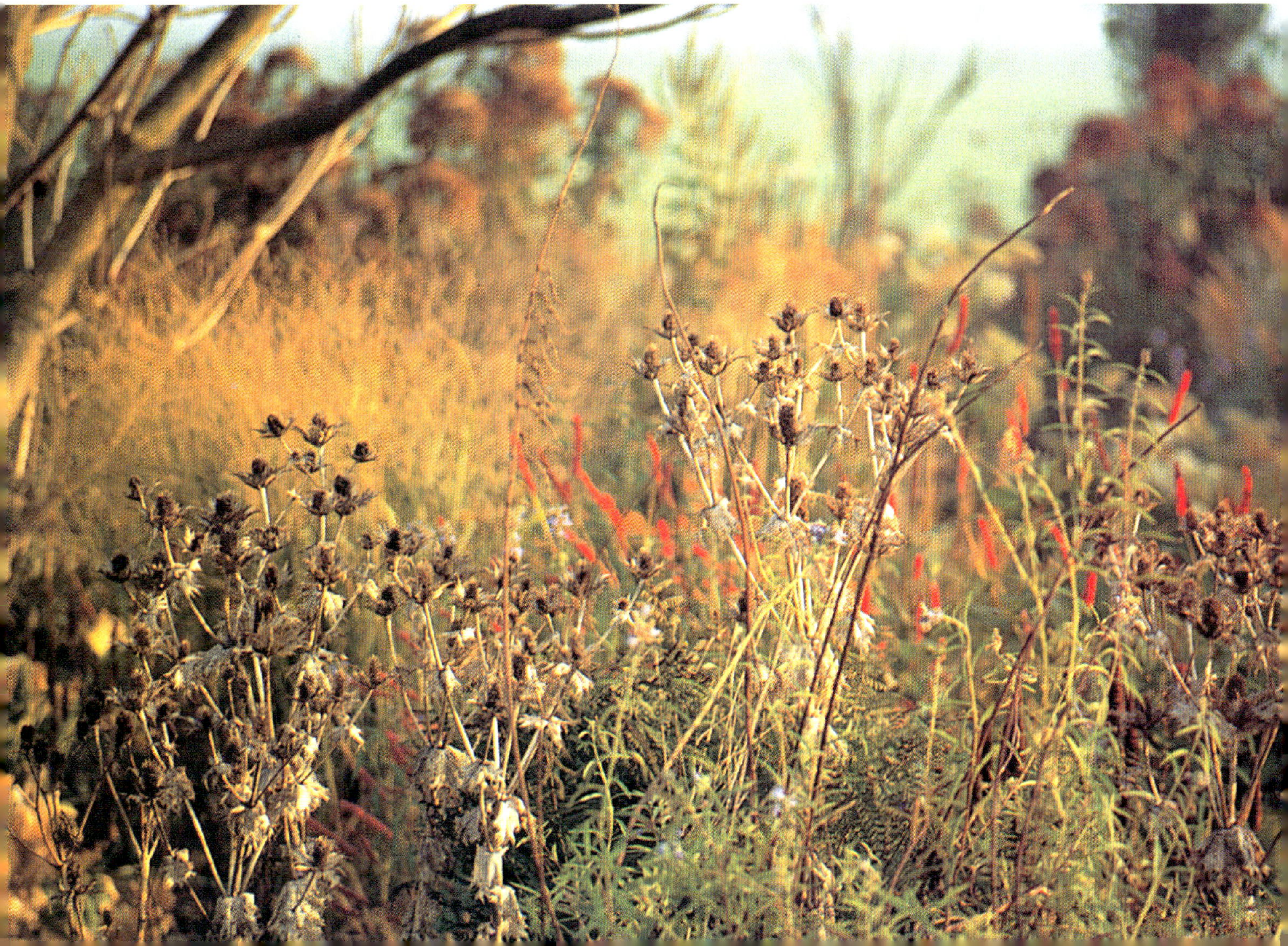

Spätherbst

Viele Gärtner meinen, die abgestorbenen Stängel der Stauden am Ende des Jahres seien nur noch für den Komposthaufen gut. Aber Pflanzen können auch im Tod noch genauso schön sein wie im Leben. Man könnte sogar so weit gehen zu behaupten, eine Pflanze, die in abgestorbenem Zustand nicht gut aussieht, sei es nicht wert, kultiviert zu werden! Viele Arten bewahren tatsächlich ihr schönes Äußere, auch nachdem sich das Leben zurückgezogen hat. Dies gilt insbesondere für den Spätherbst, wenn die zarten strohfarbenen Töne von Stängeln und Blättern noch frisch sind. Außerdem zeigen sich jetzt unzählige Fruchtstände, die sich voneinander genauso sehr unterscheiden wie die Pflanzen selbst. Es lohnt sich, das spätherbstliche Staudenbeet mit Muse zu betrachten und zu beobachten, wie sich die Blumen des Sommers verändern: Waren sie im Sommer die Verkörperung von Farbe und Wachstum, so sind sie nun nur noch Gerippe und Ausdruck der Vergänglichkeit.

Die Fruchtstände von *Eupatorium maculatum* (ganz oben) bilden dichte Büschel, die Samen von *Ligularia japonica* (oben) hingegen sind so zart, dass sie vom kleinsten Windhauch davongetragen werden. Rechts: Ein großes Exemplar des Chinaschilfes, *Miscanthus sinensis* 'Flamingo', dominiert die Bepflanzung. Seine silbrigen Samenstände bleiben noch lange bis in den Winter hinein stehen, während die Samenstände der Pflanzen im Vordergrund schon bald verschwunden sein werden und, wie man sieht, nur noch die Skelette übrig bleiben. Ein paar Blüten von *Polygonum amplexicaule* haben hier ihre Herbstfärbung behalten. Diese Art blüht bis zum ersten starken Frost, dann fallen die Pflanzen in sich zusammen.

140 Die Pflanzung im Jahreslauf

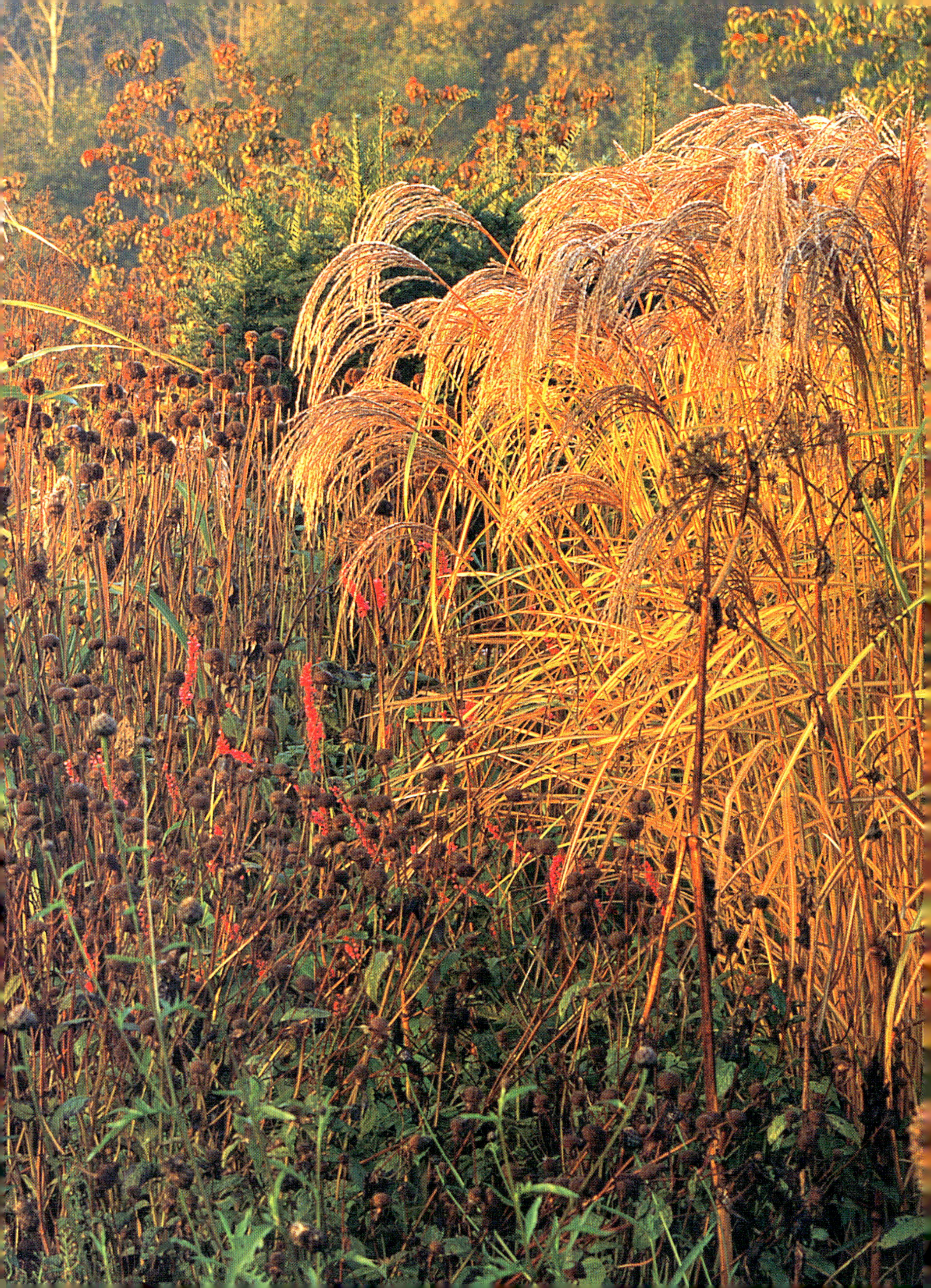

Pflanzen, die den ganzen Winter über stehen bleiben: *Achillea, Agastache, Amsonia, Astilbe, Cimicifuga*-Arten und ihre Sorten, *Echinacea, Eryngium, Eupatorium maculatum* 'Atropurpureum'

Winter

Schnee und Frost, besonders Raureif, der alles mit einer Schicht aus Eiskristallen überzieht, verwandeln die Brauntöne des Herbstes in eine winterliche Wunderwelt von Grau und Weiß.
Die Samenstände von *Miscanthus sinensis* 'Silberturm' (links) sind durch den Frost nach unten gebogen worden, und so entstand ein Springbrunnen aus Eis. Die Fruchtstände der steiferen Indianernessel, *Monarda*, im Vordergrund dagegen bleiben aufrecht stehen.
Oben: *Verbena hastata*. **Unten**: *Eryngium giganteum*.
Die Witterung ist für das Aussehen der Stauden im Winter ausschlaggebend. Ist der Herbst trocken, behält das abgestorbene Blattwerk seine Form, ideal für prächtige Szenerien, wenn der Raureif kommt. Ist der Herbst dagegen feucht, werden viele Stauden modrig und fallen in sich zusammen. Nur einige wenige bleiben dann stehen, wie zum Beispiel *Monarda* und *Phlomis*, die steife Stängel haben und feste Fruchtstände. Nicht zu vergessen die Gräser, die im Allgemeinen den ganzen Winter über ausharren und gut aussehen. Ein Gärtner, der im Herbst alle abgestorbenen Stauden abschneidet, wird diese Erfahrungen nicht machen können.

Monarda, Nepeta-Arten, *Phlomis*-Arten, *Rodgersia, Rudbeckia, Sedum* in Sorten. Gräser: *Deschampsia cespitosa, Stipa brachytricha*

Pflanzen-Lexikon

Die Liste nennt die wichtigsten Stauden und Gräser. Nach der Kurzbeschreibung folgen Angaben zur Kultur und Vorschläge für Pflanzenpartner. Nicht alle dieser Kombinationspflanzen werden im Folgenden auch beschrieben. Ausführliche Beschreibungen der Pflanzen findet man aber in den einschlägigen Fachbüchern.

Stauden

Acanthus, Bärenklau
Diese imposanten Stauden besitzen einen ausgesprochen architektonischen Charakter.

A. hungaricus
Die große, buschig wachsende, ornamentale Staude besitzt glänzende, gezähnte Blätter. Die großen weißen und rosalila Blüten, die im Hochsommer erscheinen, erinnern von weitem an jene des Fingerhutes. H (= Höhe) 100 cm × B (= Breite) 60 cm.
Kultur: Verträgt gut Trockenheit. Für sonnige bis leicht schattige Plätze.
Partner: *Heuchera, Geranium.*

Achillea, Garbe
Die straff aufrecht wachsenden Stauden mit ihren farnähnlichen Blättern zeigen im Sommer ihre großen, meist flachen Trugdolden, zusammengesetzt aus vielen kleinen Compositenblumen.

A. millefolium, Schafgarbe
Flache, cremeweiße Bütenköpfe öffnen sich im Hochsommer und Spätsommer. Wird Verblühtes entfernt, blüht die Staude ein zweites Mal. Die dunkelgrünen Blätter sind deutlich gefiedert. H 75 cm × B 45 cm.

Achillea-Hybriden
'Credo'
Diese neue Sorte wuchert nicht so stark wie die *A. millefolium*. Die schwefelgelben Blütenstände eignen sich sehr gut für den Vasenschnitt.
H 120 cm × B 45 cm.

'Feuerland'
Leuchtend rote Blumen mit gelber Mitte, die allmählich zu einem sehr schönen Ockergelb verblassen.
H 75 cm × B 45 cm.

'Martina'
Die robuste Sorte bringt große, schwefelgelbe Blütenstände hervor und blüht lange. H 60 cm × B 30 cm.

'Summerwine'
Die Blumen sind dunkel weinrot und changieren später nach Violett. Anders als die meisten *Achillea*-Sorten verblassen die Blumen nicht zu einem Weißgrau. H 75 cm × B 45 cm.

'Terracotta'
Die Blumen variieren von Gelb bis zu einem hellen Braunorange.
H 90 cm × B 45 cm.

'Walter Funcke'
Wie 'Feuerland', nur kleiner, mit rötlich ockergelben Blumen und einem etwas grauerem und gröberem Blatt.
H 75 cm × B 30 cm.

Kultur: Die sehr widerstandsfähigen Garben samen sich unter Umständen kräftig aus. Sie bevorzugen Böden mit gutem Wasserabzug und Sonne.
Partner: *Artemisia, Eryngium, Filipendula, Gypsophila, Monarda, Salvia, Scabiosa, Stipa, Veronicastrum.*

Aconitum, Eisenhut
Auffallende Stauden mit aufstrebenden, vielfach rispenartig verzweigten Blütenschäften.

A. × cammarum 'Newry Blue'
Die robuste Pflanze blüht als eine der ersten im Frühsommer mit dunkelblauen Blüten. H 120 cm × B 30 cm.

A. carmichaelii var. wilsonii
Die große, wirkungsvolle Hintergrundpflanze fällt wegen ihrer blauen Blüten, die im Herbst erscheinen, besonders auf, weil es zu dieser Zeit im Garten kaum mehr wirklich Blaues gibt.
H 120 cm × B 30 cm.

A. carmichaelii var. wilsonii 'Grandiflorum Album'
Die Knospen schimmern grün, aber die geöffneten Blüten sind reinweiß.
H 120 cm × B 30 cm.

Kultur: Volle Sonne oder leichter Schatten. Am besten in nährstoffrei-chem, nicht austrocknendem Boden.
Partner: *Astilbe, Anemone, Cimicifuga, Thalictrum.*

Agastache, Duftnessel
Dem Yssop ähnliche Stauden mit aromatisch duftenden Blättern und Blütenkerzen im Sommer.

A. foeniculum
Im Hochsommer bis zum Spätsommer erscheinen die blauvioletten Blüten, welche die Bienen anlocken und intensiv nach Anis duften.
H 90 cm × B 30 cm.

Kultur: Die Pflanzen lieben Sonne und gedeihen in jedem Boden.
Partner: *Achillea, Anthemis, Artemisia, Eryngium, Knautia.*

Amsonia
Die langsam wachsenden Stauden oder Halbsträucher bringen im Frühsommer doldenähnliche Blütenstände aus trichterförmigen Einzelblüten hervor.

A. orientalis (= *Rhaza orientalis*)
Die weichen, blaugrauen Blüten stehen in lockeren Büscheln. Diese Art eignet sich besonders gut als Füllpflanze, am besten an einem sonni-gen Standort. H 30 cm × B 30 cm.

A. tabernaemontana var. salicifolia
Die schwarzvioletten Neutriebe stehen in starkem Kontrast zu dem weidenähnlichen Blattwerk. Im Hochsommer erscheinen die blauen Blütenbüschel.
H 75 cm × B 30 cm.

Kultur: Für gut dränierte Böden und einen Standort im Halbschatten. Einmal gepflanzte Exemplare sollte man in Ruhe lassen, sie vertragen Störungen nicht gut.
Partner: *Achillea, Astrantia, Eryngium, Euphorbia, Filipendula, Geranium, Geum, Hemerocallis, Heuchera, Hosta, Salvia.*

Anemone
Die staudigen Anemonen öffnen ihre flachen Blütenteller im Spätsommer bis Herbst.

A.-Japonica-Hybriden, Japan-Anemonen
Die hübschen Pflanzen bringen weiße oder rosa Blüten, die ab dem Spätsommer bis zum Frühherbst zahlreich an den lockeren Rispen erscheinen. H 150 cm × B 60 cm.

Kultur: Japan-Anemonen gedeihen in humusreichen, gut dränierten Böden, in voller Sonne oder im Halbschatten.
Partner: *Aconitum, Cimicifuga, Eupatorium, Persicaria, Verbena.*

Angelica, Engelwurz
Die monumentale Staude trägt im Sommer ihre kurzlebigen Blüten in großen Dolden.

A. gigas
Diese auffallende Pflanze bringt ihre kuppelförmigen Dolden aus dunkel pflaumenblauen Blüten im Spätsommer hervor.
H 140 cm × B 45 cm.

A. sylvatica 'Vicar's Mead'
Die lilarosa Blüten und Fruchtstände stehen in offenen Dolden über rötlichen Blättern.
H. 140 cm × B 45 cm.

Kultur: In jedem Boden, aber in voller Sonne. Leicht aus Samen zu ziehen.
Partner: *Eupatorium, Monarda, Persicaria, Phlox.*

Anthriscus, Kerbel
Die zierlichen Blütendolden erscheinen im Frühsommer.

A. sylvestris 'Ravenswing'
Diese Form des Wiesenkerbels wächst straff aufrecht. Im späten Frühling schieben sich die weißen Blütendolden zwischen dem farnähnlichen, dunkel rotbraunem Blattwerk empor.
H 75 cm × B 30 cm.

Kultur: Liebt Sonne oder zeitweisen Schatten in jedem nährstoffreichen Boden, der nicht zu trocken ist.
Partner: *Aquilegia, Chaerophyllum, Digitalis, Nepeta, Sanguisorba.*

Aralia
Große Stauden mit kleinen Einzelblüten in Dolden, die wiederum in Rispen angeordnet sind. Aralien werden vorwiegend ihres markanten Blattes wegen gepflanzt.

A. californica
Vom Hochsommer bis zum Spätsommer erscheinden die duftigen Rispen aus weißen Blütendolden, denen Büschel schwarzer Beeren folgen. Die eleganten, hellgrünen, geteilten Blätter gewinnen den Sommer über mehr und mehr an Fülle.
H 250 cm × B 200 cm.

Kultur: Obwohl die Aralie winterhart ist, braucht sie ein bisschen Schutz. Sie gedeiht am besten in der Sonne oder im Halbschatten, in nährstoffreichem, gut dräniertem Boden.
Partner: *Calamagrostis, Cimicifuga, Ligularia, Macleaya, Miscanthus, Rodgersia.*

Artemisia, Edelraute, Beifuß
Artemisia-Arten pflanzt man in aller Regel wegen ihres meist silbrigen und duftenden Blattwerks. *A. lactiflora* bildet eine Ausnahme: Sie zeichnet sich durch die großen verzweigten Rispen milchweißer Blüten aus und durch dunkelgrüne, gefiederte Blätter.

A. lactiflora Guizhou-Gruppe
Im Spätsommer und zu Beginn des Herbstes schmücken die cremeweißen, gebogenen Blütenrispen. Die dicht behaarten Blätter sind im Austrieb violett. H 180 cm × B 75 cm.

A. lactiflora 'Rosa Schleier'
Zart rosa Blüten bilden einen auffälligen Kontrast zu den tief dunkel-roten Stängeln. Wird unter Umständen sehr groß:
H 250 cm × B 75 cm.

Kultur: Diese *Artemisia*-Sorten lieben feuchte Böden an sonnigen oder absonnigen Plätzen.
Partner: *Achillea, Anthemis, Eryngium, Knautia, Perovskia, Platycodon, Salvia.*

Aster
Astern schätzt man wegen der lange anhaltenden Blütezeit (sie reicht vom Spätsommer bis zum Frühherbst) und wegen den sternförmigen Compositenblumen.

A. cordifolius 'Little Carlow'
Im Spätsommer und Frühherbst erscheinen die zierlichen violett-blauen Blumen in Massen.
H 90 cm × B 45 cm.

A. cordifolius 'Silver Spray'
Im Spätsommer und Frühherbst öffnen sich die kleinen durchscheinenden Blumen in silbrigem Blau bis Weiß mit sich rot verfärbender Mitte.
H 120 cm × B 45 cm.

A. × frikartii 'Mönch'
Die Sorte blüht vom Sommer bis in den Spätherbst hinein. Zungenblüten violett-blau, Röhrenblüten gelb.
H 75 cm × B 45 cm.

A. laterifolius 'Coombe Fishacre'
Vom Sommer bis zum Frühherbst umhüllt sich diese buschige Pflanze mit einer Masse aus lila Blumen mit einer Mitte aus roten Röhrenblüten.
H 90 cm × 45 cm.

A. laterifolius 'Horizontalis'
Die dunklen Blätter bilden einen schönen Hintergrund für die kleinen weißen Blumen mit rotbrauner Mitte, die im Spätsommer erscheinen. Diese buschig wachsende Pflanze breitet sich gern aus.
H 60 cm × B 60 cm.

A. laterifolius 'Lady in Black'
Vom Spätsommer bis zum Frühherbst öffnen sich Massen von hübschen, zart cremfarbenen Blumen. Stängel und Blätter dieser hohen Sorte sind rötlich.
H 140 cm × B 75 cm.

A. novae-angliae 'Violetta'
Die Raublattaster trägt auffallende dunkelvioletten Blumen mit gelber Mitte, die sich vom Spätsommer bis zum Frühherbst öffnen.
H 150 cm × B 60 cm.

A. umbellatus
Attraktive kleine weiße Blumen öffnen sich im Spätsommer und Frühherbst. Sie stehen auf kräftigen und aufrechten doldentraubigen Ständen. Die auffälligen weißen Fruchtstände sollen sich ruhig den Winter über entwickeln.
H 180 cm × B 75 cm.

Aster-Hybriden
'Herfstweelde'
Blass blaue Blumen mit gelber Mitte – genauso zart wie jene von Aster ericoides, aber doppelt so groß – öffnen sich vom Spätsommer bis zum frühen Winter.
H 140 cm × B 75 cm.

'Pink Star'
Vom Hochsommer bis zum Herbst sitzen die schönen intensiv rosa Blumen auf den kräftigen, aufrechten Stängeln der ausgesprochenen Beetpflanze. H 120 cm × B 60 cm.

'Twilight'
Vom Hochsommer bis zum Herbst erscheint eine Fülle von kleinen sternförmigen, blauen Blumen. Diese Sorte beginnt mit der Blüte früher als alle anderen Asternsorten. Die Pflanze dehnt sich allmählich in die Breite aus. H 60 cm × 45 cm.

Kultur: Alle Astern lieben gut dränierte Böden und angemessene Feuchtigkeit das ganze Jahr über. Bevorzugt wachsen sie an sonnigen oder absonnigen Plätzen.
Partner: *Achillea, Calamagrostis, Cimicifuga, Echinacea, Eupatorium, Helenium, Lobelia, Nepeta, Veronicastrum.*

Astilbe
Diese sommerblühenden Stauden sind sehr beliebt wegen ihrer weichen fedrigen Blütenrispen.

A. chinensis var. taquetii 'Purpurlanze'
Im Hochsommer öffnen sich die purpurroten Blüten. Wenn man die Rispen stehen lässt, bleiben sie bis tief in den Winter hinein dekorativ.
H 90 cm × B 75 cm.

A. thunbergii 'Professor van der Wielen'
Die eleganten weißen Blütenstände sehen im Spätsommer fantastisch aus, besonders wenn sie in großen Gruppen gepflanzt sind.
H 120 cm × 90 cm.

Kultur: Alle Astilben lieben humusreichen, frischen Boden und Schatten.
Partner: *Astrantia, Campanula, Delphinium, Digitalis, Geranium, Hemerocallis, Heuchera,* die meisten Gräser.

Astilboides, Tafelblatt
Imposante, großblättrige Stauden mit weißen, reichblütigen, leicht überhängenden Traubenrispen. Besonders gut geeignet für Plätze am Wasser.

A. tabularis (= *Rodgersia tabularis*)
Weiße Traubenrispen erscheinen im Hochsommer über den auffallend großen, runden Blättern. Im Handel wird diese Art häufig noch unter ihrem alten Namen angeboten.
H 120 cm × 75 cm.

Kultur: Das Tafelblatt liebt Sonne oder Halbschatten, aber der Boden darf nicht zu trocken sein.
Partner: *Astrantia, Cimicifuga, Deschampsia, Geranium, Hemerocallis, Hosta, Iris, Lythrum, Molinia, Thalictrum.*

Astrantia, Sterndolde
Bei diesen attraktiven Hochsommerblühern stehen die winzigen Blüten zusammen in knopfartigen Dolden, umgeben von strahlenartigen Hüllblättern.

A. major 'Cannemann'
Diese Sorte neigt zu unterschiedlichen Erscheinungsformen, da sie durch Samen vermehrt wird. Die großen, dunkelroten Blütenstände verfärben sich grün oder weiß. Vom Spätfrühling bis zum Herbst blühen die Pflanzen zwei- oder dreimal.
H 75 cm × B 30 cm.

A. major 'Claret'
Bei dieser dunkelsten *Astrantia*-Sorte handelt es sich um eine Auslese der bekannten Sorte 'Ruby Wedding'. Im Frühsommer tragen die verästelten Stängel rote Blütenstände.
H 75 cm × B 30 cm.

A. major 'Roma'
Die dankbare rosafarbene Sorte blüht ab dem späten Frühjahr.
H 75 cm × B 30 cm.

A. major 'Shaggy'
Diese Sorte wird auch unter dem Namen 'Margery Fish' gehandelt. Die Blütenstände im späten Frühjahr fallen durch lange, gedrehte weiße Hüllblätter mit grünlichen Spitzen auf. H 75 cm × B 30 cm.

A. maxima
Im Hochsommer entwickeln sich große, rein rosa Blütenstände zwischen den dreifach geteilten, doppelt gesägten Blättern. (*A. major* und andere Sorten besitzen fünffach geteilte Blätter.)
H 60 cm × B 45 cm.

Kultur: Alle Sterndolden vertragen Sonne oder Halbschatten und sie verlangen gut dränierten, aber niemals trockenen Boden.
Partner: *Achillea, Astilbe, Eryngium, Foeniculum, Lychnis, Lythrum, Sesleria.*

Baptisia, Färberhülse
Die eigenwillig aussehenden Stauden mit Schmetterlingsblüten wirken häufig strauchartig.

B. australis
Kräftige grau-grüne Stängel und blau-graue Blüten machen die Attraktivität dieser Pflanze aus, selbst wenn sie nicht blüht, denn der an Lupinen erinnernde Blütenstand wird zu einem ausgesprochen dekorativen Fruchtstand. H 120 cm × B 60 cm.

B. pendula (= *B. alba*)
Diese Art ist das weißblühende Gegenstück der *B. australis*. Die weißen Blüten stehen in Kontrast zu den dünnen, zart grauen Stängeln. Schon eine einzige Pflanze wirkt dekorativ. H 90 cm × B 60 cm.

Kultur: Benötigt Sonne und nährstoffreichen Boden. Braucht unter Umständen lange, bis sie sich etabliert hat und sollte möglichst nicht mehr verpflanzt werden.
Partner: *Centaurea, Crambe, Delphinium, Papaver.*

Calamintha, Bergminze
Die niedrigen, buschig wachsenden Pflanzen mit den aromatischen Blättern eignen sich gut als Füllpflanzen.

C. grandiflora
Die sehr beständigen rosafarbenen Blüten erscheinen vom frühen Frühjahr bis zum Spätsommer.
H 35 cm × B 20 cm.

C. nepeta subsp. nepeta
Ab dem Hochsommer öffnen sich die porzellanblauen Blüten. Die Pflanzen blühen bis zum Herbst.
H 30 cm × B 20 cm.

'White Cloud'
Die weißen Blüten öffnen sich vom Hochsommer bis zum Herbst.
H 30 cm × B 20 cm.

Kultur: Steinquendel lieben volle Sonne und vertragen Trockenheit. Sie gedeihen in jedem Boden.
Partner: *Achillea, Centranthus, Coreopsis, Gypsophila, Monarda, Saponaria, Sidalcea.*

Campanula, Glockenblume
Diese im Frühjahr und Sommer blühenden Stauden werden vor allem als Füllpflanzen verwendet, allerdings wächst *C. latifolia* aufrecht. Die blauvioletten Blüten bestechen durch ihre Glockenform. Bisweilen setzt man Glockenblumen in Gruppen.

C. lactiflora, Riesendoldenglockenblume
Von allen hohen Glockenblumen hat diese Art die kleinsten Blüten, die in reich besetzten verzweigten Rispen stehen. Ihre Farbe variiert von Blassblau bis Dunkelblau und wird zum Blütenzentrum hin etwas heller. Die Blütezeit beginnt im Hochsommer. Wenn man die Pflanze Mitte Mai zurückschneidet, wird die Blüte verzögert und man verhindert, dass die Pflanze zu hoch wächst und abknickt.
H 150 cm × B 45 cm.

C. lactiflora 'Alba'
Diese weiße Auslese der Waldglockenblume blüht ebenfalls im Hochsommer. H 120 cm × B 30 cm.

C. lactiflora 'Loddon Anne'
Im Hochsommer öffnen sich fragile, lilarosa Blüten.
H 150 cm × B 30 cm.

Stauden

C. latifolia 'Gloaming'
Im Hochsommer öffnen sich lavendelrosa Blüten, gefolgt von feinen, filigranen Fruchtständen, die bis in den Winter hinein stehenbleiben.
H 75 cm × B 30 cm.

C. portenschlagiana, Dalmatiner Glockenblume
Die niedrigen Polster blühen unermüdlich im Hochsommer mit violettblauen, glockenförmigen Blüten. H 20 cm × B 45 cm.

C. poscharskyana 'E. H. Frost'
Im Frühsommer tragen die gewundenen Stängel kleine, glockenförmige Blüten in Blass blau bis Weiß mit etwas dunklerer Mitte.
H 20 × B 45 cm.

C. poscharskyana 'Lisduggan'
Im Frühsommer bilden die lavendelrosa Blüten eine schöne Bodenbe- deckung.
H 20 cm × B 45 cm.

Kultur: Völlig winterhart, für sonnige Standorte ebenso geeignet wie für den Halbschatten, aber an schattigen Standorten prägt sich die Farbe am besten aus.
Partner: *Alchemilla, Astilbe, Astrantia, Filipendula, Geum, Lychnis.*

Centaurea, Flockenblume
Diese Gattung zeichnet sich durch distelartige Blütenköpfe aus, die aus mittlerer Entfernung wie Knöpfe aussehen.

C. montana 'Carnea'
Im Frühsommer bieten sie im Zusammenspiel ihrer zart lila Strahlenblüten mit den dunkleren Röhrenblüten, den auffallenden Staubblättern und den grauen Blättern einen hübschen Gesamteindruck.
H 45 cm × B 30 cm.

Centranthus, Spornblume
Die Blüten stehen in dichten Trugdolden. Spornblumen eignen sich gut als Füllpflanzen an trockenen, steinigen Standorten.

C. ruber 'Albus'
Im Hochsommer erscheinen zwischen den bläulichen Blättern die aus unzähligen kleinen weißen Blüten zusammengesetzten Blütenstände. Die duftig weißen Blüten eignen sich besonders gut, um Verbindungen zwischen Pflanzen herzustellen, die eine eher steife Gestalt aufweisen.
H 60 cm × B 60 cm.

C. ruber 'Coccineus'
Die scharlachroten Blüten setzen im Hochsommer einen starken Akzent im Beet.
H 60 cm × B 60 cm.

Kultur: Spornblumen gedeihen in der Sonne und in nährstoffarmen Böden.
Partner: *Achillea, Artemisia, Astrantia, Monarda, Penstemon, Potentilla, Salvia, Sidalcea, Stipa, Veronicastrum.*

Chaerophyllum, Kälberkropf
Diese Doldenblütler sind im Vergleich zu den meisten anderen aus dieser Familie zuverlässigere Stauden.

C. hirsutum 'Roseum'
Im späten Frühjahr öffnen sich die Dolden mit rosafarbenen Blüten.
H 90 cm × B 45 cm.

Kultur: Die Pflanzen lieben Sonne oder Halbschatten und vertragen jeden Boden.
Partner: *Alchemilla, Astrantia, Geranium, Luzula, Salvia, Veronica.*

Cimicifuga, Silberkerze
Diese Gattung zeichnet sich durch ihre beeindruckenden Blütentrauben aus, die im Spätsommer und Herbst erblühen.

C. ramosa, Atropurpurea-Gruppe, September-Silberkerze
Im Spätsommer erscheinen weiße, süß duftende Blüten, die am Außenrand mit dem gleichen Purpurton gesäumt sind, wie ihn auch die Stiele haben. H 180 cm × B 75 cm.

C. simplex, Oktober-Silberkerze
Im Herbst erscheinen die dekorativen weißen Blütenkerzen. Diese Art zeigt sich im Frühjahr als die Schönste der Gattung und behält eine gute Silhouette bis in den Winter hinein.
H 140 cm × B 75 cm.

Kultur: Silberkerzen lieben lichten Schatten und vertragen weder heiße noch trockene Standorte. Sie gedeihen in jedem feuchten, aber gut dränierten Boden.
Partner: *Aconitum, Anemone, Aster, Astilbe, Lobelia, Persicaria, Sanguisorba, Veronicastrum.*

Clematis
Die meisten Arten sind Kletterpflanzen, aber niedrig wachsende und sich selbst tragende Clematis eignen sich auch zur Zwischenbepflanzung.

C. integrifolia
Die wunderbaren lilablauen Blüten mit cremeweißer Mitte öffnen sich im Frühsommer. Später bilden sich flaumige Fruchtstände, die bis in den Spätherbst an der Pflanze bleiben. Man sollte diese Pflanze wie eine Beetstaude behandeln.
H 60 cm × B 75 cm.

C. recta
Im Sommer bilden sich wunderhübsche, kleine weiße Blüten, die sich in silbrige Fruchtstände verwandeln und bis zum Herbst haften bleiben. Die Triebe wachsen bis zu 200 cm in die Höhe und benötigen Unterstützung. H 200 cm × B 140 cm.

Kultur: Beide Arten gedeihen an sonnigen Standorten und in jeder Art von gut dräniertem Boden.
Partner: *Astrantia, Crambe, Eryngium.*

Coreopsis, Mädchenauge
Diese Gattung zeichnet sich durch ihre Blütenköpfe mit sternartig angeordneten Strahlenblüten aus.

C. tripteris
Im Spätsommer öffnen sich die gelben Blumen auf den oben verzweigten, straff aufrechten Stängeln.
H 200 cm × B 75 cm.

Kultur: Mädchenaugen brauchen volle Sonne und gut dränierten, nährstoffreichen Boden.
Partner: *Astilbe, Delphinium, Eryngium, Filipendula, Phlox, Thalictrum.*

Crambe, Meerkohl
Zwischen auffallenden großen Blättern erscheint ein Feuerwerk von Blüten in Trauben oder Rispen.

C. cordifolia
Eine fantastische cremeweiße Blüten- wolke in Form einer blattlosen Rispe steht im Sommer über den auffallend großen Blättern.
H 150 cm × B 60 cm.

C. maritima, Meerkohl
Eine ganze Wolke von weißen Blüten erscheint im Sommer in sparrig verzweigten Rispentrauben über den großen wachsartigen, blau-grauen Blättern. H 60 cm × B 60 cm.

Kultur: *Crambe*-Arten ziehen sonnige Standorte vor, tolerieren aber auch etwas Schatten und gedeihen in gut dräniertem Boden.
Partner: *Baptisia, Delphinium, Hemerocallis, Papaver, Rheum.*

Digitalis, Fingerhut
Stauden und Zweijährige, wertvoll wegen ihrer dekorativen aufrechten, kerzenförmigen Blütentrauben.

D. ferruginea, Rostfarbener Fingerhut
Kleine kupfergelbe Blüten mit brauner Äderung stehen im Sommer in einer schmalen Traube. Die hohen, schlanken Pflanzen säen sich großzügig selbst aus.
H 120 cm × B 20 cm.

D. grandiflora, Gelber Fingerhut
Große, cremegelbe Blüten mit hellbrauner Äderung öffnen sich im Sommer über einen langen Zeitraum hinweg. H 60 cm × B 20 cm.

D. parviflora
Diese ungewöhnliche Pflanze präsentiert sich im Sommer über und über mit kleinen braunen Blüten beladen. H 60 cm × B 20 cm.

Kultur: Fingerhüte gedeihen am besten im Halbschatten und in frischen, gut dränierten Böden. Sie samen sich normalerweise gut selbst aus.
Partner: *Astrantia, Campanula, Eryngium, Euphorbia, Geranium, Heuchera.*

Echinacea, Sonnenhut
Große Blumen mit ausgeprägten Strahlenblüten stehen über kräftigen Pflanzen. Blütezeit ist Hoch- bis Spätsommer.

E. purpurea 'Augustkönigin'
Große Compositenblumen mit purpurfarbenen, hängenden Strahlenblüten erscheinen auf langen, robusten Stängeln im Hochsommer. Die kegelförmige Scheibe zeigt einen dunkel orangefarbenen Ton. Die Blumen locken Schmetterlinge und Bienen an. H 90 cm × B 45 cm.

E. purpurea 'Green Edge'
Die attraktiven weißen Blumen zeigen einem Hauch von Grün auf den Strahlenblüten.
H 100 cm × B 50 cm.

E. purpurea 'Magnus'
Diese Sorte besitzt flach liegende purpurfarbene Strahlenblüten, die leicht zurückgebogen sind.
H 100 cm × B 50 cm.

E. purpurea 'Rubinstern'
Die Blumen sind intensiver rot gefärbt und ausdrucksstärker als die anderer Arten.
H 100 cm × B 50 cm.

Kultur: Für volle Sonne und nährstoffreiche Böden.
Partner: *Aster, Eupatorium, Filipendula, Helenium, Lythrum, Phlox, Persicaria, Sanguisorba.*

Echinops, Kugeldistel
Die im Sommer blühenden Stauden werden wegen ihrer kugelförmigen Blütenstände geschätzt.

E. sphaerocephalum
Die großen weißen Blütenköpfe, die im Hochsommer erscheinen, sind bei Bienen und Schmetterlingen sehr beliebt. Diese Pflanze ist sehr stark verzweigt und bewahrt auch im Winter eine fantastische Silhouette.
H 140 cm × B 90 cm.

'Veitch's Blue'
Kugelförmige violettblaue Blüten-stände erheben sich auf langen, kräftigen Stängeln im Hochsommer über den graugrünen Blättern.
H 120 cm × B 75 cm.

Kultur: Kugeldisteln wachsen am besten in voller Sonne und auf nährstoffarmen Böden.
Partner: *Achillea, Geranium, Perovskia, Salvia, Sanguisorba, Veronicastrum.*

Epilobium, Weidenröschen
Die kerzenförmigen Blütentrauben blühen vom Frühsommer bis zum Hochsommer.

E. angustifolium 'Album'
Aus der Entfernung sieht diese Pflanze wie ein sehr zarter Rittersporn aus, aber aus der Nähe betrachtet erkennt man sofort, dass es sich um die reinweiße Form des wohlbekannten Weidenröschens handelt.
H 150 cm × B 60 cm.

Kultur: Braucht Sonne und gedeiht auf fast allen Böden. Es samt sich nicht selber aus, aber die Wurzeln bilden Ausläufer.
Partner: *Delphinum, Filipendula, Lychnis, Sanguisorba, Thalictrum.*

Eryngium, Mannstreu, Edeldistel
Diese distelähnlichen Pflanzen wirken sehr stark durch ihre Struktur mit ihren dicht gepackten Blütenköpfen.

E. alpinum 'Blue Star'
Stahlblaue Hüllblätter umgeben die zylinderigen blauen Blütenstände, die sich im Hochsommer öffnen.
H 75 cm × B 30 cm.

E. giganteum 'Miss Willmott's Ghost'
Vom Hochsommer bis zum Spätsommer erscheinen stahlgraue Blüten- köpfe zwischen den silbergrauen Blättern. Diese Art ist zweijährig, sät sich aber selbst gut aus.
H 90 cm × B 45 cm.

E. × tripartitum
Vom Hochsommer bis zum Frühherbst öffnet sich eine Masse von violettblauen Blütenköpfen auf den dicht ver- zweigten Stängeln.
H 90 cm × B 60 cm.

Kultur: Edeldisteln gedeihen am besten an sonnigen Plätzen in nährstoffreichen, gut dränierten Böden.
Partner: *Achillea, Dictamnus, Lychnis, Phlomis, Potentilla, Salvia.*

Eupatorium, Wasserdost
Pflanzen dieser Gattung besitzen eine ausgesprochen architektonische Wirkung. Dies wird durch ihr Blattwerk und die doldenähnlichen Blüten-stände mit ihren sanften Farben noch betont.

E. cannabium 'Plenum'
Auffallende Blütenstände in Altrosé zeigen sich vom Hochsommer bis in den Herbst hinein.
H 150 cm × B 90 cm.

E. maculatum 'Album'
Die im Vergleich zur vorigen kleineren weißen Blütenbüschel erscheinen im Spätsommer.
H 250 cm × B 90 cm.

E. maculatum 'Atropurpureum'
Die großen doldenartigen Blütenbüschel mit kleinen violettrosa Blüten ziehen im Spätsommer Bienen und Schmetterlinge an.
H 150 cm × B 90 cm.

Kultur: Diese stattlichen Pflanzen lieben Sonne oder Halbchatten sowie feuchten, gut dränierten Boden.
Partner: *Angelica, Cimicifuga, Echinacea, Helenium, Miscanthus, Persicaria, Verbena, Veronicastrum.*

Euphorbia, Wolfsmilch
Die schalenförmigen Hochblätter umschließen mehrere Blüten, die nicht die typischen Kelch- und Kronblätter aufweisen. Die meisten gartenwürdigen Wolfsmilch-Arten werden als Füllpflanzen verwendet, auch wenn *E. characias* eine auffallende Gestalt besitzt.

E. characias subsp. wulfenii
Kleine gelbgrüne Blüten mit auffallendem dunklem Auge erscheinen im späten Frühjahr auf zahlreichen Stängeln. Die Pflanzen wachsen buschig rund.
H 90 cm × B 90 cm.

E. dulcis 'Chameleon'
Im Frühsommer öffnen sich die Blüten mit gelbgrünen, purpur überhauchten Hochblättern. An sonnigen Standorten verändert sich die Farbe der Blätter von Grün nach Purpur, und sie erscheinen transparent rot.
H 45 cm × B 45 cm.

E. griffithii 'Dixter'
Eine der auffallendsten Pflanzen des Frühsommers, wenn die hell orangefarbenen Blüten und Hochblätter einen schönen Kontrast zu den schmalen rötlichen Blättern bilden.
H 75 cm × B 45 cm.

E. schillingii
Im Frühsommer öffnen sich verzweigte Trugdolden mit gelbgrünen Blüten. Die jungen Triebe erscheinen transparent rot, die olivgrünen Blätter sind weiß geädert.

Kultur: Die hier erwähnten Wolfmilch-Arten gedeihen am besten an sonnigen oder halbschattigen Standorten mit frischem, gut dräniertem Boden.
Partner: *Actaea, Astrantia, Campanula, Digitalis, Epimedium, Hosta, Lamium.*

Filipendula, Mädesüß
Die Blüten dieser im Sommer blühenden Stauden stehen in dichten Doldenrispen.

F. nephele
Im Hochsommer erscheinen die zart rosa Blütenstände.
H 120 cm × B 45 cm.

F. rubra 'Venusta Magnifica'
Diese sich leicht ausbreitende Pflanze zeigt sich im Hochsommer mit großen duftigen, hellrosa Doldenrispen, die sich später zu einem schönen Kastanienbraun verfärben.
H 180 cm × B 75 cm.

Kultur: Diese Arten gedeihen am besten in voller Sonne und in gut wasserhaltenden Böden.
Partner: *Achillea, Echinacea, Echinops, Miscanthus, Monarda, Phlox, Sanguisorba, Thalictrum, Verbena.*

Foeniculum, Fenchel
Den Fenchel pflanzt man wegen seiner gelben Blütendolden und wegen der duftenden Blätter.

F. vulgare 'Giant Bronze'
Im Hochsommer erscheinen zart gelbe Blüten in lichten Dolden, eine auffällige Ergänzung zu den überaus feinen, bronzefarbenen Blättern.
H 150 cm × B 75 cm.

Kultur: Fenchel wächst am besten an sonnigen, offenen Standorten. Er verträgt Trockenheit. Unter Umständen stirbt er nach der Blüte ab, besonders in feuchten Böden, aber normalerweise sät er sich gut selbst aus.
Partner: *Calamagrostis, Echinacea, Echinops, Lavatera, Monarda, Sanguisorba, Stipa, Verbascum, Veronicastrum.*

Galega, Geißraute
Diese im Sommer blühenden Stauden zeichen sich aus durch ihre zarten Schmetterlingsblüten in aufrechten Trauben.

G. orientalis
Vom Hochsommer bis zum Frühherbst blühen die zarten leuchtend blauen Blütenbüschel ununterbrochen. Die Pflanzen neigen sehr dazu, sich nach allen Seiten auszubreiten.
H 120 cm × B 90 cm.

Kultur: Geißrauten wachsen überall auf offenen, sonnigen Standorten mit gut dränierten Böden.
Partner: *Delphinium, Eryngium, Euphorbia, Filipendula, Lychnis, Salvia.*

Gaura
Die Arten dieser Gattung werden vor allem als Füllpflanzen verwendet. Die Blüten sitzen auf langen, gewundenen Stängeln, die besonders im Herbst eine gute Strukturwirkung erzielen, wenn auch die Blätter eine schöne bräunliche Färbung annehmen.

G. lindheimeri 'Whirling Butterflies'
Im Hochsommer und Spätsommer erscheinen aparte weiße Blüten.
H 90 cm × B 45 cm.

Kultur: Gedeiht am besten an trockenen Standorten, ist aber nicht überall winterhart.
Partner: *Echinacea, Monarda, Potentilla, Sidalcea, Stipa.*

Geranium, Storchschnabel
Die *Geranium*-Arten verwendet man sehr häufig als Füllpflanzen. Die hervorragenden Bodendecker zeichnen sich durch ihre attraktiven Blüten und durch Robustheit aus.

G. × oxonianum 'Rose Clair'
Satinrosa Blüten verfärben sich nach Zartrosa. Die Blütezeit dauert den ganzen Sommer. Diese Sorte eignet sich sehr gut als Bodendecker.
H 30 cm × B 45 cm.

G. phaeum, Brauner Storchschnabel
Auf hohen Stängeln öffnen sich im späten Frühjahr dunkelviolette Blüten. Die Art blüht sogar im Schatten.
H 75 cm × B 35 cm.

G. phaeum 'Album'
Im späten Frühjahr öffnen sich durchscheinend weiße, nickende Blüten auf hohen Stängeln. Diese Auslese eignet sich für tiefen Schatten, aber der Boden darf nicht zu trocken sein. H 75 cm × B 45 cm.

G. phaeum 'Samobor'
Zwischen den Blättern erscheinen im späten Frühjahr violette Blüten mit auffallender braun-schwarzer Zeichnung. H 75 cm × B 45 cm.

G. psilostemon, Armenischer Storchschnabel
Magentarote Blüten mit schwarzem Auge bilden eine selten schöne Farbkombination, an der man sich im Hochsommer wochenlang erfreuen kann. H 90 cm × B 75 cm.

G. sanguineum, Blutstorchschnabel
Vom Frühsommer bis zum Herbst öffnen sich die magenta- bis karminroten Blüten. Der dankbare Bodendecker verträgt mehr als die anderen Arten auch trockene Standorte.
H 45 cm × B 45 cm.

G. soboliferum
Im Sommer erscheinen zart lila bis rosa Blüten, das Blattwerk entwickelt eine schöne Herbstfärbung.
H 30 cm × B 20 cm.

G. sylvaticum 'Amy Doncaster'
Im späten Frühjahr öffnen sich dunkelblaue Blüten mit einer weißen Mitte. Die ausgesprochen gesunde und gut aussehende Pflanze blüht zweimal. H 60 cm × B 30 cm.

G. sylvaticum 'Baker's Pink'
Diese Sorte mit zart rosa Blüten blüht im späten Frühjahr. Sie ist größer als 'Amy Doncaster', und auch die Blätter sind etwas größer.
H 90 cm × B 45 cm.

G. wlassowianum
Auf die orangeroten Blätter, die im frühen Frühjahr erscheinen, folgen dunkelviolette Blüten, die sich bis zum Herbst immer wieder neu bilden.
H 35 cm × B 30 cm.

Geranium-Hybriden
'Brookside'
Violettblaue Blüten mit einem weißen Auge erscheinen vom Früh- bis zum Spätsommer.
H 45 cm × B 30 cm.

'Dilys'
Die rotvioletten Blüten übersäen vom Hochsommer bis zum Winter die Boden deckenden Polster, die gut zwischen anderen Pflanzen wachsen können. H 30 cm × B 75 cm.

'Patricia'
Im Frühsommer setzt für Wochen die Blütezeit dieser rotblühenden Hybride ein. Sie enthält eine ganze Menge Erbgut von *G. psilostemon*, blüht aber länger. Durch ihren breit lagernden Wuchs eignet sie sich gut als Boden-decker für große Flächen.
H 75 cm × B 60 cm.

'Philippe Vapelle'
Im Frühsommer erscheint zwischen dem graugrünen Blattwerk eine Fülle von blauen Blüten.
H 45 cm × B 45 cm.

'Spinners'
Vom Frühsommer an öffnen sich über Wochen hinweg die großen dunkelblauen Blüten. Diese hübsche robuste Pflanze hat viel von *G. pratense* mitbekommen und sie ähnelt dieser Art auch sehr.
H 75 cm × B 45 cm.

Kultur: Die meisten *Geranium*-Hybriden lieben Sonne, aber einige vertragen auch Halbschatten. Sie gedeihen im Grunde in jedem Boden, nur darf er über längere Zeiträume weder staunass noch trocken sein.
Partner: *Amsonia, Aruncus, Astilbe, Digitalis, Gillenia, Hosta, Rodgersia.*

Geum, Nelkenwurz
Die kleinen, im Spätfrühling bis Frühsommer blühenden Stauden sind ideale Füllpflanzen.

G. rivale 'Leonard's Variety'
Im Frühjahr zeigen sich die nickenden Blüten: Ihre roten Kronblätter heben sich sehr gut von den etwas spitzeren, samtbraunen Kelchblättern ab.
H 30 cm × B 30 cm.

Kultur: Die Nelkenwurz wächst am besten in voller Sonne und in feuchtem, aber gut dräniertem Boden.
Partner: *Alchemilla, Asphodeline, Astrantia, Campanula, Iris, Nepeta, Stachys.*

Gillenia, Dreiblattspiere
Die zierliche und elegante Staude blüht im Sommer. Man kann sie als Füllpflanze verwenden. In kleinerem Maßstab wirkt sie aber auch strukturbildend.

G. trifoliata
Im Hochsommer entwickeln sich aus winzigen roten Knospen die kleinen weißen Blüten. Sie stehen an zierlichen, lockeren Rispen.
H 90 cm × B 60 cm.

Kultur: Die Pflanzen vertragen sowohl Sonne als auch Schatten, wenn der Boden gut dräniert ist.
Partner: *Astrantia, Astilbe, Euphorbia, Geranium, Geum, Salvia, Stachys.*

Gypsophila, Schleierkraut
Im Frühjahr und im Sommer öffnen sich zahllose winzige Blüten in duftigen Rispen. Dadurch wirken diese Stauden tatsächlich wie ein Schleier.

G. altissima
Vom Hochsommer bis zum Spätsommer öffnen sich blass rosa Blüten auf den lockeren verzweigten Stängeln.
H 120 cm × B 60 cm.

Kultur: Man sollte Schleierkräuter an vollsonnige Standorte und tief in den gut dränierten Boden setzen.
Partner: *Achillea, Eryngium, Knautia, Lavandula, Monarda, Nepeta, Verbena, Veronicastrum.*

Helenium, Sonnenbraut
Diese Stauden, die im Spätsommer und Herbst blühen, werden vor allem wegen ihrer Wolken aus sternförmigen Compositenblumen geschätzt.

H. autumnale 'Die Blonde'
Im Spätsommer öffnen sich die kleinen buttergelben, sternchenartigen Blumen mit ihren breiten, gefransten Strahlenblüten. Diese ist aber nur eine von vielen guten Sorten.
H 150 cm × B 60 cm.

Helenium-Hybriden
'Kupferzwerg'
Orangerote Strahlenblüten umgeben die dunklere Mitte.
H 120 cm × B 60 cm.

'Rubinzwerg'
Die Blüten sind dunkel rotbraun.
H 120 cm × B 60 cm.

Kultur: Die Sonnenbraut verlangt volle Sonne und gut dränierten Boden.
Partner: *Aster, Calamagrostis, Echinacea, Eupatorium, Lobelia, Miscanthus, Persicaria, Sanguisorba, Selinum, Veronicastrum.*

Helianthus, Sonnenblume
Die im Spätsommer und Herbst blühenden Stauden schätzt man wegen ihrer großen, typischen Blumen.

H. salicifolius (= *H. orgyalis*), Weidenblättrige Sonnenblume
Im Herbst öffnen sich kleine gelbe sternförmige Blumen auf kräftigen, aufrechten Stängeln mit vielen feinen Blättern.
H 250 cm × B 90 cm.

Helianthus-Hybriden
'Lemon Queen'
Hellgelbe, sternförmige Blumen schmücken im Spätsommer. Die Pflanze bildet große Horste.
H 200 cm × B 90 cm.

Kultur: Sonnenblumen lieben sonnige Standorte und gut dränierte Böden.
Partner: *Aster, Eupatorium, Helenium, Miscanthus, Perovskia, Phlox, Verbena, Veronicastrum.*

Helleborus, Nieswurz
Die zum Teil ganzjährig beblätterten Stauden blühen im Winter oder frühen Frühjahr. Die Blätter zieren aber ebenfalls. Die Arten der Nieswurz eignen sich gut als Füllpflanzen.

H. argutifolius (= *H. corsicus*), Korsische Nieswurz
Die grünweißen Blüten der Korsischen Nieswurz sind in großen Büscheln angeordnet und öffnen sich in Mitteleuropa ab März.
H 45 cm × B 75 cm.

H. foetidus, Stinkende Nieswurz
Gleich zu Beginn des Winters hängen auffallende, zart grüne Blüten (mit gleichfarbigen abstehenden Kelchblättern) an spitzen Rispen. Die dunkelgrünen, fußförmigen Blätter sind bis zu 11-fach geteilt. Die kurzlebige Pflanze versamt sich gut.
H 45 cm × B 45 cm.

Orientalis-Hybriden
'Lenten rose'
Zwischen den immergrünen, dichten und geteilten Blättern erscheinen im Spätwinter kelchförmige weiße, rosa oder violette Blüten, manche sind auch gesprenkelt.
H 35 cm × B 30 cm.

Kultur: *Helleborus*-Arten lieben Halbschatten und wasserhaltende, allerdings gut dränierte Böden.
Partner: *Crocus, Euphorbia, Lamium, Lunaria, Primula vulgaris, Pulmonaria.*

Hemerocallis, Taglilie
Die lilienartigen Blüten öffnen sich jeweils nur für einen Tag, dafür aber nacheinander in enormer Fülle. Dank ihrer striemenartigen Blätter tragen diese Pflanzen wesentlich zur Texturwirkung einer Beetgestaltung bei, besonders wenn sie in rhythmischer Wiederholung gesetzt werden.

H. altissima
Über einem hohen, schlanken Horst öffnen sich im Hochsommer die gelben Blüten an verzweigten Stängeln. H 150 cm × B 45 cm.

H. citrina
Im Hochsommer zieren zitronengelbe, duftende Blüten auf langen Stielen.
H 90 cm × B 45 cm.

Hemerocallis-Hybriden
'Corky'
Bei der kleinblütigen Auslese sind die Knospen außen rotbraun gezeichnet. Im Frühsommer erscheinen die kleinen gelben Blüten, die sich klar und deutlich vom Blattwerk abheben. H 90 cm × B 45 cm.

'Duke of Durham'
Im Frühsommer öffnen sich die etwas seltsam anmutenden, aber attraktiven rostorangefarbenen Blüten.
H 60 cm × B 30 cm.

'Gentle Shepherd'
Diese im Frühsommer blühende Taglilie ist die beste weiße Sorte. Ihre Blüten zeigen einen gelbgrünen Schlund. H 75 cm × B 45 cm.

'Green Flutter'
Im Frühsommer erscheinen die attraktiven kleinen, gelbgrünen Blüten. H 75 cm × B 45 cm.

'Little Grapette'
Im Frühsommer öffnen sich die ungewöhnlich kleinen, tief blutroten Blüten mit einem gelbgrünen Schlund. H 45 cm × B 30 cm.

'Nugget'
Diese widerstandsfähige Pflanze trägt im Frühsommer orangegelbe Blüten, die sich nicht ganz öffnen.
H 75 cm × B 45 cm.

'Pardon me'
Im Frühsommer öffnen sich dunkelrote Blüten mit einem gelbgrünen Schlund.
H 60 cm × B 45 cm.

'Princess Blue Eyes'
Im Frühjahr entwickeln sich lila Blüten mit gelbgrünem Schlund.
H 75 cm × B 45 cm.

Kultur: Taglilien brauchen volle Sonne und nährstoffreichen Boden.
Partner: *Achillea, Astrantia, Campanula, Delphinium, Geranium, Lychnis, Lythrum, Salvia, Scabiosa*; die meisten Gräser.

Heuchera, Purpurglöckchen
Die nahezu immergrünen, im Sommer blühenden Stauden eignen sich als Füllpflanzen. Die Blätter besitzen in aller Regel eine interessante Textur. Da die Purpurglöckchen große Gruppen bilden, eignen sie sich gut als Bodendecker.

H. cylindrica 'Purple Ace'
Im Spätfrühling öffnen sich weiße Blüten, aber den Schmuckwert machen die großen, glänzenden Blätter aus.
H 45 cm × B 30 cm.

Kultur: Für halbschattige und gut mit Wasser versorgte Plätze.
Partner: *Astrantia, Dicentra, Digitalis, Euphorbia, Geum, Hosta, Rodgersia*.

Hosta, Funkie
Funkien schätzt man wegen ihres dekorativen Blattwerks. *Hosta* können riesige Horste bilden und eignen sich hervorragend als Bodendecker. Um den optischen Eindruck eines Beetes zu verändern, sind sie ausgesprochen nützlich. Besondere Bedeutung kommt dabei *H. sieboldiana* und ihren Hybriden zu, da deren markante Blätter besonders ausgeprägte Blattadern besitzen.

H. plantaginea 'Grandiflora'
Im Spätsommer erscheinen auffallend große, duftende weiße Blüten. Das Grün der Blätter ist heller als bei den meisten anderen *Hosta*-Arten.
H 45 cm × B 30 cm.

Hosta-Sieboldiana-Hybriden
'Blue Angel'
Die graublauen Blätter formen kompakte Horste. Auf die attraktiven weißen Blüten im Sommer folgen im Herbst die Fruchtstände, die stehen bleiben und im Winter ihre gute Struktur behalten.
H 90 cm × B 45 cm.

'Blue Impression'
Im Hochsommer schmückt sich diese Sieboldiana-Hybride mit attraktiven lila Blüten über bläulichen Blättern. Eine mittelgroße bis große Pflanze.
H 75 cm × B 45 cm.

Kultur: Die meisten *Hosta* bevorzugen schattige Plätze und nährstoffreiche, aber gut dränierte neutrale Böden.
Partner: *Astrantia, Astilbe, Calamagrostis, Cimicifuga, Euphorbia, Geranium, Heuchera, Rodgersia, Sanguisorba*.

Iris
Die streng aufrecht wachsenden Stauden mit Rhizomen oder Knollen werden tausendfach in unzähligen Blütenfarben gezüchtet. Doch auch ihrer schmalen Blätter wegen verdienen sie Beachtung. Die Fruchtstände bleiben den Winter über stehen, wobei jene die von *I. ensata* besonders grazil wirken.

I. chrysographes
Die kurze Blütezeit der schwarzvioletten, samtig schimmernden Blüten fällt in den Frühsommer. H 75 cm × B 45 cm.

Kultur: Die erwähnte Iris braucht volle Sonne und nährstoffreichen, gut dränierten Boden.
Partner: *Astilboides, Filipendula, Geranium, Heuchera, Hosta*.

Knautia, Witwenblume
Diese typischen Hochsommerstauden blühen in kompakten Blütenköpfchen.

K. macedonica
Vom Hochsommer bis zum Herbst zeigen sich dunkel weinrote, kugelförmige Blütenköpfe. Die Blätter sind tief geteilt.
H 60 cm × B 30 cm.

Kultur: Diese Art braucht volle Sonne, damit sie gedeihen kann, aber sie wächst in jedem Boden und verträgt sogar Trockenheit.
Partner: *Angelica, Achillea, Artemisia, Coreopsis, Deschampsia, Eryngium, Salvia, Selenium, Stipa, Thalictrum*.

Lavatera, Trichtermalve
Die großen auffallenden, tellerförmigen Blüten wirken sehr fragil. Die Pflanzen wachsen zwar hoch, besitzen aber einen lockeren Aufbau und eignen sich deshalb am besten als Füllpflanzen.

L. cachemiriana
Die bemerkenswert robusten, seidigen lilarosa Blüten öffnen sich im Hochsommer. Der Halbstrauch trägt flaumige, grüne Blätter in der Form wie Efeulaub.
H 150 cm × B 90 cm.

Kultur: Buschmalven brauchen volle Sonne, gedeihen aber gut in jedem Boden.
Partner: *Achillea, Centranthus, Monarda, Perovskia, Phlox, Selinum, Thalictrum, Verbena*; die meisten Gräser.

Leuzea centauroide, Bergscharte
Im Hochsommer erscheinen für kurze Zeit die lilarosa Blütenköpfe, bei denen die dachziegelartig angeordneten Kelchblätter mit braunen, papierartigen Anhängseln auffallen. Der kurzen Blütezeit zum Trotz bleibt die Pflanze noch lange nach der Blüte dekorativ. H 120 cm × B 45 cm.

Kultur: Die Bergscharte braucht Sonne, aber sie gedeiht selbst auf den magersten Boden.
Partner: *Achillea, Campanula, Geranium, Gillenia, Phlomis, Salvia*.

Ligularia
Die charakteristische, robust wirkende Pflanze besitzt auffallendes Blattwerk, häufig mit einer besonderen Textur oder Färbung. Die großen asternartigen Blumen stehen entweder in auffallenden Trauben oder auch in verzweigten, lockeren Ständen.

L. veitchiana
Im Spätsommer zeigen sich die flaumigen, kerzenartigen Blütenstände. Die goldgelben Blumen entwickeln sich nach der Blüte zu sehr dekorativen, fedrigen Fruchtständen. Breite, herzförmige Blätter machen diese Pflanze zu einer unvergleichlichen Solitärpflanze. H 140 cm × B 90 cm.

Kultur: Diese Art gedeiht am besten in der Sonne, in feuchten, gut dränierten Böden. Sie ist völlig winterhart.
Partner: *Achnatherum, Astilbe, Filipendula, Hemerocallis, Lythrum, Persicaria, Rodgersia, Sanguisorba*, Doldenblütler wie *Peucedanum* (Haarstrang) oder *Selinum* (Silge).

Limonium, Meerlavendel, Statice
Diese Staude blüht im Sommer und Herbst. Sie hat winzige Blüten, die zu großen rispigen Blütenständen angeordnet sind. Häufig sind sie so zart, dass man *Limonium* als Schleierpflanze einsetzen kann. Staticen eignen sich ebenfalls gut als Füllpflanzen.

L. gmelinii
Im Hochsommer öffnen sich lavendelblaue Blüten in feinen, schmalen Ährchen. Eine ausgesprochen robuste Art. H 60 cm × B 45 cm.

Kultur: Staticen benötigen volle Sonne und gut dränierten Boden.
Partner: *Centranthus, Eryngium, Gaura, Nepeta, Origanum, Potentilla*.

Lobelia
Diese Stauden schmücken im Spätsommer und im Herbst mit einer kerzenförmigen Blütentraube. Die Blütenfarbe ist häufig sehr ausdrucksstark.

L. × gerardii 'Rosenkavalier'
Gute Beetpflanze mit dunkelrosa Blüten. Die Unterlippe ist dreiteilig.
H 100 cm × B 30 cm.

L. × gerardii 'Vedrariensis'
Herrliche purpurrote, lila oder violette Blüten, die auf hohen Stängeln mit dunkelgrünen, lanzettlichen Blättern sitzen.
H 90 cm × B 45 cm.

L. siphilitica
Die blauen Blüten stehen dicht an dicht an dem kräftigen, nicht verzweigten Stängel.
H 90 cm × B45 cm.

L. siphilitica 'Alba'
Weißblühende Sorte der oben genannten Art. H 90 cm × B45 cm.

Lobelia-Hybriden
'Eulalia Berridge'
Die einzigartigen Blüten zeigen eine Farbkombination aus Rosa und Himbeerrot. Die Sorte lässt sich sehr gut mit anderen Stauden kombinieren. H 90 cm × B 45 cm.

'Tania'
Die Blüten in einem reinen und dadurch auffallenden Purpurrot werden von etwas dunkleren Stängeln getragen.
H 90 cm × B 45 cm.

Kultur: Man sollte für Lobelien sonnige Standorte mit frischem, nährstoffreichem Boden wählen. Die Sorten von *L. gerardii* kommen nur in sehr milden Gegenden ohne Winterschutz aus.
Partner: *Echinacea, Eupatorium, Gaura, Helenium, Persicaria, Selinum*.

Lunaria, Mondviole
Zur Gattung gehören Zweijährige und Stauden. Man schätzt sie wegen ihrer attraktiven Blüten im Frühjahr und wegen ihrer großen silbrigen Schoten.

L. rediviva, Silberblatt
Im frühen Frühjahr öffnen sich kleine zart lila, süß duftende Blüten, auf die später flache, silbern glänzende, ovale Schoten folgen, welche die Pflanze über einen langen Zeitraum hinweg schmücken.
H 75 cm × B 30 cm.

Kultur: Diese Art liebt Halbschatten und einen nicht zu trockenen Standort.
Partner: *Aquilegia, Cardamine, Dicentra, Digitalis, Euphorbia, Heuchera, Lamium, Mertensia*.

Lychnis, Lichtnelke
Tellerförmige Blüten stehen in dichten Trugdolden. Die kurzlebigen Pflanzen säen sich gern selbst aus. Sie blühen im Frühsommer.

L. chalcedonica 'Alba'
Eine Auslese mit weißen Blüten.
H 140 cm × B 30 cm.

L. chalcedonica 'Carnea'
Diesen dunkelrosa Pastellton findet man selten bei Stauden. Die Sorte eignet sich dafür, besondere Akzente im Beet zu setzen.
H 140 cm × B 30 cm.

Kultur: Für Plätze in der Sonne, toleriert die meisten (selbst trockene) Böden.
Partner: *Astilbe, Astrantia, Cirsium, Delphinium, Deschampsia, Thalictrum.*

Lythrum, Weiderich
Diese Uferpflanzen blühen mit kerzenförmigen Scheinähren im Sommer.

L. salicaria 'Blush'
Kräftige, gut verzweigte Pflanzen tragen zarte, pinkfarbene Blüten.
H 120 cm × B 60 cm.

L. salicaria 'Stichflamme'
Mit großen, rosaroten Blüten.
H 120 cm × B 60 cm.

L. virgatum
Lila Blüten öffnen sich über einer schlanken und eleganten Pflanze.
H 90 cm × B 60 cm.

L. virgatum 'Zigeunerblut'
Die leuchtend rotvioletten Blüten sind besonders bemerkenswert.
H 120 cm × B 60 cm.

Kultur: Alle Weiderich-Arten lieben volle Sonne oder Halbschatten und gedeihen in allen Böden, die nicht austrocknen. Sie vertragen es sogar, wenn sie mal unter Wasser stehen.
Partner: *Achillea, Calamagrostis, Calamintha, Echinacea, Ligularia, Macleaya, Panicum, Persicaria, Phlox, Verbena, Veronicastrum.*

Macleaya, Federmohn
Diese im Sommer blühenden Stauden mit den winzigen Blüten in großen lockeren Rispen sehen elegant aus. Sie sind starke Strukturbildner.

M. cordata, Weißer Federmohn
Im Sommer erheben sich die duftigen Rispen aus cremfarbenen Blüten über graugrünen, tief gelappten Blättern.
H 220 cm × B 90 cm.

Kultur: Liebt die Sonne und gedeiht in gut dränierten, aber nicht zu trockenen Böden.
Partner: *Calamagrostis, Echinops, Helianthus, Lavatera, Miscanthus, Verbena.*

Monarda, Indianernessel
Die im Hochsommer blühenden Stauden tragen ihre Blüten in endstän- digen Quirlen, die knopfartig oder kugelförmig anmuten. Die Blätter duften aromatisch.

'Aquarius'
Mit sehr attraktiven, blass rotvioletten Blüten. H 120 cm × B 45 cm.

'Balance'
Eine sehr geschätzte Sorte mit pinkfarbenen Blüten, umgeben von braun- rosa Hochblättern.
H 120 cm × B 45 cm.

'Beauty of Cobham'
Leuchtend rosa Blüten werden umrahmt von sehr auffälligen, roten Hochblättern.
H 120 cm × B 45 cm.

'Cherokee'
Die rosa Blüten im Sommer entwickeln sich zu grünen Fruchtständen, die eine wunderbare Braunfärbung annehmen.
H 150 cm × B 45 cm

'Comanche'
Pinkfarbene Blüten mit roten Hochblättern erscheinen den ganzen Spät- sommer über.
H 180 cm × B 45 cm.

'Fishes'
Kleine, blass rosa Einzelblüten stehen im Kreis um die Mitte, die zu einer lindgrünen Färbung tendiert.
H 90 cm × B 45 cm.

'Kardinal'
Ungewöhnliche rotviolette Blüten. Spätere Blüten erscheinen im Spätsommer in der Mitte der ersten Quirle. H 120 cm × B 45 cm.

'Mohawk'
Dunkel lilarosa Blüten werden von dunklen Hochblättern eingerahmt.
H 150 cm × B 45 cm.

'Oudolf's Charm'
Die blass rosa Blüten mit dunkelroten Hochblättern werden von ebenfalls dunkelroten Stängeln getragen.
H 75 cm × B 45 cm.

'Pawnee'
Die rosavioletten Blütenquirle besitzen eine grüne Köpfchenmitte und grüne Hochblätter.
H 180 cm × B 60 cm.

'Purple Ann'
Im Sommer erscheinen die dunkel violettroten Blüten mit den farblich passenden Hochblättern.
H 120 cm × B 45 cm.

'Scorpion'
Auffallende, leuchtend violette Blüten mit dunklen Hochblättern.
H 140 cm × B 45 cm.

'Sioux'
Die fast weißen Blüten sind zart lila überhaucht. Getragen werden sie von blass grünen Hochblättern.
H 120 cm × B 45 cm.

'Snow Queen'
Weiße Blüten mit einem Anflug von Lila erheben sich über einer schlanken Pflanze.
H 140 cm × B 45 cm.

'Squaw'
Die leuchtend roten Blüten, die im Spätsommer an den mehltauresistenten Pflanzen erscheinen, empfehlen diese Sorte als guten Ersatz für die bekannte alte Sorte 'Cambridge Scarlet'. H 120 cm × B 60 cm.

'Talud'
Während einer langen Blütezeit bringt diese Sorte rosarote Blüten auf Mehltau- unempfindlichen Pflanzen hervor. H 120 cm × B 45 cm.

Kultur: Indianernesseln brauchen Sonne und feuchten Boden, sie vertragen aber keine Staunässe.
Partner: *Achillea, Angelica, Echinops, Gaura, Lavatera, Lysimachia, Miscanthus, Molinia, Phlox, Selinum, Veronicastrum.*

Nepeta, Katzenminze
Diese niedrige, im Somer blühende Staude mit kriechendem Wuchs eignet sich hervorragend als Füllpflanze.

N. clarkei
Blauviolette, weißlippige Blütenquirle folgen im Frühsommer auf die dunklen Knospen. Diese Pflanze ist zwar kurzlebig, aber sie sät sich selbst aus. H 45 cm × B 30 cm.

N. govaniana
Ab dem Hochsommer bedecken blass gelbe Blüten diese aufrecht wachsende Pflanze mit ihren schlanken Zweigen. Die Blätter riechen nach Zitrone. H 90 cm × B 45 cm.

N. racemosa 'Walker's Low'
Im Hochsommer öffnen sich blass blaue Blüten. Diese Sorte eignet sich sowohl als Beetpflanze als auch zur Randbepflanzung.
H 60 cm × B 45 cm.

N. sibirica 'Souvenir d'André Chaudron'
Vom Hochsommer bis zum Spätsommer bedeckt eine Fülle von violettblauen Blüten diese sich nach allen Seiten ausbeitende Pflanze.
H 90 cm × B 45 cm

Kultur: Alle Katzenminzen lieben Sonne und feuchten, aber gut dränierten Boden.
Partner: *Achillea, Centranthus, Coreopsis, Gypsophila, Monarda, Saponaria, Sidalcea.*

Origanum, Majoran, Oregano
Aromatische Pflanzen mit duftenden Blättern, die im Hochsommer bis Spätsommer blühen. Man kann sie als Füller verwenden, sollte aber dafür sorgen, dass in der Nachbarschaft eine Pflanze steht, die ihre Struktur beibehält.

'Rosenkuppel'
Diese kräftige Pflanze ist übersät mit lilarosa Blüten, die Schmetterlinge anlocken.
H 45 cm × B 45 cm.

Kultur: Oregano liebt Sonne und gut dränierten, alkalischen Boden.
Partner: *Achillea, Astrantia, Diascia, Eryngium, Gaura, Perovskia, Salvia, Sesleria.*

Penstemon, Bartfaden
Diese guten Füllpflanzen zeichnen sich durch röhrenförmige Blüten aus, die sich im Sommer öffnen.

P. digitalis 'Husker's Red'
Vom Hochsommer bis zum Spätsommer dauert die Blütezeit dieser Sorte mit weißen, leicht rosa gefärbten Blüten und dunklen Blättern.
H 75 cm × B 30 cm.

Kultur: *Penstemon* gedeihen am besten in voller Sonne und in einem nährstoffreichen, gut dränierten Boden.
Partner: *Achillea, Astrantia, Eryngium, Nepeta, Perovskia, Stipa.*

Perovskia, Blauraute
Die Sträucher oder Halbsträucher sind wichtige Farbgeber im Hoch- und Spätsommer.

P. abrotanoides 'Blue Spire'
Die attraktive Pflanze besitzt aufrechte, grauweiß filzige Triebe mit grauen, gesägten Blättern. Die winzigen Blüten sind violettblau, sie sind zu schmalen lang gezogenen Ständen angeordnet und wirken aus der Ferne wie ein Dunstschleier.
H 120 cm × B 40 cm.

Kultur: Perovskien brauchen volle Sonne und gedeihen sehr gut in trockenen Böden.
Partner: *Echinacea, Digitalis, Helenium, Liatris, Monarda, Panicum, Stipa.*

Peucedanum, Haarstrang
Die Blütendolden sitzen auf hohen, hohlen Stängeln.

P. verticillare, Riesenhaarstrang
Im Hochsommer erscheinen die weißen Blütendolden dieser kurzlebigen Pflanze, die sich aber selbst aussät.
H 200 cm × B 60 cm.

Kultur: Diese Art verträgt Sonne, gedeiht aber auch im Halbschatten und kommt mit jedem Boden zurecht.
Partner: *Cimicifuga, Echinops, Filipendula, Miscanthus, Phlomis, Veronicastrum.*

Phlomis, Brandkraut
Die Blüten dieser immergrünen, im Sommer blühenden Sträucher oder Stauden sind zu dichten übereinander aufgereihten Quirlen angeordnet. Die hier aufgeführten Arten sind eher krautige Pflanzen als richtige Sträucher.

P. taurica
Im Sommer blühen die quirlständigen, violettblauen Blüten dieser robusten Beetpflanze. H 90 cm × B 45 cm.

P. tuberosa 'Amazone'
Im Sommer tragen die sehr langen, kaum verzweigten Stängel eine Fülle von lilarosa, quirlständigen Lippenblüten. H 180 cm × B 60 cm.

Kultur: Das Brandkraut fühlt sich in voller Sonne und in gut dränierten Böden am wohlsten.
Partner: *Calamagrostis, Campanula, Cirsium, Delphinium, Echinops, Lychnis, Molinia, Papaver, Salvia, Veronicastrum.*

Phlox
Seine Blütezeit ist der Hochsommer. Die häufig sogar duftenden Blüten sind in ziemlich großen Doldentrauben oder regelrechten Sträußen angeordnet.

P. maculata 'Delta'
Die Masse der weißen Blüten, jede mit einem auffallenden zart lila Auge, steht in starken Kontrast zu den attraktiven dunkelgrünen, schmalen, länglichen Blättern.
H 90 cm × B 45 cm.

P. paniculata (Wildform), Staudenphlox, Sommerphlox.
Die kleinen, blass blaulila Blüten sind wunderhübsch.
H 140 cm × B 45 cm.

P. paniculata 'Alba'
Die relativ kleinen weißen Blüten im Frühsommer zeigen einen Hauch von Rosa.
H 140 cm × B 45 cm.

Phlox-Paniculata-Hybriden
'Blue Paradise'
Die Blüten weisen eine ungewöhnliche tintenblaue Farbe auf, sie ent- falten ihre beste Wirkung in weichem Licht. H 120 cm × B 45 cm.

'Lichtspiel'
Die Farbe dieser blass rosavioletten Blüten intensiviert sich im Zwielicht.
H 120 cm × B 45 cm.

'Rosa Pastell'
Rosa Blüten mit einem kleinen Auge in einem dunkleren Rosa.
H 90 cm × B 45 cm.

'Rosa Spier'
Die großen rosa Blüten verblassen ein wenig und zeigen eine auffallende dunkelrosa Mitte.
H 75 cm × B 45 cm.

'Utopia'
Eine neue Hybride mit rosa Blüten.
H 180 cm × B 45 cm.

Kultur: Phlox gedeiht in der Sonne oder im Halbschatten und in nährstoffreichen, gut dränierten, aber feuchten Böden.
Partner: *Echinacea, Gaura, Gypsophila, Helenium, Monarda, Selinum, Thalictrum, Veronicastrum.* Die Wildformen des Phlox passen sehr gut zu *Calamagrostis*.

Polygonum
Robuste Stauden mit Blüten in Ähren oder Rispen.

P. amplexicaule
Vom Hochsommer bis zum Spätsommer öffnen sich die Blüten in schmalen, an Schwänze erinnernden Ähren. Ihr polsterartiger Wuchs macht diese Pflanze besonders für Zwischenpflanzungen interessant.
H 120 cm × B 120 cm

P. amplexicaule 'Album'
Vom Hochsommer bis zum Spätsommer erscheinen auf schlanken Pflanzen die schmalen Blütenstände, zusammengesetzt aus unzähligen kleinen weißen Blüten.
H 120 cm × B 120 cm.

P. amplexicaule 'Firetail'
Vom Hochsommer bis zum Herbst blüht diese Sorte in leuchtend roten Blütenständen. Die Blätter sind schmaler und spitzer als bei der Sorte 'Alba'.
H 120 cm × B 120 cm.

P. amplexicaule 'Roseum'
Vom Hochsommer bis zum Herbst erscheinen die hübschen dunkelrosa Blüten.
H 120 cm × B 120 cm.

P. amplexicaule 'Summer Dance'
Blüht vom Hochsommer bis zum Frosteinbruch mit rosa Blütenkerzen.
H 120 cm × B 120 cm.

P. campanulata
Eine Fülle von kleinen weißen Blütenbüscheln hängt an langen verzweigten Stängeln herab. Wenn die Nächte kälter werden, verfärben sie sich rötlichrosa. Die Pflanzen vertragen keine trockenen Standorte.

P. polymorphum
Im Hochsommer ist dieser Riesenknöterich von herrlichen fedrigen, weißen Blütenständen bedeckt. Diese Art klettert nicht.
H 250 cm × B 140 cm.

P. virginianum (= P. filiforme)
Im Hochsommer zeigen sich schlanke, rötlichrosa Blütenkerzen. Die Pflanze zeichnet sich durch verhältnismäßig grobe Blätter mit dunklen Flecken aus. H 75 cm × B 45 cm.

Kultur: Die Knöterich-Arten gedeihen an feuchten, aber gut dränierten Standorten, in der Sonne oder im Halbschatten.
Partner: *Calamagrostis, Echinacea, Eupatorium, Miscanthus, Molinia, Nepeta, Phlox, Scabiosa, Thalictrum, Veronicastrum.*

Potentilla, Fingerkraut
Diese Stauden- und Strauchgattung wird vor allem als Füllpflanze verwendet. Sie ziert mit ihren Blättern und den flachen, tellerförmigen Blüten.

P. × hopwoodiana
Vom Hoch- bis zum Spätsommer öffnen sich die pastellrosa Blüten mit rotem Auge. Man sollte dieses Fingerkraut an extra langen Stängeln anderer Pflanzen hochwachsen lassen, damit sie in ausreichender Höhe ihren spektulären Auftritt hat.
H 45 cm × B 30 cm.

Potentilla-Hybriden
'Etna'
Vom Hochsomer bis zum Spätsommer bringt diese Sorte mit den behaarten, silbrigen Blättern samtrote Einzelblüten hervor.
H 45 cm × B 30 cm.

Kultur: Man sollte Fingerkräuter an vollsonnigen Standorten und in gut dräniertem Boden pflanzen.
Partner: *Achillea, Amsonia, Artemisia, Centranthus, Eryngium.*

Rodgersia, Tafelblatt
Rhizombildende, im Sommer blühende Stauden mit auffallend großen derben, stark gefurchten Blättern und hellen Blütenrispen, die oft wie Federbüsche wirken.

R. aesculifolia
Im Sommer erscheinen oberhalb der rosskastanienähnlichen Blätter cremeweiße Blüten. Man sollte diese Pflanze entweder als Solitär oder in großen Gruppen in feuchte, aber nicht nasse Böden pflanzen.
H 90 cm × B 75 cm.

R. henrici
Auf die im Hochsommer blühenden Sträuße kleiner rosa Blüten folgen unzählige Fruchtkapseln, die sich später braunrot verfärben. Die bronzefarbenen Blätter glänzen ein wenig.

Kultur: Diese Pflanzen lieben die Sonne oder den Halbschatten sowie feuchten Boden, sollten aber vor starkem Wind geschützt werden.
Partner: *Aconitum, Astilbe, Astrantia, Calamagrostis, Cimicifuga, Deschampsia, Geranium, Heuchera, Hosta.*

Rudbeckia, Sonnenhut
Die auffallenden Margeritenblumen sind normalerweise gelb. Rudbeckien blühen im Spätsommer.

R. fulgida 'Goldsturm'
Die Strahlenblüten sitzen waagerecht an den kugeligen, fast schwarzen Köpfchen.
H 90 cm × B 30 cm.

R. maxima
Diese Art besitzt große, blaugrüne Blätter, die gelben Strahlenblüten umgeben die dunklen Kegel aus Röhrenblüten.
H 150 cm × B 45 cm.

Kultur: Die winterharten Pflanzen gedeihen in der Sonne oder im Halbschatten. Sie bevorzugen gut dränierte und feuchte Boden zur Blütezeit.
Partner: *Aster, Eupatorium, Panicum, Persicaria, Veronicastrum.*

Salvia, Salbei
Mit ihrem niedrigen Wuchs und der abgerundeten Kontur sowie den aromatisch duftenden Blättern gehören die Salbei-Arten zu den wichtigsten Füllpflanzen. Die dicht mit Blüten besetzten Blütenstände (Scheinähren oder Scheinquirle) halten sich lange und wirken stark strukturbildend.

S. glutinosa
Im Sommer öffnen sich blass gelbe Blüten mit einer braunen Zeichnung, die noch lange nach Ablauf der Blütezeit dekorativ wirken. Diese Art hat behaarte Blätter und drüsig klebrige Stängel. Sie verträgt Schatten – was für Salbei ungewöhnlich ist.
H 90 cm × B 45 cm.

S. nemorosa 'Amethyst'
Hier handelt es sich um eine Neueinführung mit violettrosa Blüten, die sich den ganzen Sommer über öffnen. Die Pflanze wächst buschig.
H 90 cm × B 45 cm.

S. nemorosa 'Blauhügel'
Dies ist die einzige Sorte mit tatsächlich fast blauen Blüten. Sie blüht den ganzen Sommer über.
H 45 cm × B 30 cm.

S. nemorosa 'Mainacht'
Kleine schwarzblaue Einzelblüten stehen in dichten, später aufgelockerten Scheinähren. Die Blüten öffnen sich bereits im späten Frühjahr, und die Blüte hält den ganzen Sommer lang an. Diese Sorte wirkt etwas derber als 'Blauhügel'. H 45 cm × B 30 cm.

S. nemorosa 'Rügen'
Eine kompakte Pflanze mit violettblauen Blüten, die früher als bei den meisten anderen *Salvia*-Sorten erscheinen. H 30 cm × B 30 cm.

S. nemorosa 'Schneehügel'
Die weißen Blüten öffnen sich im Hochsommer. H 45 cm × B 30 cm.

S. nemorosa 'Tänzerin'
Die kleinen violettblauen Blüten, die vom Hochsommer bis zum Spätsommer erscheinen, besitzen attraktiv gefärbte Kelchblätter, die noch lange, nachdem die Kronblätter abgeworfen worden sind, stehen bleiben.
H 75 cm × B 30 cm.

S. sclarea, Muscateller-Salbei
Im Hochsommer öffnen sich an einer kräftigen ästigen Rispe violette Blüten über auffallend violettrosa Tragblättern. Diese Pflanze ist nur kurz- lebig, sät sich aber normalerweise selbst aus. H 90 cm × B 45 cm.

Stauden

S. verticillata 'Purple Rain'
Vom Hochsommer bis zum Herbst sitzen kleine blauviolette Blütchen mit violettrosa Kelchblättern in dichten Quirlen. H 45 cm × B 30 cm.

S. verticillata 'Smouldering Torches'
Ähnlich wie 'Purple Rain', wächst aber mehr aufrecht und besitzt dunkler getönte Stängel und Tragblätter.

Salvia-Hybriden
'Dear Anja'
Im Sommer bringt diese Auslese eine Fülle von weißlippigen violetten Blüten mit dunklen Kelchblättern an dunklen Stängeln hervor.
H 60 cm × B 25 cm.

Kultur: Salbei liebt Sonne und nährstoffreichen, gut dränierten Boden.
Partner: *Achillea, Centranthus, Delphinium, Eryngium, Festuca, Filipendula, Geranium, Geum, Lychnis, Origanum, Stipa, Thalictrum.*

Sanguisorba, Wiesenknopf
Die Pflanzen besitzen elegante gefiederte Blätter und knopfartige Blüten- stände in Form großer flaschenbürstenförmiger Ähren oder Blüten- köpfe. Diese stehen weit genug auseinander, so dass sie wie durch-sichtige Vorhänge wirken können.

S. canadensis
Im Spätsommer tragen die robusten, aufrechten Pflanzen die in langen Ähren angeordneten weißen Blüten.
H 150 cm × B 60 cm.

S. officinalis, Wiesenknopf
Eine Fülle von roten Blütenständen schmückt im Sommer diese schlanke, stark verzweigte Pflanze.
H 140 cm × B 60 cm.

S. officinalis 'Tanna'
Diese Art bleibt etwas niedriger als S. officinalis. Sie trägt im Sommer leuchtend rote Blütenstände.
H 75 cm × B 45 cm.

S. tenuifolia 'Alba'
Im Spätsommer tragen lange, nickende Stängel die weißen Blütenstände. Ein wenig erinnert das Bild an kleine Elefantenrüssel. Dies Pflanze nimmt eine interessante Herbstfärbung an.
H 180 cm × B 60 cm.

S. tenuifolia var. purpurea
Die rot blühende Sorte wirkt in Bezug auf den Wuchs ein wenig steifer als 'Alba'.
H 150 cm × B 60 cm.

Kultur: Sonne und feuchte Böden sind die wichtigsten Anforderungen.
Partner: *Astilbe, Delphinium, Echinacea, Filipendula, Helenium, Hemerocallis, Thalictrum* sowie alle gartengeeigneten Doldenblütler.

Saponaria Seifenkraut
Diese im Sommer blühenden Stauden mit einer schönen Blütengröße stellen besonders gute Füllpflanzen dar.

S. × lempergii 'Max Frei'
Im Spätsommer tragen die Pflanzen während einer langen Blütezeit rosa Blüten. H 45 cm × B 20 cm.

Kultur: Braucht Sonne und gut dränierten Boden.
Partner: *Lavandula, Monarda, Origanum, Perovskia, Scabiosa, Veronica.*

Scabiosa, Skabiose
Im Sommer stehen die knopfartigen Blütenköpfe auf langen Stängeln.

S. japonica var. alpina
Vom Frühsommer an öffnen sich die hell blaulila Blüten für eine lange anhaltende Blütezeit.
Eine problemlose Pflanze.
H 35 cm × B 20 cm.

Kultur: Skabiosen lieben Sonne und gut dränierte, alkalische Böden.
Partner: *Achillea, Geranium, Monarda, Nepeta, Panicum, Salvia, Sporobolus, Verbena.*

Scutellaria, Helmkraut
Diese Stauden werden vor allem wegen ihrer auffallenden Blütenkerzen mit den röhrenförmigen, paarig stehenden Einzelblüten ausgewählt.

S. incana
Die spitzen blauen Blüten des Spätsommers behalten ihre Attraktivität auch nach der Blüte. Die grauen Blätter wirken filzartig.

Kultur: Sonne und gut dränierter Boden sind die wichtigsten Anforderungen.
Partner: *Aster, Calamintha, Echinacea, Persicaria, Selinum, Serratula, Tricyrtis.*

Sedum, Fetthenne
Fleischige, sukkulente Stauden mit niedrigem, kompaktem Wuchs, wodurch sie sich gut als Füllpflanzen eignen. Die Blütenköpfe (Trugdolden) bestehen aus eng zu Büscheln angeordneten Einzelblütchen. Die haltbaren Fruchtstände sind für die Strukturbildung im winterlichen Garten wichtig.

S. (Hylotelephium) telephium subsp. maximum
Diese Pflanze mit den grauen Blättern trägt auf ihren rötlichen Stängeln purpurfarbene Knospen, die sich in gelbe Blütenbüschel verwandeln. Durch diese Kombination wirkt die Pflanze sehr auffällig.
H 45 cm × B 45 cm.

Sedum-Hybriden
'Bertram Anderson'
Stände aus kleinen roten Blüten und purpurrote Blätter machen dieses niedrig wachsende *Sedum* zu einem guten Bodendecker für den Spätsommer. H 25 cm × B 35 cm.

'Matrona'
Rosa Blüten öffnen sich vom Spätsommer bis zum Herbst. Rote Stängel und graugrüne Blätter kennzeichnen diese aufrecht und hoch wachsende, robuste *Sedum*-Sorte.
H 75 cm × B 60 cm.

'Munstead Red'
Die Blütenköpfe nehmen im Herbst eine herrliche rötlich braune Färbung an. Die graugrünen Blätter besitzen rote Stängel.
H 45 cm × B 45 cm.

'Purple Emperor'
Vom Spätsommer bis zum Herbst bilden die rotbraunen Blüten einen starken Kontrast zu den fast schwarzen Blättern.
H 45 cm × B 30 cm.

'Stardust'
Breite, flache Blütenstände in Milchweiß öffnen sich vom Spätsommer bis zum Frühherbst. H 45 cm × B 30 cm.

Kultur: Alle *Sedum*-Arten und -Sorten brauchen Sonne und nährstoffreichen, gut dränierten Boden.
Partner: *Achillea, Geranium, Nepeta, Panicum, Salvia, Stachys.*

Selinum
Diese im Sommer blühende Staudengattung ziert durch ihre Blütendolden.

S. wallichianum
Vom späteren Sommer bis zum Früh-herbst erscheinen kleine weiße, zu Dolden angeordnete Blüten oberhalb eines Baldachins von zarten, spitzenähnlichen Blättern. H 90 × B 45 cm.

Kultur: Kurzlebige Pflanzen, die in der Sonne oder im Halbschatten in jedem gut dränierten Boden gedeihen. Sie reagieren empfindlich, wenn sie im Wurzelbereich gestört werden.
Partner: *Aconitum, Echinacea, Eupatorium, Filipendula, Knautia, Lysimachia, Phlox, Scabiosa, Thalictrum.*

Serratula, Scharte
Im Herbst erscheinen die distelähnlichen Blütenköpfe. Diese guten Füllpflanzen aus der Familie der Korbblütler sehen auch im Winter gut aus.

S. seoanei
Die Fülle violettrosa Blüten, die im Spätsommer erscheinen, bleiben den ganzen Winter über bis zum nächsten Frühjahr dekorativ. Die Pflanzen erinnern an kleine Astern.
H 30 cm × B 20 cm.

Kultur: Die Scharten brauchen Sonne und gut dränierten Boden.
Partner: *Achillea, Euphorbia, Origanum, Sedum.*

Sidalcea, Präriemalve
Diese im Sommer blühenden Stauden schmücken sich mit kleinen, an Malven erinnernde, scheibenförmigen Blüten.

S. oregana 'My Love'
Ausdrucksvolle rosa Blüten öffnen sich vom Spätsommer bis zum Frühherbst. H 90 cm × B 45 cm.

Kultur: Präriemalven brauchen Sonne zum Gedeihen, fühlen sich aber in jedem Boden wohl, sofern er gut dräniert ist.
Partner: *Achillea, Anthemis, Calamintha, Echinacea, Echinops, Monarda, Panicum, Phlox, Scabiosa, Veronica.*

Solidago, Goldrute
Diese gelbblütigen Stauden fallen im Spätsommer und im Herbst durch ihre fedrigen Blütenstände auf.

S. caesia 'Goldenmosa'
Wolken von mimosenähnlichen, gelben Blüten erscheinen über dem gelblich-grünen Laub.
H 75 cm × B 60 cm.

S. rugosa 'Golden Rain'
Eine Fülle von gelben Blüten öffnet sich an den Spitzen dieser aufrecht wachsenden Pflanze mit dunklen Stängeln. Sie eignet sich besonders für die weniger gut gepflegten Gartenbereiche.
H 120 cm × B 75 cm.

Kultur: Goldruten vertragen sowohl Sonne als auch Schatten und gedeihen in jedem Boden.
Partner: *Anemone, Calamagrostis, Cimicifuga, Helenium, Helianthus, Miscanthus, Scutellaria, Stipa, Verbena.*

Stachys, Ziest
Diese im Frühjahr oder Sommer blühenden Pflanzen eignen sich gut für Zwischenpflanzungen.

S. byzantina 'Big Ears'
Dies ist eine Form des „Eselsohrs", das vor allem wegen seiner großen grauen, samtweichen Blätter gepflanzt wird, die im Frühjahr erscheinen. Das Blattwerk lässt sich sehr gut mit leuchtenden freundlichen Farben und auch mit sanfteren Farbtönen kombinieren, aber es sieht im Winter uninteressant aus. H 45 cm × B 45 cm.

S. macrantha 'Superba'
Vom Frühsommer an sind attraktive violettrosa Blüten quirlständig um die Stängel angeordnet. Die gerippten Blätter sind an den Kanten gezähnt. H75 cm × B45 cm.

S. monnieri 'Hummelo'
Die lila Blütenkerzen im Frühsommer werden gern von Bienen besucht. Die verblühten Blüten sehen bis zum Herbst dekorativ aus.
H 90 cm × B 45 cm.

S. monnlerl 'Rosea'
Blass rosa Blüten in kurzen Ähren an schlanken Stängeln öffnen sich im Frühsommer. H 90 cm × B 45 cm.

Kultur: Ziest bevorzugt offene, sonnige Plätze und kommt in jedem, auch dem magersten, gut dränierten Boden zurecht.
Partner: *Amsonia, Deschampsia, Hemerocallis, Salvia.*

Teucrium, Gamander
Aromatische, Ausläufer bildende Stauden mit Blüten in ährigen, traubigen oder quirligen Ständen.

T. hyrcanicum
Elegante, violettrosa Blüten in lanzenförmigen Ständen erscheinen vom Hochsommer bis zum Herbst.
H 45 cm × B 30 cm.

Kultur: Dieser Gamander verlangt volle Sonne, aber er gedeiht dafür in jedem gut dränierten Boden.
Partner: *Diascia, Gaura, Nepeta, Origanum, Stachys, Stipa, Veronicastrum.*

Thalictrum, Wiesenraute
Flaumartige, fragile Blütenstände, gepaart mit fiedrigen Blättern und aufrechtem Wuchs, ermöglichen die Verwendung als Schleierpflanze.

T. aquilegiifolium 'Album'
Weiße, fiedrige Blütenstände erscheinen über auffälligen, dunkelviolett bereiften Stängeln im Früh- sommer. H 90 cm × B 45 cm.

T. aquilegiifolium 'Purpureum'
Fedrig flaumige Büschel aus lila Blüten ohne Blütenblätter, aber mit unzähligen gelben Staubblättern schmücken vom Hoch- bis zum Spätsommer. H 120 cm × B 45 cm.

T. delavayi
Große duftige, verzweigte Büschel von lila Blüten mit gelben Staubblättern entwickeln sich vom Hoch- bis zum Spätsommer.
H 140 cm × B 25 cm.

T. lucidum
Federn von kleinen, blass gelben Blüten erscheinen im Sommer auf robusten, zur Spitze hin verzweigten Stängeln. H 200 cm × B 75 cm.

T. polygamum
Lebhafte weiße Blüten entwickelt sich im Sommer an robusten Stängeln, die den ganzen Winter über bis zum folgenden Frühjahr stehen bleiben. Sie sorgen so für eine herrliche Wintersilhouette. H 180 cm × B 45 cm.

T. rochebruneanum
Im frühen Sommer stehen kleine lila Blüten mit gelben Staubblättern in lichten, locker verzweigten Büscheln. Die Blütenstände in Kombination mit den rotbraunen Stielen ergeben einen beeindruckenden Gesamteindruck.
H 180 c × B 45 cm.

Kultur: Die wichtigsten Bedingungen lauten: Sonne oder lichter Schatten sowie gut dränierter Boden.
Partner: *Aconitum, Echinacea, Eryngium, Filipendula, Monarda, Phlomis, Phlox, Sanguisorba, Sidalcea, Veronicastrum.*

Veratrum, Germer
Der starke Strukturbildner trägt seine Blüten in großen verzweigten Rispen. Zudem besitzt der Germer auffälliges, gefälteltes Blattwerk in spiraliger Anordnung.

V. californicum
Diese elegante Pflanze blüht im Hochsommer in riesigen rispigen Ständen. Die grüngelben Staubblätter der weißen Blüten heben sich vor der dunklen Blütenmitte ab.
H 200 cm × B 50 cm.

V. nigrum
Die kleinen rotbraunen Blüten erscheinen im Spätsommer in Fülle und bedecken die langen, schlanken Stängel fast völlig. Die breiten, eiförmigen Blätter wirken hübsch plissiert. H 120 cm × B 35 cm.

Kultur: Germer benötigen Halbschatten und nährstoffreiche, frische Böden.
Partner: *Calamagrostis, Cimicifuga, Eupatorium, Persicaria, Peucedanum, Sanguisorba, Selinum.*

Verbascum, Königskerze
Bei den kurzlebigen Sommerblühern handelt es sich entweder um Zweijährige oder um Stauden. Die Blüten sitzen in Büscheln an ährigen oder rispigen, manchmal sogar noch verzweigten Ständen.

V. chaixii 'Album', Österreichische Königskerze
Kleine milchweiße Blüten öffnen sich im Hochsommer zwischen dem grauen, behaarten Blattwerk. Verwelkte Pflanzen besitzen immer noch eine ansehnliche Wintersilhouette.
H 140 cm × H 45 cm.

Kultur: Königskerzen bevorzugen gut dränierten Boden und sonnige, offene Plätze, obwohl sie ein gewisses Maß an Schatten vertragen.
Partner: *Achillea, Echinops, Gypsophila, Helenium, Monarda, Perovskia, Sanguisorba* und die meisten Gräser.

Verbena, Eisenkraut
Diese Stauden blühen im Sommer und Herbst mit unzähligen winzigen Blüten, die normalerweise in dichten Ähren stehen. *Verbena*-Arten sind Schmetterlingsmagneten.

V. bonariensis
Als eine der besten Schleierpflanzen zeigt sie ihre violetten Blüten an den sparrig verzweigten Trieben den ganzen Sommer über bis zum Herbst.

V. hastata
Die kleinen violettblauen Blüten erscheinen im Spätsommer an starken Trieben, die sich kandelaberartig verzweigen. Die schmalen Blätter sind getüpfelt. H 120 cm × B 30 cm.

Kultur: Verbenen lieben Sonne und gut dränierte Böden jedweder Qualität.
Partner: *Artemisia, Echinacea, Eupatorium, Monarda, Molinia, Panicum, Perovskia, Phlox, Sanguisorba, Veronicastrum.*

Verbesina
Diese hohen Präriestauden zeigen hübsche margeritenähnliche Blumen.

V. alternifolia
Die gelben Asternblumen stehen in fedrigen Doldenrispen zusammen. Die Art blüht im Spätsommer und besitzt derbe, lanzettliche Blätter.
H 200 cm × B 45 cm.

Kultur: Diese Art will einen sonnigen, trockenen Platz.
Partner: *Aster, Foeniculum, Persicaria, Perovskia.*

Vernonia
Die Asternblumen dieser Präriestauden aus der Familie der Korbblütler stehen zusammen in abgeflachten Doldenrispen.

V. crinita 'Mammouth'
Leuchtend rotviolette Blumen, die an Astern erinnern, öffnen sich im Spätsommer in großen, abgestuften Doldenrispen. Eine hohe und sehr robuste Staude. H 220 cm × B 30 cm.

Kultur: *Vernonia* braucht Sonne, aber sie gedeiht gut in jedem gut dränierten Boden.
Partner: *Aster, Eupatorium, Helenium, Miscanthus, Solidago.*

Veronica, Ehrenpreis
Die Blütentrauben sind in aller Regel blau.

V. spicata 'Spitzentraum'
Die blauen Blüten, die vom Hoch- bis zum Spätsommer erscheinen, harmonieren hervorragend mit den auffallend graugrünen Blättern.
H 45 cm × B 30 cm.

Veronicastrum (= *Veronica*)
Die hervorragenden Stauden tragen winzige Blüten in vielen end- und achselständigen schmalen Trauben.

V. virginicum 'Apollo'
Die sehr stabilen und leicht gekrümmten lila Blütenstände von bis zu 30 cm Länge erscheinen im Hochsommer. H 180 cm × B 45 cm.

V. virginicum 'Diana'
Robuste, aufrechte Stiele tragen im Hochsommer die weißen Blütenstände.
H 140 cm × B 35 cm.

V. virginicum 'Fascination'
Auffällige lila Blüten öffnen sich entlang der gewundenen hohen Stängel im Hochsommer.
H 180 cm × B 45 cm.

V. virginicum var. incarnatum (= *V. v.* var. *roseum*)
Die rosa Blüten im Hochsommer leisten lange nach dem Welken ihren Beitrag zur Wintersilhouette.
H 140 cm × B 45 cm.

V. virginicum 'Lavendelturm'
Zierliche, blass lila Blüten öffnen sich im Hochsommer. H 140 cm × B 45 cm.

V. virginicum 'Temptation'
Kleine blaue Blüten entwickeln sich an stabilen, aufrechten Trieben im Hochsommer. Die schmal lanzettlichen Blätter stehen in Quirlen.
H 140 cm × B 30 cm.

Veronicastrum-Hybriden
'Inspiration'
Die weißen Blütenstände bereichern die Rabatte im Hoch- bis Spätsommer durch ihren hoch aufstrebenden Wuchs. H 75 cm × B 30 cm.

'Pink Damsk'
Leider sehr mehltauanfällig, aber in frischem Boden wird die Sorte ihre lang gezogenen rosa Blütentrauben zuverlässig hervorbringen. Sie blüht im Hoch- bis Spätsommer. H 75 cm × 25 cm.

Kultur: Für Sonne und gut dränierte Böden.
Partner: *Achillea, Artemisia, Calamagrostis, Echinacea, Gaura, Helenium, Panicum, Phlomis, Phlox, Stipa.*

Viola, Veilchen
Sie empfehlen sich als Füllpflanzen, und ihre aparten kleinen Blüten verdienen Bewunderung.

V. cornuta
Schöne violettblaue Blüten öffnen sich im Spätfrühling.
H 25 cm × B 20 cm.

Viola-Hybriden
'Boughton Blue' (= 'Belmont Blue')
Die Sorte bringt ihre blass blauen Blüten an gekrümmten Stielen in unermüdlicher Folge vom Frühling bis zum Herbst hervor.
H 25 cm × B 25 cm.

V. elatior
Blass blaue Blüten mit weißem, geadertem Auge erscheinen vom Hoch- sommer bis zum Herbst zwischen den langen schmalen, ausgebreiteten Blättern. H 25 cm × B 10 cm.

Kultur: Veilchen bevorzugen Halbschatten und feuchten Boden.
Partner: *Achillea, Anthemis, Geum, Heuchera, Lamium, Salvia, Saponaria.*

Ziergräser

Calamagrostis, Reitgras
Die Arten bringen oft imposante Federn aus vielästigen Rispen hervor.

C. × acutiflora 'Karl Foerster'
Die Blütenstände erscheinen im Frühsommer, aber die verwelkten Rispen an steif aufrechten Halmen bleiben bis zum folgenden Frühjahr bestehen. Die überaus schöne Gras verwendet man am besten als Solitärstaude. H 180 cm × B 45 cm.

Kultur: Reitgräser gedeihen am besten in voller Sonne, aber sie tolerieren trockenen wie nassen Boden.
Partner: *Echinacea, Eupatorium, Persicaria, Phlomis, Phlox, Sanguisorba, Verbascum, Veronicastrum.*

Carex, Segge
Füllpflanzen mit stark strukturierten, grasähnlichen Blättern.

C. muskingumensis, Palmwedelsegge
Diese an Papyrus erinnernde Segge trägt im Hochsommer wenig auffällige, braune Blütenköpfchen. Sie zeichnet sich aus durch halbimmergrüne, schmal lanzettliche Blätter, die gehäuft an den Triebenden stehen.
H 60 cm × B 60 cm.

Kultur: Die leicht zu kultivierende Segge bevorzugt Sonne oder Halbschatten und kommt mit jedem Boden zurecht.
Partner: *Aster, Calamagrostis, Cimicifuga, Campanula, Geranium, Hosta, Persicaria, Rodgersia, Salvia.*

Deschampsia, Schmiele
Blattwerk, Blütenstand und Fruchtstand dieser Füllpflanze bringen ein willkommenes strukturbildendes Element.

D. cespitosa 'Goldschleier'
Goldgelbe, weit schweifige Rispen erheben sich im Hochsommer über den immergrünen Blatthorsten.
H 120 cm × B 75 cm.

D. cespitosa 'Goldtau'
Rispen in sanftem Goldgelb stehen inmitten der kompakten, feinlaubigen und immergrünen Horste.
H 75 cm × B 45 cm.

Kultur: Beide wollen Sonne oder Halbschatten und geben sich mit jedem Boden zufrieden. Sie tolerieren vor allem auch nasse Standorte.
Partner: *Astrantia, Campanula, Hosta, Lobelia, Persicaria, Rodgersia.*

Hakonechloa
Die Füllpflanzen sind wertvoll durch ihre Blatttextur.

H. makra
Die Art bildet dichte Horste mit langen, überhängenden Blättern, die im Herbst eine wunderbare orangegelbe Färbung annehmen.
H 30 cm × B 45 cm.

Kultur: Dieses Gras fühlt sich in Sonne und Halbschatten wohl, aber es braucht guten Boden, der seine Feuchtigkeit behält.
Partner: *Aster, Ceratostigma, Persicaria, Scutellaria.*

Luzula, Hainsimse, Marbel
Füllpflanzen mit einer guten Texturwirkung der Blätter.

L. luzuloides 'Schneehäschen'
Weiße Blütenstände öffen sich im Frühsommer über dem schönen schmalen, silbrig bewimperten Blattwerk. H 75 cm × B 45 cm.

L. sylvatica 'Wälder'
Die weißen Blüten erscheinen gebüschelt in dichten Ständen über den immergrünen Blättern. Die Pflanze bildet lockere Horste und breitet sich durch Ausläufer aus.
H 35 cm × B 30 cm.

Kultur: Marbel wachsen in Sonne oder Schatten und benötigen humusreichen Boden. Einmal eingewachsen, tolerieren sie auch Trockenheit.
Partner: *Euphorbia, Geranium, Hemerocallis, Heuchera, Hosta, Pulmonaria, Rodgersia.*

Miscanthus, Chinaschilf
Diese unverzichtbaren Strukturbildner tragen riesige fedrige Blütenrispen.

M. sinensis
Das auffallende Ziergras stellt eine dominante Wintersilhouette zur Schau. Schließlich schaffen es fast alle Sorten, den Winter über stehen zu bleiben. Ihre verblühten Stände wirken im Winter fast attraktiver als im Sommer, vor allem wenn sie mit Raureif bedeckt sind. In Kultur befinden sich viele schöne, unterschiedliche Sorten. H 270 cm × B 120 cm.

M.-sinensis-Hybriden
'Flamingo'
Überhängende silbrig rosa Blütenstände erscheinen vom Spätsommer bis zum Herbst an der robusten, aufrecht wachsenden Staude.
H 200 cm × B 60 cm.

'Flammenmeer'
Die Sorte zeichnet sich aus durch eine intensive rote Herbstfärbung, und sie ist sehr robust. H 150 cm × B 60 cm.

'Gracillimus'
Das Gras blüht nicht. Es wird wegen seiner feinen, schmalen Blätter ausgewählt. Einige gut entwickelte Exemplare können den Charakter des ganzen Gartens bestimmen. H 180 cm × B 90 cm.

'Graziella'
Die Blütenstände hängen luftig über den Blatthorsten. Zunächst noch rötlich silbern, verfärben sie sich nach Silberfarben im Spätsommer oder Herbst. Dieses ist eines der Gräser, die nicht auf schweren, lehmigen Böden gedeihen. H 180 cm × B 75 cm.

'Kleine Silberspinne'
In Fülle erscheinen die silbrig roten Blütenstände im Spätsommer und Frühherbst, gut gestützt und präsentiert durch das Blattwerk. Das feine Laub ist weiß gebändert.
H 150 cm × B 90 cm.

'Malepartus'
Eine hübsche Sorte, zumal ihre Rispen an goldbraunen, gefurchten Halmen im Spätsommer und Frühherbst erscheinen. H 200 cm × B 90 cm.

'Morning Light'
Die schmalen, ausgesprochen silbrig wirkenden, graugrünen Blätter erinnern sehr an 'Gracillimus'. Ganz und gar eine Solitärpflanze.
H 150 cm × B 90 cm.

'Pünktchen'
Lockere braune Rispen öffnen sich im Frühherbst. Deren Schönheit ergänzt die goldgelb gebänderten Blätter.
H 200 cm × B 90 cm.

'Roland'
Die nickenden Rispen dieses hoch und schmal wachsenden Grases bleiben schön silbrig weiß bis in den Winter hinein.
H 250 cm × B 120 cm.

'Samurai'
Die aufrechten, braunroten Blütenstände vom Frühherbst verblassen später nach Silberfarben. Die Blätter dieses aufrechten, robusten Grases nehmen im Herbst gelbe Sprenkel an. H 200 cm × B 75 cm.

'Silberspinne'
Diese Sorte zeigt aufrechte bräunliche Blütenfedern im Herbst und schmale Blätter, die lange grün bleiben.
H 200 cm × B 90 cm.

'Silberturm'
Der elegante milchweiße Blütenstand im Frühherbst hält sich gut über dem Blatthorst und bleibt für eine attraktive Wintersilhouette bestehen.
H 250 cm × B 90 cm.

Kultur: Für volle Sonne in jeden Boden. Chinaschilf braucht etwa drei Jahre, um einzuwachsen.
Partner: *Aster, Eupatorium, Helianthus, Helenium, Persicaria, Phlomis, Veronicastrum.*

Molinia, Pfeifengras
Unentbehrlich scheinen Pfeifengräser für die Strukturwirkung. Schließlich ist das Laub fein genug, um ein gutes Netzwerk zu bilden.

M. caerulea 'Edith Dudszus'
Hier handelt es sich um eine dunklere Auslese des violetten Moorgrases. Die Sorte besitzt leicht überhängende Rispenäste, die vom Hochsommer bis zum Herbst auf robusten Halmen stehen. H 90 cm × B 45 cm.

M. caerulea 'Karl Foerster'
Das steif aufrechte Gras mit dunklen, offenen Blütenständen sieht im Herbst ausgesprochen schön aus, aber es hält sich nicht den Winter über.
H 220 cm × B 75 cm.

M. caerulea 'Overdam'
Kurze, feste Halme und feines Blattwerk formen ein Polster, das ein wenig wie ein Igel anmutet.
H 60 cm × B 30 cm.

M. caerulea 'Transparent'
Die offenen Blütenrispen wirken besonders leicht. Dennoch ist dieses Gras sehr robust und kann in der Rabatte gute Effekte erzielen.
H 220 cm × B 90 cm.

Kultur: Diese Sorten kommen mit jedem Boden zurecht, sofern er feucht genug ist.
Partner: *Cimicifuga, Echinacea, Eupatorium, Lobelia, Monarda, Persicaria, Salvia, Sedum, Selinum, Veronicastrum.*
Panicum, Hirse
Durch die feinen Blütenstände eignen sich die Hirse-Arten hervorragend, um Schleier- und Netzwirkungen im Garten hervorzurufen.

P. virgatum 'Heavy Metal'
Das schöne Gras zeigt die typische Hirse-Rispe im Hochsommer. Die rutenartigen Rispenäste geben einen Eindruck von zarter Leichtigkeit. Sie erheben sich über einer ziemlich steifen Pflanze mit graublauen Blättern.
H 120 cm × B 45 cm.

'Rehbraun'
Die luftig leichten Blütenstände formen im Sommer wunderbare Sträuße. Im Herbst färben sich die Blätter rotbraun.
H 120 cm × B 60 cm.

Kultur: Die Pflanzen wollen volle Sonne und wachsen in jedem Boden, sofern er noch einen Rest von Feuchtigkeit behält.
Partner: *Achillea, Echinacea, Helenium, Lavatera, Lobelia, Perovskia, Rudbeckia, Sedum, Verbena.*

Sesleria, Kopfgras, Blaugras
Das Blattwerk dieser Füllpflanzen weist eine gute Textur auf.

S. autumnalis
Die frisch grün bis strohfarbenen Blütenstände erscheinen im Spätsommer. Diese immergrüne Art bevorzugt schattige Plätze. H 50 cm.

S. nitida
Die grauweißen Blütenstände erheben sich im Frühling über dem ziemlich steifen, bleigrauem Blatthorst. Dieses Gras wirkt besonders ansprechend neben anderen graulaubigen Pflanzen. H 45 cm × B 45 cm.
Kultur: Blaugräser benötigen Sonne und durchschnittliche Bodenverhältnisse.
Partner: *Achillea, Astrantia, Geranium, Platycodon, Polemonium, Potentilla.*

Spodiopogon
Die kleine Gräsergattung zeichnet sich aus durch eiförmige Blüten- und Samenrispen.

S. sibiricus
Die im Spätsommer sich öffnenden braunen, schmalen Blütenstände nehmen im Herbst eine intensivere Färbung an. Durch die bambusartigen Blätter eignet sich die Art nicht nur als Solitärpflanze, sondern auch um Teile des Beetes gitterartig abzuschirmen.
H 120 cm × B 45 cm.

Kultur: Für Sonne oder Halbschatten in frischem Boden. Die Art toleriert aber selbst trockene Bedingungen.
Partner: *Aster, Aconitum, Echinacea, Persicaria, Sanguisorba.*

Sporobolus
Wegen der fragilen Blüten- und Samenstände erweist sich dieses Gras als ideal, um als Schleier eingesetzt zu werden.

S. heterolepis
Die langen, eleganten Blütenstände duften. Gehalten werden sie von feinen, sich wiegenden Halmen mit leuchtend grünen Blättern.
H 75 cm × B 35 cm.

Kultur: Die Hauptkriterium lauten: volle Sonne und trockener, steiniger Boden.
Partner: *Aster, Echinacea, Geranium, Helenium, Knautia, Rudbeckia, Scabiosa, Verbena.*

Stipa, Federgras
Die meisten Federgräser besitzen fein fedrige Blüten- und Samenstände, die Netze oder Schleier formen.

S. brachytricha
Das hervorragende Solitärgras wirkt besonders schön, wenn am Morgen die Tautropfen wie winzige Diamanten an den fedrig angeordneten Ährchen hängen.
H 120 cm × B 60 cm.

S. calamagrostis, Alpenraugras
Das herrliche Gras entwickelt über dichtrasigen Polstern lange Halme mit überhängenden, verzweigten, ausgebreiteten Rispen. Sie erscheinen im Frühsommer und behalten ihr gutes Aussehen bis zum Ende des Winters.
H 90 cm × B 45 cm.

Kultur: Für sonnige oder teilweise beschattete Plätze. Toleriert jeden Boden.
Partner: *Echinacea, Lavatera, Lobelia, Monarda, Rudbeckia, Verbascum, Doldenblütler.*

S. gigantea, Riesenfedergras
Das polsterbildende Gras mit schmalen graugrünen Blättern entwickelt seine ausgesprochen dekorativen Blütenstände an hohen Halmen im Frühsommer. Es erinnert ein wenig an Hafer.
H 220 cm × B 90 cm.

S. pulcherrima
Unglaublich lange silbrige Ährchen schmücken im Frühsommer. Sie beben über den graulaubigen Horsten bei der leisesten Brise. Diese Art ist leider nur kurzlebig.
H 120 cm × B 45 cm.

S. turkestanica
Die eleganten Halme, das blaugrüne Blattwerk und der aufrechte Wuchs harmonieren hervorragend mit farbenprächtigen Stauden.
H 75 cm × B 35 cm.

Kultur: Federgräser gedeihen in voller Sonne und in jedem Gartenboden.
Partner: *Amsonia, Achillea, Artemisia, Eryngium, Origanum, Papaver, Salvia.*

REGISTER

Kursiv gedruckte Seitenzahlen beziehen sich auf Abbildungen. **Fettgedruckte** Seitenzahlen beziehen sich auf das Pflanzen-Lexikon.

A

Acanthus 95, **144**
Acer campestre 82
Achillea 77, 135, 142, **144**
– *fillipendulina* 11, 76
– – 'Feuerland' *53*, **144**
– *millefolium* 16, 77, 135, *142/143*, **144**
– 'Summerwine' *66*, **144**
– 'Terracotta' 25, *48*, **144**
– 'Walter Funcke' 55, *66, 68*
Aconitum 137, **144**
– *carmichaelii* var. *wilsonii* 36, **144**
– *napellus* 57
Agastache *142/143*, **144**
– *foeniculum* 19, *66/67, 102/103*, **144**
– – 'Alabaster' 77
Alchemilla mollis 77, 90
Allium hollandicum 'Purple Sensation' *21, 110/111*
– *sphaerocephalon* 44
Amelanchier 82
Amorpha 90
Amsonia orientalis *142/143*, **144**
– *tabernaemontana* var. *salicifolia* 36, **144**
Andropogon gerardii 61
Anemone **144**
– *hupehensis* 76
– Japonica-Hybriden 76, *136*, **144**
Angelica **144**
– *archangelica* 63

– *atropurpurea* 63
– *gigas* *24, 51, 62, 63*, **144**
– 'Vicar's Mead' 25
Anthriscus sylvestris 'Ravenswing' 57, *63*, **144**
Aralia californica *22*, **144**
Artemisia **144**
– *absinthium* 'Lambrook Silver' *69*
– *lactiflora* 115
– – Guizhou-Gruppe *54*, 76, **144**
Arundo donax 61
Asarum 57
– *canadense* 30
Aster 98, **145**
– *amellus* 'Sonora' *27*
– 'Herfstweelde' *26*, **145**
– *lateriflorus* 57, 76, **145**
– *novae-angliae* 'Violetta' *68*, 115, **145**
– 'Oktober' *26*
– *umbellatus* 76, 115, **145**
Astilbe 142, **145**
– *chinensis* var. *tacquetii* 'Purpurlanze' *47*, **145**
Astrantia 16, *63, 68*, **145**
– *major* 77
– – 'Claret' *38, 51*, **145**
– – 'Roma' *21, 138*, **145**
– – 'Ruby Wedding' *131*
Atriplex hortensis 'Rubra' *70/71*

B

Baptisia **145**
– *leucantha* 19
Brachypodium sylvaticum 90
Buxus 12, 86, 87, 112
Buddleja 90
Bupleurum 90
– *falcatum* 126

C

Calamagrostis 58, 98
– × *acutiflora* 'Karl Foerster' *19, 51, 61, 69, 72*, 87, **154**
Calamintha grandiflora, **145**
Campanula 55, **145**
– *lactiflora* 77, **145**
– – 'Loddon Anne' *69*, **146**
– *latifolia* 'Gloaming' 36
– *poscharskyana* 55, **146**
Carex 90
– *muskingumensis* *84*, **154**
– *pendula* 61
– *testacea* 58
Carpinus betulus 82
Caryopteris 57, 90
Ceanothus × *pallidus* 'Marie Simon' 90
Celastrus orbiculatus 87
Centaurea **146**
– *glastifolia* 21
Centranthus ruber 55, *56/57, 85, 132*, **146**
Ceratostigma 57, 76
Chaerophyllum hirsutum 'Roseum' 25, *63*, **146**
Chasmanthium latifolium *1*
Chionochloa rubra 61
Chaenomeles 87
Cimicifuga 75, 76, *136*, 142, **146**
– *ramosa*, Atropurpurea-Gruppe *19, 38, 51, 55, 77*, **146**
Cistus 90

Clematis 87, **146**
– -Hybriden 132
– *integrifolia* 36, **146**
– × *jouiniana* 'Praecox' *66*, 114
– *viticella* 34, 132
– – 'Rubra grandiflora' *132/133*
Clerodendron bungei 90
Coreopsis **146**
Cornus mas 82, 87, 88, 90
Cortaderia 61
Corydalis solida 2
Cotinus coggygria 90
Crambe **146**
Crocus 127
Cynara cardunculus 31, 119

D

Darmera peltata 88, *138*
Deschampsia 58, 89, 90, **154**
– *cespitosa* 61, *120/121, 142/143*
– – 'Goldschleier' *48, 102*, **154**
– – 'Goldstaub' *113*
– – 'Goldtau' *100/101*, 112, **154**
Dianthus amurensis *53, 66*
Diascia 57
Dicentra 'Bacchanal' 35
– *formosa* *129*
Dierama pulcherrima 105
Digitalis 65, 76, 90, *126, 130*, **146**
– *ferruginea* 13, *68, 70*, 76 *102/103, 109, 112, 118, 119, 120/121*, 146
– *grandiflora* 80, **146**
– *parviflora* *18, 52*, **146**
Dracocephalum rupestre 69

E

Echinacea purpurea 9, *39, 46, 49, 70, 99, 136, 142/143*, **146**
– – 'Augustkönigin' *47*, **146**
– – 'Green Edge' *26, 45*, **146**
– – 'Rubinstern' *4, 26, 68, 72*, **146**

Echinops 52, 65, 95, *96/97*, **147**
– ritro 'Veitch's Blue' *20*, 66, **147**
– sphaerocephalum *46*, 53
Epilobium angustifolium 'Album' *16*, *18*, *42*, *105*, *119*, *136*, **147**
Epimedium 57
– grandiflorum 30
Eryngium 76, 95, *100/101*, *142/143*, **147**
– alpinum *3*, **147**
– bourgatii 68
– ebracteatum 44
– giganteum *4*, *13*, *21*, *45*, 55, 76, 80, *102*, *120/121*, *138*, **147**
– pandanifolium *100/101*
– planum 'Blaukappe' *59*
Eschscholzia californica *4*
Eupatorium 76, 135, **147**
– maculatum *50*, 140, **147**
– – 'Atropurpureum' *25*, *39*, *54*, *66/67*, 68, *70*, *74*, 76, *79*, *114*, *115*, *142/143*, **147**
– purpureum 55, 115
– – 'Atropurpureum' *65*
– rugosum *75*, 76
Euphorbia characias subsp. wulfenii *138*, **147**
– dulcis 57
– – 'Camelon' 55, 57, **147**
– nicaeensis 30
– palustris 138

F

Fagus sylvaticus 82
Ferula communis 63
Filipendula 22, 65, 70, 76, 77, **147**
– rubra 55, 77, *119*
– – 'Venusta Magnifica' *22*, *69*, 76, *119*, **147**
Foeniculum vulgare 62, *63*
– – 'Giant Bronze' *24*, *29*, **147**

G

Galega orientalis **147**
Gaura lindheimeri *138*
– – 'Whirling Butterflies' 76, **147**
Geranium 10, 53, 55, 57, 90 125, *130*, *138*, **147**f.
– 'Dilys' 57, **148**
– endressii 57, 77
– × oxonianum 'Rose Clair' 55, 77
– 'Patricia' 57, **148**
– phaeum 57, 90, **147**
– procurrens 57
– pratense 57
– psilostemon 57, *130*, **148**
– sanguineum 57, **148**
– soboliferum *138*, **148**
– sylvaticum *138*, **148**
– traversii 57
– wlassowianum *138*, **148**
Geum rivale 53, 57, **148**
Gillenia trifoliata 76, **148**
Gypsophila **147**
– paniculata 57, 76

H

Hakonechloa macra 57, 61, 90
Hedera helix *87*
– – 'Congesta' *87*
– – 'Erecta' *87*
Helenium 49, 50, **148**
– autumnale *137*, **148**
– 'Flammendes Käthchen' *52*, *53*, *66/67*
– 'Kupferzwerg' *70*, *136*, **148**
– 'Moerheim Beauty' *10*
– 'Rubinzwerg' *27*, *51*
Helianthus 50, **148**
– grosseserratus *32*
– salicifolius *114*, *119*, 135, **148**
Helictotrichon sempervirens *61*
Helleborus *2*, *10*, *11*, *127*, **148**
– croaticus *3*

Hemerocallis 47, 55, 56, 57, **148**
– 'Gentle Shepherd' *53*, *70/71*, **149**
– 'Little Grapette' *38*, **149**
Heuchera 57, 90, **149**
– cylindrica 'Greenfinch' *131*, **149**
– micantha var. diversifolia 'Palace Purple' *33*
– 'Purple Ace' 57
Hosta 52, 57, 90, *131*, **149**
– 'Blue Angel' *32*, **149**
– 'Halcyon' *31*, *131*
– 'Moody Blues' *75*
Hydrangea 90
– anomala subsp. petiolaris *78*

I

Imperata cylindrica 'Red Baron' *35*
Indigofera 57, 90
Inula magnifica *115*
Iris 30, 47, **149**
– chrysographes *51*, **149**
– ensata 76

K

Kirengeshoma palmata 76, *137*
Knautia macedonica *21*, *44*, 55, **149**

L

Lamium 56, 90
– orvala 57
Larix 82
Lavandula 53, 95
– × intermedia 'Grosso' *44*
Lavatera cachemiriana *10*, *37*, 76, 135, **149**
Lespedeza 57, 90
Levisticum officinale 63

Leuzea centauroide **149**
Leycesteria 90
Ligularia 76, **149**
– japonica 140
Ligustrum 90
Lilium × dalhansonii *35*
Limonium gmelinii **149**
Lobelia 'Eulalia Berridge' *51*, 68, **149**
– 'Fan Red' *35*
– × gerardii 'Vedrariensis' *53*, **149**
– siphilitica 68, **149**
– 'Tania' *70/71*, **149**
Lunaria rediviva *128*, **150**
Luzula 90, 99, 154
Lychnis chalcedonica 'Alba' *24*, **150**
Lysimachia ephemerum 76
Lythrum 76, 135, **150**
– salicaria 135
– – 'Blush' 68, **150**
– – 'Stichflamme' *19*, **150**
– virgatum *64*, **150**
– – 'Zigeunerblut' *69*, **150**

M

Macleaya cordata 55, *73*, **150**
Malva moschata *74*
Marrubium velutinum *20*
Melica effusum 90
Meum athamanticum *63*
Milium effusum 90
Miscanthus 80, 88, 90, 98, 115, *136*, *137*, **154**
– floridulus 115
– sacchariflorus 105
– sinensis *22*, 55, 58, *97*, **154**
– – 'Afrika' *61*
– – 'Flamingo' *61*, *99*, *140/141*, **154**
– – 'Flammenmeer' *61*, **154**
– – 'Gewitterwolke' *61*, **154**
– – 'Ghana'
– – 'Gracillimus' *61*, **155**

– – 'Graziella' *28*, 155
– – 'Große Fontäne' 61
– – 'Kaskade' 61
– – 'Kleine Silberspinne' 61, **155**
– – 'Malepartus' *39*, 61, 68, *84*, *114*, **155**
– – 'Morning Light' 61, **155**
– – 'Pünktchen' *33*, 61, **155**
– – 'Richard Hansen' 61
– – 'Roland' *52*, 61, **155**
– – 'Silberturm' 61, *142/143*, 155
– – 'Undine' 61
– – 'Zwergelefant' *60*
Molinia 58, 97, 98, *137*, *138*, **155**
– *caerulea* 55, 61, *80*, **155**
– – subsp. *arundinacea* *47*, 58, 61
– – 'Karl Foerster' *87*, **155**
– – 'Transparent' *28*, *51*, 68, *106/107*, *136*, **155**
– – 'Windspiel' *87*, 105
Molopospermum peloponnesiacum *25*, 63
Monarda 55, 68, 76, 98, *132*, *135*, *142/143*, **150**
– 'Balance' *69*, **150**
– 'Cherokee' *66/67*, **150**
– 'Comanche' *66/67*, **150**
– 'Fishes' *85*, **150**
– 'Mohawk' 68, **150**
– 'Purple Ann' *54*, *65*, **150**
– 'Squaw' *21*, 53, *66/67*, **150**
– 'Talud' *48*, **150**
Myrrhis 95

N
Nepeta 51, *142/143*, **150**
– × *faassenii* *57*, *77*
– *racemosa* 'Walker's Low' *53*, *57*, **150**

O
Oenanthe aquatica 62/63
Omphalodes 90
Origanum **150**
– *laevigatum* 'Herrenhausen' *48*
– 'Rosenkuppel' 68, **150**

P
Paeonia 34, 57, 99
– *mlokosewitschii* *126*
– *officinalis* *131*
Panicum 155
– *virgatum* 58, 61, 97, **155**
– – 'Heavy Metal' *107*
– – 'Squaw' *71*
Papaver orientale 76
– – 'Kleine Tänzerin' *37*
– – 'Lauffeuer' *34*
Pastinaca sativa 63
Penstemon digitalis 'Husker's Red' **150**
Perovskia 73, 109, **151**
– *atriplicifolia* *16*, *103*, *109*
Peucedanum 95, **151**
– *verticillare* 63, *118*, **151**
Philadelphus 90
Phlomis *143*, **151**
– *russeliana* 55, 76
– *tuberosa* *46*, 76
– – 'Amazone' *21*, 68, **151**
Phlox 51, 70, 90, **151**
– *mlokosewitschii* *127*
– *paniculata* 55, 68, **151**
– – 'Alba' *24*, **151**
– – 'Düsterlohe' *25*, *69*
– – 'Lavendelwolke' 68
– – 'Rosa Pastell' *66/67*, **151**
Phyllostachys aureosulcata *98/99*
Physostegia 76
Pimpinella major 'Rosea' 63

Podophyllum hexandrum 'Majus' *128*
Polygonum 53, 69, 73
– *alpinum* *114*, 115
– *amplexicaule* 55, *55*, 57, 71, 76, *103*, *109*, *136*, *140*, **151**
– – 'Firetail' *66*, *114*, **151**
– – 'Roseum' *19*, *47*, *70*, **151**
– *polymorphum* 23
Polystichum setiferum 75
– – 'Ringens' *128*
Potentilla **151**
– *peduncularis* *32*
Primula veris 75
Pulmonaria 85, 90
– *longifolia* *31*
Pulsatilla patens 75
Pyrus salicifolia *13*, *87*

R
Rheum 95
Rhus 90
Rodgersia 76, 95, *142/143*, **151**
– *henrici* 'Die Anmutige' *23*
– 'Saarbrücken' *33*
Rudbeckia 50, 76, *137*, *142/143*, **151**
– *fulgida* 'Goldsturm' *26*
– *maxima* 73

S
Saccharum ravennae 61
Salvia 51, 57, *85*, 97, *132*, **152**
– 'Dear Anja' *18*, **152**
– *nemorosa* 51, 53, 55, 76, 77, *88*, **152**
– – 'Blauhügel' *113*, **152**
– – 'Mainacht' *48/49*, **152**
– – 'Ostfriesland' *113*, **152**
– – 'Rügen' *113*, **152**

– *pratensis* 'Lapis Lazuli' *19*
– × *superba* 77
– × *sylvestris* 76
– *verticillata* 66
– – 'Purple Rain' 68, *98*, **152**
– – 'Smouldering Torches' *21*, **152**
Sambucus 90
Sanguisorba 95, **152**
– *canadensis* 53, *79*, **152**
– *officinalis* 29, *46*, 62, 68, *105*, **152**
– – 'Asiatic Form' *20*, *136*
– *stipulata* *37*
– *tenuifolia* 'Alba' *29*
Saponaria × *lempergii* 'Max Frei' *55*, *57*, 68, *80*, *135*, *138*, **152**
Scabiosa japonica var. *alpina* 68, **152**
Schizachyrium scoparium 61
Scutellaria incana *47*, *137*, **152**
Sedum 76, *142/143*, **152**
– 'Munstead Red' 61, 68, *70*, **152**
– *ruprechtii* 25
– *spectabile* 114
– – 'Stardust' *24*, **152**
– *telephium* 55, 76, *137*, **152**
Selinum 95, **152**
– *wallichianum* *46*, 63, *70/71*, **152**
– *tenuifolium* 63
Serratula seoanei **153**
Seseli gummiferum 62, 63
Sesleria nitida 61, 155
Sidalcea oregana 'My Love' *69*, **153**
Silphium 115
– *perfoliatum* *27*
Smyrnium perfoliatum *24*, *128*
Solidago 76, *137*, **153**
– 'Goldenmosa' *22*, **153**
– *rugosa* 76, **153**
× *Solidaster luteus* 76
Spodiopogon sibiricus 61
Sporobolus heterolepis 61, **155**

Stachys byzantina 52
- – 'Big Ears' *31*, *53*, *56*, **153**
- – *monnieri* 76, **153**
- – *officinalis* 76

Stipa arundinacea 61
- – *barbata* 58
- – *brachytricha* 23, 52, 54, 61, *66/67*, 68, 106, *142/143*, **155**

Stipa calamagrostis 54, 58, 97, **154**
- – *gigantea* 28, 55, *56/57*, 58, 61, *66/67*, 97, 105, **155**
- – *offneri* *100/101*
- – *pennata* 58
- – *pulcherrima* 58, *59*, 105, **155**
- – *turkestanica* *100/101*, **155**

Strobilanthes atropurpureus 71

T

Tamarix 90
Tellima grandiflora 75
Teucrium **153**
Thalictrum 65, 76, **153**
- – *aquilegiifolium* 'Album' *23*, 55, **153**
- – *delavayi* *29*, **153**
- – – 'Hewitt's Double' *50*
- – 'Elin' 115
- – *lucidum* *22*, 68, 70, 115, **153**
- – *polygamum* 28, *56/57*, *69*, **153**

Thermopsis caroliniana 19
Trifolium rubens 20
Tricyrtis formosana 76, *137*
Tulipa sprengeri 34

V

Veratrum nigrum 3, 33, 39, 57, **153**
Verbascum 64, 65, 76, **153**
- – *chaixii* 65, 76, **153**

Verbena 76, **153**
- – *bonariensis* 100, *132/133*, *135*, **153**
- – *hastata* *18*, *46*, *69*, *132*, *143*, **153**

Verbesina alternifolia 50, *137*, **153**
Vernonia **154**
- – *crinita* 'Mammuth' *52*, 115, **154**

Veronica 6, **154**

Veronicastrum virginicum 47, 53, 55, 65, 70, 76, *106*, 125, **154**
- – 'Apollo' 76, **154**
- – 'Fascination' *46*, 68, **154**
- – 'Rosea' *18*
- – 'Spring Dew' 76, *136*
- – 'Temptation' 76

Viburnum 90
Vinca 90
Viola cornuta *48/49*, 55, **154**
Vitex 90

W

Wisteria 87

Haftung: Autor und Verlag haben sich um richtige und zuverlässige Angaben bemüht. Fehler können jedoch nicht vollständig ausgeschlossen werden. Eine Garantie für die Richtigkeit der Angaben kann aber nicht gegeben werden. Haftung für Schäden und Unfälle wird aus keinem Rechtsgrund übernommen.
Hinweis: Der Verlag ist nicht verantwortlich für den Inhalt von Links.

Bibliografische Information der Deutschen Nationalbibliothek
Die Deutsche Nationalbibliothek verzeichnet diese Publikation in der Deutschen Nationalbibliografie; detaillierte bibliografische Daten sind im Internet über http://dnb.d-nb.de abrufbar.

Das Werk einschließlich aller seiner Teile ist urheberrechtlich geschützt. Jede Verwertung außerhalb der engen Grenzen des Urheberrechtsgesetzes ist ohne Zustimmung des Verlages unzulässig und strafbar. Das gilt insbesondere für Vervielfältigungen, Übersetzungen, Mikroverfilmungen und die Einspeicherung und Verarbeitung in elektronischen Systemen.

Titel der englischen Originalausgabe: Designing with Plants, erschienen 2008 bei Conran Octopus Limited, London.
Text copyright © Piet Oudolf und Noël Kingsbury, 1999
Design und Layout copyright © Conran Octopus, 1999
Fotos von Piet Oudolf (siehe Bildquellen) copyright © Piet Oudolf, 1999

© 2000, 2013 Eugen Ulmer KG
Wollgrasweg 41, 70599 Stuttgart (Hohenheim)
E-Mail: Info@ulmer.de
Internet: www.ulmer.de
Umschlaggestaltung: red.sign, Stuttgart
Lektorat: Agnes Phaler, Hermine Tasche, Wanda Lemanczyk
Übersetzung: Leila G. Neubert-Mader und Uwe Genzwürker
Herstellung: Gabriele Wieczorek
Druck und Bindung: Offizin Andersen Nexö, Leipzig
Printed in Germany

ISBN 978-3-8001-7892-6

Danksagungen

Ohne die Unterstützung von vielen Seiten hätte ich das vorliegende Buch nicht zu Stande gebracht. Vor allen anderen gilt der Dank meiner Frau Anja, die mich bei allem, was ich mache, unterstützt. Henk Gerritsen, mir gleich gesinnt in der Liebe zu den Wildpflanzen, war auch diesmal ein hoch geschätzter Partner. Gemeinsam haben wir schon mehrere Buchprojekte erarbeitet. Rob Leopold war ebenfalls ein treuer Freund seit den Anfängen unserer 'Staudenbewegung'. In dem Züchter Ernst Pagels im deutschen Leer hingegen sehe ich meinen Mentor, von dem ich außerdem einige meiner besten Pflanzen beziehe.

Dank schulde ich meinen Kunden, die mir jahrelang die Treue erwiesen haben. Ohne sie wäre ich nicht in der Lage gewesen, meinen Gartenstil zu entwickeln. Mein besonderer Dank gilt Saskia und Fezie Khaleghi, John Coke und Familie van Steeg, deren Gärten im vorliegenden Buch dargestellt sind, sowie Stefan Mattson, der mich mit der Gestaltung des großen Parks in Enköping, Schweden, beauftragt hat. Meinen Gärtnerkollegen Aad und Joke Zoet ebenso wie Aad und El Geerlings verdanke ich viel, denn nur durch ihre Unterstützung bei der Anzucht von großen Stückzahlen war es mir überhaupt möglich, so manches aufregende Projekte in Angriff zu nehmen.

Piet Oudolf

Piet und Anja Oudolf kenne ich nun schon seit einigen Jahren. Immer wieder genoss ich in höchstem Maße ihre Freundschaft und Gastlichkeit, die den Grundstock für dieses Buch geliefert haben. Mein Dank gilt einigen unserer Kollegen, mit denen ich eingehend über Piet Oudolfs Arbeit gesprochen habe: John Coke im britischen Farnham, Michael King in Amsterdam und Rob Leopold in Groningen, Niederlande, Uschi Gräfen in Freising und Sabine Plenk in Wien. Mein besonderer Dank richtet sich an Eva Gustavsson in Alnarp, Schweden, die meinen Einführungstext gelesen und mit einigen wertvollen Kommentaren versehen hat, und an meine Lebensgefährtin Jo Elliot für ihre unendliche Liebe und unermüdliche Unterstützung.

Den Mitarbeitern des Conran Octopus Verlags möchte ich für ihren engagierten Einsatz für dieses spannende Buchprojekt danken, ebenso unserer Fotografin Nicola Browne. Unserer Agentin Fiona Lindsay gilt Dank und Bewunderung, denn durch ihre Persönlichkeit – eine einzigartige Mischung von Charme und der Hartnäckigkeit eines Terriers – trug sie wesentlich dazu bei, dass der Vertrag zustande kam.

Noël Kingsbury

Bildquellen

Titelbild und Umschlagrückseite GAP Photos/Andrea Jones – Design: Piet Oudolf. **1–2** Piet Oudolf. **3** *Links:* Nicola Browne. **3** *Mitte und rechts:* Piet Oudolf. **4** *Links:* Piet Oudolf. **4** *Mitte und rechts:* Nicola Browne. **6** *Links:* Noël Kingsbury (Entwurf: Grafen/Muhler, Klenzepark, Ingolstadt). **6** *Rechts:* Andrew Lawson (Waterperry Gardens, Oxon). **7** *Links:* Marcus Harpur (Barnards, Essex, GB). **7** *Rechts:* Piet Oudolf. **8** *Links:* John Neubauer, The Garden Picture Library. **8** *Rechts:* Noël Kingsbury. **9** *Links:* Frank Oberle. **9** *Rechts:* Piet Oudolf. **10** Marijke Heuff (Mien Ruys, Dedemsvaart, NL). **11** Marijke Heuff. **12–13** Noël Kingsbury. **14** *Links:* Piet Oudolf **14–16** Nicola Browne. **16** *Mitte links:* Piet Oudolf. **17** *Links, rechts und ganz rechts:* Nicola Browne. **17** *Mitte links außen, mitte links und mitte rechts:* Piet Oudolf. **18** Piet Oudolf. **18** *Oben mitte:* Nicola Browne. **19** Piet Oudolf. **20** *Links:* Nicola Browne. **20** Piet Oudolf. **21** Piet Oudolf. **21** *Unten rechts:* Marijke Heuff. **22–23** Piet Oudolf. **24** *Links, oben mitte und unten mitte:* Nicola Browne. **24** *Oben, mitte und unten:* Piet Oudolf. **25** Piet Oudolf. **26** *Links, oben mitte und unten:* Piet Oudolf. **26** *Oben und unten mitte:* Nicola Browne. **27** *Oben und unten mitte:* Piet Oudolf. **27** *Oben mitte und unten:* Nicola Browne. **28** *Links:* Nicola Browne. **28** Piet Oudolf. **29** Piet Oudolf. **30** *Oben rechts:* Nicola Browne. **30** Piet Oudolf. **31** *Oben links:* Nicola Browne. **31** Piet Oudolf. **32–36** Piet Oudolf. **37** Piet Oudolf. **37** *Unten rechts:* Nicola Browne. **38** Piet Oudolf. **38** *Oben links:* Nicola Browne. **39** Piet Oudolf. **40–41** Nicola Browne. **42** Piet Oudolf. **42** *Mitte rechts:* Nicola Browne. **43** *Links und mitte links:* Piet Oudolf. **43** *Mitte rechts und rechts:* Nicola Browne. **44** Nicola Browne. **45** Piet Oudolf. **46** *Oben:* Piet Oudolf. **46** *Unten:* Nicola Browne. **47** Piet Oudolf. **48** Piet Oudolf. **48** *Unten:* Nicola Browne. **50** Nicola Browne. **51** Piet Oudolf. **51** *Rechts:* Stefan Mattson. **52–53** Piet Oudolf. **54–59** Nicola Browne. **60** Piet Oudolf. **61** Nicola Browne. **62** *Oben:* Nicola Browne. **62** *Unten:* Marijke Heuff. **62–63** *Mitte:* Piet Oudolf. **63** Nicola Browne. **64** Piet Oudolf. **65–67** Nicola Browne. **69** *Oben:* Marijke Heuff. **69** *Unten:* Piet Oudolf. **70** Marijke Heuff. **70–71** Piet Oudolf. **71** Marijke Heuff. **72–73** Piet Oudolf. **74** Nicola Browne. **75–77** Piet Oudolf. **78** *Links:* Nicola Browne. **78–79** Piet Oudolf. **80** *Links:* Piet Oudolf. **80** *Rechts:* Marijke Heuff. **81–82** Nicola Browne. **83–84** Piet Oudolf. **85–86** Nicola Browne. **87–88** Piet Oudolf. **91** *Oben:* Piet Oudolf. **91** *Unten:* Nicola Browne. **92–93** Piet Oudolf. **94** *Links und mitte:* Piet Oudolf. **94** *Rechts:* Nicola Browne. **95** *Links und rechts:* Nicola Browne. **95** *Mitte:* Marijke Heuff. **96–99** Piet Oudolf. **100–101** Nicola Browne. **102–106** Piet Oudolf. **107** Nicola Browne. **108–109** Piet Oudolf. **110–111** Stefan Mattson. **112** Piet Oudolf. **113** Anders Forngren. **114–122** Piet Oudolf. **122–123** Nicola Browne. **123** Piet Oudolf. **124** *Links und rechts:* Piet Oudolf. **124** *Mitte:* Nicola Browne. **125–133** Piet Oudolf. **134** Nicola Browne. **136** *Oben:* Marijke Heuff. **136** *Unten:* Piet Oudolf. **137–138** Piet Oudolf. **139** *Oben:* Marijke Heuff. **139** *Unten:* Piet Oudolf. **140–143** Piet Oudolf.

Alle Fotografien von Nicola Browne wurden im Auftrag von Conran Octopus erstellt.